小川一乘仏教思想論集

第四巻　浄土思想論

法藏館

小川一乗仏教思想論集　第四巻

浄土思想論

目次

I 親鸞が学んだ龍樹の仏道

I

親鸞が学んだ龍樹の仏道

――『十住毘婆沙論』試探――

はしがき

本書は、一九九四年七月十五日から二十九日まで十五日間にわたって開筵された、真宗大谷派の夏安居の本講の講義録を編集し補綴したものである。従って、真宗大谷派の安居という場での講義録に基づいたものであるから、真宗大谷派が宗祖とする親鸞を視野にいれた内容となっている。すなわち、親鸞が龍樹から学んだ仏道とは何かということへの究明を目的としたのが本書である。

著者は、インド仏教を学んでいる者として龍樹の仏教思想の究明に拘わってはきたが、龍樹の仏教の思想的な真髄を解明するという目的のために、漢訳文献のみが現存し、加えて、その内容が極めて多様である『十住毘婆沙論』には、あえて触れないできた。しかし、この度、安居の本講を講じることになり、龍樹の仏教が多少なりともあきらかになってきたことを踏まえて、『十住毘婆沙論』に龍樹の仏道を試探することにした。従って、本書は『十住毘婆沙論』それ自体に対する直接的な研究ではなく、ましてや『十住毘婆沙論』についての新たな研究成果を公にするものではない。著者は『十住毘婆沙論』を専門的に研究してきた者ではないから、専ら『十住毘婆沙論』に対する諸先学の研究成果に導かれながら、著者独自の視野に立って、すなわち、龍樹の仏教から『十住毘婆沙論』を照射するという立場に立って、親鸞が龍樹から学んだ仏道を試探したのが本書である。そのような本書であるから、かえって『十住毘婆沙論』に対するこれまでの専門的な研究や、伝統的な講究の枠にとらわれずに、あくまでも龍樹の仏教から『十住毘婆沙論』を試探することによって、これまでの研究成果とは異なった新たな問題提起をなすことができたのではないかとも愚考している。『十住毘婆沙論』についての知識は、多くの先学から学んだものであり、それら諸先学の研究業績のすべてをここに提示して謝意を表すべきであるが、その一端を脚注に提示するに止めた。

本書の出版に当たっては、夏安居本講の都講を務めた三明智彰大谷大学助教授、織田顕祐大谷大学専任講師からは真摯な助言を受けた。また、夏安居の主事を務めた加来雄之大谷大学専任講師には、付録「親鸞引用の龍樹関係資料」の作成をはじめとして校正にいたるまでお世話になった。ここに改めて謝意を表する次第である。

一九九五年三月三十一日

小川 一乗 記す

凡　例

一、『十住毘婆沙論』は、『大正新脩大蔵経』所収（第二十六巻、一五二一）を底本とした。
一、『大正』は、『大正新脩大蔵経』の略称である。
一、『聖典』は、『真宗聖典』（東本願寺版）の略称である。
一、龍樹の著作の原典については、次の研究業績による。
　『根本中論偈』→三枝充悳著『中論偈頌総覧』（第三文明社）。

　『空性七十論』→山口益「龍樹造七十空性偈に対する文献学的研究」（『山口益仏教学文集　上』〈春秋社〉所収）。

　『六十頌如理論』→山口益「龍樹造『六十頌如理論』の注釈的研究」（山口益著『中観仏教論攷』〈弘文堂書房〉所収）。
一、チベット語文献は、『北京版西蔵大蔵経』を底本とした。

序章　龍樹と『十住毘婆沙論』

本書は、『十住毘婆沙論』（以下、『十住論』と略称）を試探することを基本姿勢としながら、親鸞が『十住論』から学び取った龍樹の仏道を究明することを目的として著作されたものである。「試探」という言葉に端的に表明されているように、『十住論』という文献そのものを研究対象として、その内容を究明するという『十住論』に対する直接の研究ではなく、その著者とされている龍樹（Nāgārjuna, 2～3C頃）の仏教から『十住論』を照射することによって、龍樹の菩薩道を『十住論』の中に試探し、そのことによって、親鸞の仏道が大乗仏教の仏道を基本としていることを究明しようとするものである。

この点について、まず、これまでの先学による『十住論』に対する研究は、多くは『華厳経』の「十地品」、すなわち、菩薩の十地に対する注釈書という前提の下でなされてきたが、その前提については後に少しく再検討するが、今回はそういう前提に立たずに、専ら龍樹の仏教から『十住論』を試探することによって、龍樹の菩薩道の解明を試みることに務めた。また、親鸞を宗祖とする浄土真宗の宗学では、曇鸞の『無量寿経優婆提舎願生偈註』（以下、『浄土論註』と略称）の指示に従って、『十住論』の「易行品」のみが重視されてきたが、その点についても、龍樹の仏教から『十住論』を試探することによって再考していくことにする。

さて、『十住論』という文献についてであるが、それは、漢訳文献のみ現存し、作者は龍樹、漢訳者は鳩摩羅什とされている。しかも、インド・チベットの仏教において、龍樹と『十住論』との関わりを示唆するような具体的な手掛かりは、今のところ見いだせないことや、この後に関説するような『十住論』という著作の複雑な「毘婆沙」（vibhāṣā・種々の説明、詳細な説明）と言われる性格や、そこに引用されている諸文献との関係について残されている諸問題①などが充分に解明されていないため、『十住論』が龍樹の真作であるか否かは、いまだ学術的に決着されていない。しかし、龍樹造という中国仏教における伝承は、龍樹の著作ではないという積極的な反証がなされない限り、消極的ではあっても、それなりに尊重されるべきである。

ともかく、『十住論』は龍樹の著作であるということについては、それがこのような訳経録による伝承の上だけの事柄ではなく、特に、『十住論』が龍樹の著作であることを大前提としている浄土教の立場からは、そのことに疑義を差し挾むべきではなく、それは歴史的な事実を越えた宗義的な確定事項、ドグマティックな事実とされてきた。

これに対して、近年の文献学的研究によっては、特に、『十住論』は様々な経典や論書に説かれている大乗の菩薩思想を、時には要約して、時には詳細に引用して構成されているため、それらの引用文献に対する研究によって、『十住論』が龍樹の著作であることを証明しようとする学術的努力が積み重ねられている。例えば、漢訳にしか現存しない龍樹の著作の中で、インド・チベット仏教文献の中にもその存在を伺うことができる『菩薩資糧論頌』とほとんど同じ内容のものが『十住論』の中にかなり多く見いだされることとか、龍樹の真作として確定している『宝行王正論（Ratnāvalī）』の数偈が、『十住論』の中に見いだされることとか、『八千頌般若経』における「空」の思想が般舟三昧として説かれている『般舟三昧経』が、『菩薩資糧論頌』や『十住論』において、重く用いられていることとか、[2] 或いはまた、龍樹の主著である『根本中論偈』に展開されている「空」思想と同様の表現が『十住論』に少なからず見いだされることとか、[3] 等々によって、『十住論』が龍樹の著作であることを裏付けるための傍証が固められつつある。

このような『十住論』における引用文献についての比較対照研究によって、特に、龍樹の著作との比較研究によって、龍樹の「空」思想が『十住論』の基本思想となっているということについては、積極的な異論はないのではないかと考えられる。

ただしかし、『十住論』の「序品」の後半に、著作の意図（造論の意趣）[4] について述べられているが、その内容によって示唆されるように、『十住論』には様々な教理が組み込まれていると見るべきであり、そのことに留意しなければならない。ちなみに、著作の理由の要点は、次のようである。

ただ経典を見ただけで、究極的な真理に通達する者もいる。すぐれた解釈を得て、真実の意味を了解する者もいる。流麗に文章を重々しく飾ることを好む者もいる。詩偈を好む者もいる。多様な表現を好む者もいる。譬喩や故事を好んで解釈する者もいる。それぞれの好むところは同じでないが、私はそれらに順じて彼らを排除しない。

有但見仏経　通達第一義　有得善解釈　而解実義者
有人好文飾　荘厳章句者　有好於偈頌　有好雑句者
有好於譬喩　因縁而得解　所好各不同　我随而不捨（二二、上）

と、『十住論』著作の基本的な立場が明確に示されている。このように「大乗仏教の無上道を志す心を発こしたのであるから、一切の人々を捨てることなく、その能力に応じて人々を利益するために著作する（我発無上道心故　不捨一切随力饒益）」（二二、中）という立場に立って、さらには、

もし徳を積んだ智者がいて、直接にこの『十地経』を聞いただけで、即座にその意味を了解して、解釈を必要としないならば、その人のためにこの論書を造るのではない。

若有福利根者　但直聞是十地経　即解其義不須解釈　不為是人而造此論（二二、中）

とも述べている。これらの著作の立場から伺えることは、『十住論』に展開されている菩薩道についての多様な解釈は様々な仏典に基づいてなされたものであり、大乗仏教に関わるあらゆる人々を対象としたものであるということである。従って、龍樹の菩薩道に対する基本的立場だけが説明されてい

る内容のものではないと見なされる。それ故に、書題において「毘婆沙（vibhāṣā）」（種々の説明、詳細な説明）といわれている所以も、そのことのためであるのかも知れない。さらに、この「毘婆沙」という点について、翻訳者の鳩摩羅什（Kumārajīva, 350〜409）という学僧の伝記には、次のように、

西域のクチャ（亀茲）国の生まれ。北インドのカシュミユールの地に学び、初期仏教や有部系のアビダルマ仏教を極め尽くす。帰国途中カシュガールに一年間止まり、ヴェーダなどのインドの諸学問を、あと大乗仏教を学んで、はっきりと大乗に転向し、ナーガールジュナ（龍樹）の論書などに精通する。⑤

と紹介されている。その内容から、翻訳者鳩摩羅什自身が、アビダルマ仏教の教理やインドのヴェーダ宗教について精通していた博学な学者であることが知られるが、『十住論』の中にも、これらアビダルマ仏教やヴェーダ宗教に関する説明が多く見られる。また、鳩摩羅什と共に翻訳に関わった仏陀耶舎（Buddhayaśas）も、毘婆沙に通じていたと言われている。従って、『十住論』の翻訳にあたって、彼ら翻訳者自身の博識がその中に反映されていると予想することもでき、いよいよ「毘婆沙」という特徴を備える結果となったと見なす事もできる。

ともかくも、『十住論』に関説されている著作の理由によって、龍樹は大乗仏教において菩薩道の在り方が様々に説かれているそれらを無視しないだけでなく、龍樹自身はその教理を是認していない既成のアビダルマ仏教において形成された多様な教理をも、問答などの形式の中に取り入れながら提

示し、しかも、その中に龍樹自らの菩薩道を組み込んでいくという仕方で著作されているのが『十住論』であると伺うことができる。⑥

このような構成内容となっていることについては、龍樹の在世した時代背景、すなわち、大乗仏教が興起し、諸仏典によって様々な菩薩思想が説かれていたという時代背景を考慮しなければならない。その当時は、様々な菩薩の在り方が説かれ、そして実践されていたと見るべきであり、『十住論』はそれらの菩薩の在り方を諸仏典に基づきながら集約したものであると見なされるが、しかし、すでに周知のように、特に龍樹は、既成仏教としてのアビダルマ仏教の主張する人無法有説による法（存在）の実体視を厳しく批判しているのであり、従って、法の実体視においてしか成立しえない教理、例えば、無余依涅槃とか、択滅などの無為法とかに代表される教理が、たとえそれが『十住論』に取り上げられている大乗仏典の中に用いられていても、それを真実の教え（了義）として決して是認しているのではない、ということにも留意しておかなければならない。

以上のような著作の目的（造論の意趣）とか、その内容構成などから管見される事柄が、『十住論』の著作にあたっての基本点であるとするならば、『十住論』に展開されている菩薩道に関する教理のすべてを龍樹が了承していたとは、到底見なしがたいのであり、このために、龍樹の菩薩道が直截に提示されていないという『十住論』の難しさがあるといえる。

以下において、『十住論』に展開されている様々な菩薩の在り方の中で、龍樹が真に主張しようとしている菩薩道とは何かという問題について、龍樹の基本思想である「空」の思想によって、『十住論』を照射することを一つの手掛かりとして、龍樹にとっての菩薩道を究明することにしたい。

① この点については、本書において特に論及しないが、例えば、龍樹の真作として有力視されている『菩提資糧論頌』が、『十住論』において重視され、教証として用いられていることの問題点、すなわち、自らの著作を教証として用いているような体裁がとられていることをどのように解釈するか、などの問題が残されている。

② 以上については、瓜生津隆真著『ナーガールジュナ研究』(春秋社)第一章第二節「ナーガールジュナの著作」参照。

③ 長谷岡一也「十住毘婆沙論の含む中論の思想」(「大谷学報」、三五—四)

④ この点については、浄土真宗の大谷派の宗学では、伝統的に、「序品」に述べられている著作の理由を三点に要約して示している。例えば、『易行品講録』(僧撲撰)では、

「一、為不解経深義者故

二、為随諸所好令解故

三、為苦広大文者故」(『真宗全書』九、七三頁)。

また、『易行品閑亭記』(労謙院善譲)では、次のようである。

「饒利衆生の為の故に

一、経文解し難きを以ての故に

二、好む所同じからざるに随ふが故に
三、広文に苦しむ者の為の故に」(『真宗叢書』五、一頁)。
⑤ 三枝充悳編『インド仏教人名辞典』(法藏館)二六四頁下段より引用。
⑥ 例えば、武邑尚邦著『十住毘婆沙論研究』(百華苑)では、「菩薩道の十住について種々なる理解を提示し、それを批判しながら、まさしく勝説を確立するために説かれた論」(一七頁)と見ている。

第一章　『十住毘婆沙論』について

第一節　『十住毘婆沙論』は未完の書か

『十住論』は、漢訳文献としてのみ現存しているため、しかも、インド・チベット仏教においては知られていない文献であるため、専ら中国仏教の中で取り扱われてきた文献である。しかし、近年になって、『十住論』に引用されている文献の原典との照合という文献学的研究が、中国仏教という範囲を越えて積み重ねられている。その一端については、すでに序章において簡単に関説した。

まず、中国仏教において『十住論』が、どのように取り扱われてきたかという事については、大体のところは、すでに先学によって明らかにされているので[①]、ここでは、それを二つの要点にまとめて、簡単に紹介することに止める。

第一点は、中国仏教の訳経録においては、この『十住論』に数種の異訳があるかのように記録されていて、様々な伝承があったかに見受けられるが、もともとは一本のみが伝わっていたこと。

第二点は、中国仏教内の課題として、すなわち、浄土教的関心から「易行品第九」に相当するもの(『初発意菩薩行易行法』一巻、失訳)、「阿惟越相品第八」に説かれる五法(『菩薩五法行経』一巻、失訳)、「除業品第十」〜「分別功徳品第十一」に相当する除業としての懺悔などを説く部分(『菩薩悔過経』一巻、法講訳)が、『十住論』の中から別出されて、一論とされていたこと。

『十住論』は、『大正新脩大蔵経』に従えば、十七巻三十五品からなっている。すなわち、著作の意図や目的を述べている「序品第一」と、菩薩の十地の初地「歓喜地」に対する注釈である「入初地品第二」から「略行品第二十七」までの二十六品、菩薩の十地の第二地「離垢地」に対する注釈である「分別二地業品第二十八」から「戒報品第三十五」までの八品である。これらの三十五品の分科(科文)とその相互関係などについては、既に先学によってそれぞれに提示されているのみならず、本書では、論全体の組織に対する検討を目的としていないので省略する。[2]

ともかく、このように『十住論』は、菩薩の十地の中の最初の二地に関する「毘婆沙」(vibhāṣā)であり、二地までの菩薩道を数種の経典によって解釈したという体裁を取っている。[3]従って、中国仏教では、五世紀の初頭に、後秦亀茲国の三蔵鳩摩羅什(Kumārajīva, 350〜409)と仏陀耶舎(Buddhayaśas, 生没年不明)とによって訳出されたとされる『十住論』について、『十地経』(『華厳経』「十地品」)に対する注釈書という位置付けの下で、例えば、華厳宗の賢首大師法蔵は、その伝訳の事情について、『華厳経伝記』の中で、次のように記している。

十住毘婆沙論一十六巻、龍樹の所造。十地品の義を釈す。後秦の耶舎三蔵、其の文を口誦し、羅什法師と共に訳す。十地品を釈する内、第二地に至り、餘の文は耶舎誦せざるを以て遂に解釈を闕く。相伝する其の論は、是れ大不思議論の中の一分なり。(『大正』五一、一五六、中)

これに代表されるように、中国仏教では、『十住論』は『大不思議論』の一部分とされ、第三地以上の菩薩地に対する注釈は諸般の事情で仏陀耶舎によって誦出されなかったために、ついに完訳に至らなかった未完の論書とされている。このため、中国仏教においては、『華厳経』の十地に対する注釈書としては重んじられず、多く用いられるに至らなかったのである。

このような法蔵が伝える伝訳の事情に対しては、すでに先学によって疑問視され、次のように指摘されている。

『華厳経伝記』が、何を根拠にして、十住毘婆沙論は耶舎の口誦であると言うのか、その点は不明である。さらに第三地以後は耶舎が口誦しなかったために、訳文を闕くという点も、疑問がないわけではない。十住毘婆沙論は、十地経の注釈としてはたしかに不完全であるが、しかし在家菩薩と出家菩薩との修行を説くという点から見れば、この論は完結した論とも見うるのである。しかもその点では、本論は必ずしも十地経に拠っているとは言えないからである。(中略)十住毘婆沙論は十地経を引用し、十地経の経文の解釈によって論をすすめている点もあるが、しかしそれ以上に郁伽長者経や如来智印経・般舟三昧経等、他の多くの経典を引用し、それらの教相に拠って論述を行っている。④

ここに指摘されていることの具体的な内容の要点は、第一点は、『十住論』の目的は、在家の菩薩と出家の菩薩との菩薩道を開設することであり、「入初智品第二」から「入寺品第十七」までは在家の菩薩道が、「共行品第十八」から「略行品第二十七」までは在家と出家との共行としての菩薩道が、菩薩の第二地に対する解説となる「分別二地業道品第二十八」から最後の「戒報品第三十五」までは出家の菩薩道が、それぞれに解説されていることが、『十住論』の内容から知られるということ、第二点は、『十住論』の三十五品の中で、『十地経』の所説を用いているのは僅かに十六品であり、その他の品では、他の仏典の所説が用いられて『十地経』に無関係であることから、⑤『十住論』が『十地経』の所説である菩薩の十地についての解説を目的としたものであるとは見なしがたいことである。

また、この伝訳の事情について、そのことを前提とした上で、十住毘婆沙論が耶舎と羅什との共訳であるということは認められてよいであろう。それでは、耶舎が途中で口誦をやめ、第三地以下は訳されず未完に終わったと伝えているが、これはどう考えたらよいのであろうか。それを証明するたしかな文献がない今日、疑問が残るのである。⑥という疑問が示され、訳出が第二地までしかなされなかった伝訳についての諸般の事情が推測されている。そこでは未完成に終わったことについて、四つの理由が考えられているが、それらの研究の紹介については省略する。

ともかくも、このように先学によって指摘されていることの内容から、法蔵の『華厳経伝記』に伝えられている伝訳の事情そのものが確かな根拠のあるものでないことが知られる。そうであるならば、『十住論』が第二地までの注釈で終わっていることについて、特に、在家と出家の菩薩道を内容とするものであり、その意味で完結した論書であるという指摘に関しては、『十住論』の基本的な所依の経典の一つでもあり、龍樹が重要視している『般舟三昧経』においても、「在家の菩薩あるいは出家の菩薩」という表示が見いだされることによって、当時これら在家と出家という二種の菩薩が存在していたことは確かであり、そのような観点から在家と出家の菩薩道を解説したのが『十住論』であるという想定は有力な一つの見解といえる。

さらに『十住論』は「完結した論書」と見なされるという点について、『十住論』を試探すると、別の観点からこれを補足することができるので、それについて少しく愚見を加えることにする。

その第一点は、例えば、菩薩の十地にはそれぞれに波羅蜜多（pāramitā）が対応されていて、特に、六地までは六波羅蜜多と対応されている。すなわち、初地の歓喜地は布施波羅蜜多に、第二地の離垢地は戒波羅蜜多に、それぞれ対応されている。その六波羅蜜多の方から考えるとき、龍樹の真作として確定されている『宝行王正論（Ratnāvaī）』（第四章、第八十一〜八十二偈）の中に、

戒と布施は利他であり、精進と忍辱は自身（自利）のためであり、禅定と般若は解脱の因である。

これが大乗仏教の要点である。（四—81）

自利と利他と解脱という〔三つの〕事柄は、要約すれば、仏教であり、それらは六波羅蜜多の中に収まる。それ故、これ（六波羅蜜多）は仏説である。（四—82）⑦

と説かれていることからすれば、龍樹にとっては、利他行⑧に相当する初地と第二地に対する注釈をもって、利他行としての菩薩道は終えていることになる。従って、それより上地の自利を説く第三地と第四地は、龍樹にとっては慈悲行としての菩薩道ではなく、ましてや、般若波羅蜜多を説く第六地以上については、様々な教理をそこに差し挟んで「毘婆沙」すべきでなく、まさしく、龍樹の菩薩道そのものが「空」の思想の上で説かれるべきものであり、先に取り上げた『十住論』の著作の目的（造論の意趣）などとは自ずから別のものになっていくからである。このような観点が許されるならば、改めて、『十住論』を見るとき、『十住論』は、大悲・利他という大乗の菩薩精神が見失われようとする言動に対しては、常に厳しく叱正しているのであり、例えば、「易行品」の劈頭において、利他の精神を喪失して二乗に堕そうとする姿勢に対して、「それは心弱く姑息なものであって、大乗仏教に相応《ふさわ》しくなく、大乗の菩薩を志す者の言い方とはとても思えない」（是儜弱怯劣無有大心、非是丈夫志幹之言也）と、叱咤しているのもその一例である。従って、『十住論』は、当時の仏教徒の仏教に関わるあらゆる関わり方を視野にいれて、特に、利他行としての菩薩道に注目して、それが説かれている仏典に対応して、それらを種々に説明したものであり、その意味で「利他の菩薩道」を説明しているという意味で、『十住論』は完結した論書と言うこともできよう。

そうであるならば、初歓喜地における布施波羅蜜多は、自らの財産その他を利他のため施す財施という点からは世間的な事柄に属するが、そのような世間的な布施行は在家の菩薩の範囲に相当すると言える。それが次第に菩薩による法施へと展開していくとき、それは在家から出家へと、世間的な財施から出世間的な法施へと展開し、そこに出家の菩薩のための第二地における戒波羅蜜多が位置付けられる。⑨ 戒行は自らの身を律することによって他に安楽を与えるなどの利益を生じるのであり、出家の菩薩による利他行である。このように、初地の布施行と第二地の戒行とは在家と出家の菩薩の利他行を意味しているということになり、先の二種の菩薩と、二地（布施と戒）を菩薩の利他行と見なした龍樹の菩薩道との関係が符合することになる。

第二点は、次のような『十住論』本文の内容が注目される。すなわち、その「序品」の終わりのところで、

私は今この『十住論』を造ることにより、諦と捨と滅と慧という四つの功徳が生じる基礎が自然に習得されるのである。

我今造此論　諦捨及滅慧　是四功徳処　自然而修集（二二、中）

と述べられ、その四つの功徳の内容が次のように説明されている。

諦（satya）とは、一切にとっての真実であり、これを諦というのである。一切の真実の中で、

仏法こそを真実となすのである。その理由は、永遠不滅であるが故である。私がこの仏法を解説することにより、諦を生じる基礎が習得されるのである。

捨（tyāga）とは、布施のことである。布施には二種があり、法の布施と財の布施とである。二種の布施の中、財の布施より法の布施の方が優れている。（―引用経典、省略―）私が法を布施することにより、捨を生じる基礎が習得されるのである。

私がもし菩薩の十地の意味を説くならば、その時は、身体と言葉と心〔の三業〕による悪業をなすことなく、さらにまた、貪欲と瞋恚と愚癡の煩悩と、諸々のその他の煩悩の束縛が起こらない。このような煩悩の罪を妨げるから、滅（upaśama）⑩を生じる基礎が習得されるというのである。

他の人々のために仏法を解説し、大きな知恵を得るという報いがあり、この仏法を説くことにより、慧（prajñā）を生じる基礎が習得されるのである。

諦者一切真実名之為諦。一切真実中仏語為真実。不変壊故。我解説此仏法即集諦処。捨者名布施。施有二種。法施財施。二種施中法施為勝。（引用経典省略）我法施時即集捨処。我若説十地義時。無有身口意悪業。又不起欲恚痴念及諸余結。障此罪故即名集滅処。為他解説法得大智報。以是説法故即集慧処（二三、下）

これらの四功徳の内容を見るとき、略説すると、「諦」とは、この『十住論』の中に様々な真実が説かれているが、それらの真実の中にあって、一切にとっての真実とは何か、ということが了解されるということである。「捨」とは、布施のことであり、まさしくそれは初歓喜地の布施波羅蜜多である。「滅」とは、菩薩の十地が目的としている意図を説くとき、身口意の悪業なく、煩悩とその束縛から解放されるということであり、まさしくそれは十善業道を説く第二離垢地の戒波羅蜜多の内容といえる。この中で、「説十地義」（菩薩の十地の意味を説く）については、『大正』では「義説十地」となっているのを、諸本に依って先のように校訂しているが、それが「意味として十地を説く」と読めるならばそのままでもよいであろう。ともかくも、「義」のサンスクリット語をarthaと想定するならば、arthaには、「意味」という語義の他に「目的」とか「利益」という語義もあり、ここでは十地を順次に解説するということをいうのではなく、十地が説かれることの意味とか目的とか利益が、この戒波羅蜜多によって得られる「滅」の中に収まっているということである。そのことを意趣して、「説十地」と言わずに、「説十地義（義説十地）」と言われていると見るべきである。「慧」とは、仏法を解説した『十住論』を著作することによって大きな知恵を得るという果報があるということである。これらの中にあって、諦と慧とは『十住論』を著作することによって得られる功徳であり、捨と滅とは、具体的には布施と戒の二波羅蜜多によって、すなわち、初地と第二地によって得られる功徳であると見ることができる。『十住論』を著作することによって得られるこの四功徳処の内容からすれば、『十住論』は菩薩地の第三地以上を解説する必要はなく、第二地までの解説で完結しているわけである。この意味で、『十住論』は未完の論書ではなく、完結した論書と見なすこともできよう。

以上のような二点、すなわち、龍樹によって『宝行王正論』に説示されているところによると、六波羅蜜多の中で利他行とされているのは、布施と戒との二波羅蜜多であり、それら菩薩の利他業を解説しようとしたのが『十住論』であるという点、また、『十住論』を著作することによって得られる四功徳処の内容が布施と戒の二波羅蜜多に収まるという点、これらの二点によっても、『十住論』は未完の論書であるという、中国仏教の華厳宗の法蔵の『華厳経伝記』に基づいた従来の定説が、先学によって疑問視されていることに関して、さらなる問題提起となり得るのではなかろうか。

さらには、後に詳説するが、龍樹にとっての菩薩とは「不退転の菩薩」であるという点からも、『十住論』は龍樹の菩薩道を解説したものとして完結していると見なすことができると考えられるので、さらに後に、その点について補足することになろう。[11]

① 以下の要点は、前掲の武邑著の「序論」に基づいたものである。前掲の長谷岡著（二、十住毘婆沙論の伝訳について）では、中国仏教における訳経録に基づいた説明がなされている。

② 例えば、『国訳一切経』釈経論部七「解題」、『真宗全書』第八巻、九九頁以下など。なお、参考までに『十住論』三十五品の品名と、そこに依用されている経典とを、前掲の瓜生津著（一五〜一七頁）によって掲示しておくと、次のようである。

品名	本頌の数	依拠する経典
序品　第一	十偈	十地経
入初地品　第二	十一偈	同
地相品　第三	六偈	同
浄地品　第四	七偈	同
釈願品　第五	十四偈	同
発菩提心品　第六	六偈	如来智印経
調伏心品　第七	十二偈	集一切福徳三昧経、宝積経普明菩薩会
阿惟越致相品　第八	七偈	如来智印経、宝積経普明菩薩会、小品般若経
易行品　第九	五偈	宝月童子問報経、般舟三昧経
除業品　第十	十偈	舎利弗悔過経（菩薩蔵経、大乗三聚懺悔経）
分別功徳品　第十一	二偈	同
分別布施品　第十二	十六偈	十地経、大集経無尽意菩薩品
分別法施品　第十三	二偈	決定王経（？）
帰命相品　第十四	十偈	宝積経郁伽長者会
五戒品　第十五	十一偈	同
知家過患品　第十六	十一偈	同
入寺品　第十七	十三偈	同、十地経
共行品　第十八	六偈	（未詳）
四法品　第十九	十九偈	宝積経普明菩薩会、十地経
念仏品　第二十	二偈	般舟三昧経、十地経
四十不共法品　第二十一	一偈	般舟三昧経
四十不共法中難一切知人品　第二十二	（本頌無し）	
四十不共法中義知不定品　第二十三	（同）	

讃偈品 第二十四	(同)	
助念仏三昧品 第二十五	十二偈	般舟三昧経、大集経賢護分、十地経
譬喩品 第二十六	十二偈	十地経
略行品 第二十七	八偈	同
分別二地業道品 第二十八	十五偈	同
分別声聞辟支仏品 第二十九	十五偈	同
大乗品 第三十	六偈	同
護戒品 第三十一	十五偈	同
解頭陀品 第三十二	十七偈	宝積経郁伽長者会
助尸羅果品 第三十三	十二偈	宝積経普明菩薩会
讃戒品 第三十四	(本頌無し)	
戒報品 第三十五	一偈	十地経

③ 『十地経』と『十住論』との関係については、例えば、長谷岡一也「十住毘婆沙論に於ける十地経の引用について」(山口博士還暦記念『印度学仏教学論叢』、昭和三十年)がある。

④ 平川彰「十住毘婆沙論における出家と在家」(壬生台舜編『龍樹教学の研究』一四五〜一四六頁)

⑤ この点について、八力広喜「『十住毘婆沙論』と『十地経』」(『印仏研』40—2)四二頁下段で、「『論』(『十住論』著者注)は『十地経』の注釈が目的であるというよりは、『論』独自の大乗菩薩思想を展開するために、『十地経』を利用していると見た方が『論』の構成からいって妥当であろう」と、同様の見解を示している。

⑥ 瓜生津隆真著『十住毘婆沙論 Ⅰ』(新国訳大蔵経、釈経論部12 解題二四頁以下)参照。

⑦ この二偈のチベット語訳は、次の通りである。

｜tshul khrims sbyin pas gshan gyi don ‖ brtcon ḥgrus bzod pas bdag ñid kyis｜
｜bsam gtan śes rab thar paḥi rgyu ‖ theg chen don ni bsdus pa yin｜
｜bdag daṅ gshan phan thar baḥi don ‖ mdor na saṅs rgyas bstan de dag｜
｜pha rol phyin drug kho na yin ‖ de bas ḥdi ni saṅs rgyas bkaḥ｜（129, 146b 8～148a1)

⑧ 布施が利他行であることについては説明を必要としないが、戒が利他行であることについては、十善業道が他に安楽を与えるということで利他行であるが、さらに、『十地経』において、第二地の菩薩は「四大州における自在なる転輪聖王」と説かれ（『大乗仏典』8、「十地経」荒牧典俊訳、九〇頁参照）、また、例えば、龍樹の『智度論』（巻十三）で「上上人持戒　憐愍衆生　為仏道故　以知諸法求実相故、不畏悪道　不求楽故」と、「諸法の実相」としての「空」が明らかになるのが最高の戒波羅蜜多であるとされ、空の思想に基づく利他行としての持戒が最高のものとして説かれている。

⑨ 釈舎幸記「十住毘婆沙論に於ける菩薩行」（『印仏研』、十五—二）参照。

⑩ 前掲の瓜生津著の指示による。しかし、内容的には「煩悩の滅」ということであるから、nirodha であってもよい。

⑪ 「四種の菩薩」の中で、龍樹にとっての菩薩はいずれであるかという問題を究明している本書第三章第一節参照（九〇頁以下）。

第二節　菩薩地に対する龍樹の立場

前節で問題とされたように、『十住論』は、菩薩の第二地までの解説で終わっているのであるが、そこに展開されている菩薩道は、既に言及したように、龍樹の菩薩道だけが直截に論述されているものと見なされないから、その中から、龍樹の独自の菩薩道を究明することはそれほど容易ではない。しかしながら、「空」の思想そのものは、『十住論』の随所に見いだされるのであるから、その龍樹の「空」の思想からは、菩薩地やそこに配置されている波羅蜜多はどのように考えられるのかという視点に立つとき、その点について、龍樹が波羅蜜多としての菩薩地において、「完成された布施と戒」をどのように了解していたか、ということを伺う一つの手掛かりがある。それは、菩薩の十地を解説しながら、龍樹の「中論」への入門書を著作した、龍樹の「空」の思想の祖述者チャンドラキールティ（Candrakīrti, 7c.）の『入中論（Madhyamakāvatāra-bhāṣya）』と対比するとき、そこに類似した表現が見いだされるので、次にそれを示しておくことにする。その一つは、『十住論』の「序品第一」の中に、次のような問答がある。

問。三乗の所学は、すべて無余涅槃のためである。もし無余涅槃〔を得る過程〕の中に差別がないならば、私たちは何の必要があって、ガンジス河の砂の数に等しい無数の未来世にわたって、生死を往来して十地を具足しようとするのか。むしろ声聞と独覚の二乗によって直ちに諸苦を滅する〔涅槃に入った〕方がよいではないか。

答。そのような主張は劣ったものである。それは大悲によって〔他を〕利益することを述べたものではない。もし諸々の菩薩が、汝の狭い心にならって慈悲の心なくして、努力して十地を実践することができなくなれば、諸々の声聞・独覚を何によって済度することを得ようか。さらにまた、三乗の差別はないのである。その理由は、一切の声聞・独覚はすべて仏より生まれたからである。もし諸仏がいなければ、何によって生まれえようか。もし十地を実践する菩薩がいないならば、どうして諸仏がいるであろうか。

問言。三乗所学皆為無余涅槃。若無余涅槃中無差別者、我等何用於恒河沙等大劫、往来生死具足十地。不如以声聞辟支仏乗速滅諸苦。

答曰。是語弱劣。非是大悲有益之言。若諸菩薩効汝小心無慈悲意、不能精勤修十地者、諸声聞辟支仏何由得度。亦復無有三乗差別。所以者何。一切声聞辟支仏皆由仏出。若無諸仏、何由而出。若不修十地何有諸仏。（二十、中）

この問答の答の中の後半部分にある「さらにまた、三乗の差別はないのである」以下の一文の内容は、『入中論』の第一章第一偈に、

声聞と辟支仏は、牟尼尊より誕生し、仏は菩薩よりお生まれになった。大悲の心と無二智と菩提

心とは、勝者の子（菩薩）たちの因である。

と説かれている内容と符号する。ここに、三乗とそれらの関係について龍樹がどのように考えていたかということが知られる。

また、菩薩の初智「布施波羅蜜多」についても、よく知られている「空」における施者と施物と受者の「三輪清浄の布施」については、『入中論』では、第一章第十六偈に、

施者と施物と受者とが最初から空であるのが、出世間的な（布施）波羅蜜多といわれる。三つに対する執われを生じていることによって、それが世間的な（布施）波羅蜜多と示される。

と、三輪清浄を意味する布施行が説かれている。この点について、『十住論』の中には、三輪清浄の布施に関して具体的な言及はなされていないが、「分別布施品第十二」において、次のように、

空などの特性と合致する布施とは、『無尽意菩薩経』の「檀（布施）波羅蜜品」の中に説かれているが如くである。「菩薩の布施は空と心が合致する故に尽きない。……この布施は正しくない方法で財を求める布施などの垢を断じて、空などの諸々の特性を成就するが故に尽きない。」と。正しくない方法によって財を求めて布施するなどのこの布施は、汚れた布施である。垢と合すれば不浄な布施である。空などの特性と合すれば、これは浄なる布施である。

空等功徳和合施者。如無尽意菩薩経檀波羅蜜品中説。菩薩布施与空心合故不尽。……是施断非法求財施等垢成就空等諸功徳故不尽。非法求財施等是施垢施。与垢合是不浄施。与空等功徳合是浄。

（五一、上～中）

と、「空」による布施が説かれ、これなどは三輪清浄の布施と符合すると言ってよいであろう。

また、菩薩の第二地「戒波羅蜜多」についても、「護戒品第三十一」において、

もし我と我所がなく、諸々の戯論を遠離するならば、

得るべきものは何もない。これを最勝の戒というのである。

若無我我所　遠離諸戯論　一切無所得　是名上尸羅（一一〇、下）①

と、波羅蜜多としての最勝の戒が説かれている。大乗仏教の菩薩道における戒とは、十善業道であるが、『十住論』ではそれらの戒は出家の菩薩に課せられたものであり、従って、そこではそれらを守ることによって何かが得られるという分別が退けられている。そして、その後の「助尸羅品第三十三」に、集中的に「空」における戒が展開されている。このような無所得空としての戒波羅蜜多が説かれているのであるが、それは『入中論』の第二章第九偈に、

或ものによって或ものが誰かにおいて断ぜられるという三つとして認識されている間は、その戒は世間的な波羅蜜多と言われる。三つとして執えることがないとき、それが出世間〔の戒波羅蜜多〕である。

と述べられている内容と符合する。「或るものによって」とは戒によってであり、「或るものが」とは戒によって得られた善根であり、「誰か」とは戒を守る菩薩である。『入中論』のこの内容は、初地の

布施波羅蜜多における三輪清浄の布施に倣ったものである。ともかくも、これら両者の表現は異なるが、内容的には「空」の思想による戒についての解釈として両者は相異しない。

① 「助尸羅品第三十三」にも、同様の内容の偈が説かれている。「無我我所心　亦無断常見　入於衆縁法　則能浄尸羅」（一一六、中）

第三節　『十住毘婆沙論』と宗学

真宗大谷派においては、伝統的に、宗乗と余乗として設定されていた、その宗乗としての親鸞の教えを学ぶ宗学と、それ以外の八宗に代表される余乗としての仏教学という区別があった。そこでの宗学の特徴は、親鸞の教えを学ぶことを基本としているのであるが、そこでは親鸞の言教が最初から結論となっている。答えが最初からあり、それを探す学びである。しかし、仏教を学問的に解放するという大谷大学の建学の精神に立つとき、そのような宗学のままでは学問となりえず、宗学が親鸞の学んだ教えを学ぶ真宗学として確立されると同時に[①]、余乗も宗学とは別な宗派の教えを学ぶ仏教学ではなく、真宗学によって明らかにされなければならない「真宗」が仏教であることを学ぶ仏教学として位置付けられるのである。この場合の真宗学と仏教学との関係について、真宗学とは親鸞の学んだ教え、すなわち、仏教を学ぶのであるから、まず始めに仏教を学び、その後に真宗学を学ぶというように、両者の関係が短絡的に了解されると、それは甚だしい誤解であると言わなければならない。これら二学はそういう関係にあるのではなく、真宗学は親鸞の学んだ教え、三経七祖の教えを中心として親鸞の学び方を学ぶのであり、仏教学は教主釈尊はどのような真実を明らかにされたのかという仏教の問いの歴史を学ぶのである。そこに自ずと真宗学と仏教学とは、相互に相乗作用して、ともに一切にとっての唯一の真実とは何かを学究していくという関係にあるのである。

ともかくも、親鸞の学んだ教えを学ぶのが真宗学であると確認される以前の、親鸞の教えを学ぶ宗学において、『十住論』がどのように位置付けられ、どのように用いられてきたか、というこれまでの事情については、簡略にして要をえた解説文があるので、それを次に掲示することにする。

それ（『十住論』、著者注）が浄土門の上に及ぼした意味について、洵に深大なるものがあったといわねばならない。すなわち北魏の曇鸞がその浄土論註の劈頭に易行品の言葉によって難易二道の教判を樹立して以来、この一品は浄土教の根本的立場を闡明するものとして特に重要なる意義が与へられ、道綽の聖浄二門の判釈の基となり、その念仏三昧を修して疾く不退の位に到るという信方便の易行道は、永く他力浄土門の源流として仰がれてきた。そして親鸞が論註の教判を祖述し、易行品を以て一宗正依の聖教とするに至り、真宗宗学に於ては正明往生浄土の法門として特に重んぜられ、易行品の精神は実に微細なる点にまで亙って論究せられ、所謂「当流別途の法門」としての真宗独自の解釈が展開せられ、その宗義的徴表というものが特に力強く打ち出されていった[②]。

この一文によって明示されているように、宗学では、曇鸞の『浄土論註』に基づいて、『十住論』の「易行品」が、「正明往生浄土の法門」とされるのである。しかも、その「易行品」が、親鸞以前のそれまでの浄土門流においては、「傍明往生浄土の法門」と位置付けられ、「易行品」に説かれている往生浄土の法門は『十住論』の中にあって、「傍らに説かれた教え」であると見なされていた、それまでの位置付けと決別して、親鸞は、「易行品」こそが『十住論』における「正しく明かされるべき教え」を説いているものとして、それを一宗正依の聖教と定めたと、宗学において見なされているのである。しかしながら、親鸞は「易行品」を一宗正依の聖教と定めたのではなく、『十住論』それ自体が往生浄土の教えを正に説いているものとして、『十住論』それ自体を一宗正依の聖教[③]としたのである。親鸞が「易行品」のみを特別視せずに『十住論』それ自体を何故そのように一宗正依の聖教と定めたと言えるのかという点については、後に詳しく論究するが、結論的に一言でいえば、親鸞は、「即時入必定」という表現に代表される、「易行」が「易行」となるための「即」の仏道を明らかにしているのが『十住論』の主題であると見定めたからである。

ともかくも、その後の宗学においては、『十住論』の中の「易行品」を「傍明」と位置付けた、所謂聖道門や、親鸞以前の浄土門流に対峙する形で、「易行品」を特別視したままで、「易行品」こそが

『十住論』の眼目であり、それを「正明往生浄土の法門」[4]と位置付けていくのである。それ以来、宗学においては、「易行品」のみが重んじられ、例えば、易行院法海師は、

然レバ、此一品ハ菩薩出世ノ本意真宗念仏ノ原始ト謂フベキ所ナリ。吾祖七高僧ノ初祖ト崇メタマフモ此易行品アル故ナリ。(『真宗大系』第五巻、一頁上)

といい、また、香樹院徳龍師も、

就中此易行品ハ十住毘婆沙現流三十五品ノ中ノ第九品ニシテ。初テ難行易行ノ道ヲフミワケ玉ヒ。龍樹菩薩自ノ出離解脱ヲ西方浄土ノ一路ニフリ向ケテ。一切衆生ノ導ヲ為シ玉フ。(『同書』、二一九頁)

といい、この「易行品」一本のみが重んじられてきたのである。従って、宗学においては、「易行品」に対する講究は詳細を極めていて、「易行品」の内容についての分科も詳細になされている。[5]

ところで、「易行品」のみが特別視されたということについては、曇鸞によって『浄土論註』の劈頭において、難行と易行の二道が「易行品」に基づいて提示されたことによるが、そのために、『十住論』の全体では難行道が説かれ、「易行品」のみに易行道が説かれているという見方に立って、「顕難帰易」とか「捨難帰易」ということが宗学の伝統において強調され、易行道に帰せしめんがために難行道が説かれているのであるという次第設定がなされている。このことについては、本書の結章において易行品の解読抄訳を試みているので、それによって明らかなように、易行品の劈頭に設定され

ている、大乗仏教の菩薩道は難行であるという立場からの設問は、直前の「阿惟越致相品」において、不退転位を成就するための五功徳が詳しく説明されているのを受けて、その不退転位に到ることは大変に難しいと考え、利他・大悲なくしてはあり得ない大乗仏教の菩薩道を捨てようとする者によってなされているのである。その問者に対して、利他・大悲の菩薩道を捨てようとすることを厳しく叱責し、不退転位を成就することは、般舟三昧（後に詳説）によって空法を信楽すれば、決して難行ではなく易行であり、それこそが大乗仏教の菩薩道であることを説示しているのである。したがって、従来強調されているような意味、すなわち、難行道は実践し難いから易行道を選ぶという意味での「顕難帰易」という趣旨がそこに説かれているわけではないのである。

ともかくも、宗学においては、「易行品」のみが重要視されるその経緯の中で、『十住論』の中にあって「易行品」が、浄土教以外の仏教（聖道門）や親鸞以前の浄土門流において傍明往生浄土の法門という位置におかれていたのを越えて、『十住論』は「易行品」こそを説かんとしたものであり、その意味で、『十住論』は正明往生浄土の法門とされたのであるが、しかし、そのことによって、宗学が、易行道としての念仏往生を「別途の法門」と位置付け、聖道門（浄土真宗以外の仏教）とは、別の特別の仏道と見なした。すなわち、宗学の立場から、聖道門としての大乗仏教は難行道であり、易行道である浄土門、特に親鸞の浄土真宗はそれとは別の教えであると位置付けたのである。そのことは、日本仏教における聖道門とされた大乗仏教が本来の大乗仏教、釈尊の仏教の真髄を明らかにした大乗仏教となっていないのではないかと問うことをせずして、ただ「顕難帰易」という立場から、そのように自らの仏道を「別途の法門」と見なした姿勢は、大乗仏教の原点についての了解が不十分であったためであると言わざるをえない。親鸞が『末燈鈔』の中で、

浄土真宗は大乗のなかの至極なり。

と明言されていることの内容を確かめ、そのことを再確認するとき、『十住論』が主題としている仏道は、決して「別途の法門」ではなく、まさしく、不退転の菩薩にとっての易行道として提示されている念仏往生の法門が、大乗仏教の至極であることを明らかにしようとしているものであることが明知される。

ちなみに、宗学の伝統において、自らの仏道を特別な易行道として「別途の法門」としたことは、浄土教一般の中の易行道とは別な、易行道の中の易行道として浄土真宗を殊別することを意図したのであるが、それは同時に、聖道門といわれた日本の仏教一般からは、大乗仏教からはみ出した仏道と見なされ、真面な仏道を歩む事のできない下根（愚夫）のための教えであると見なされることにもなったのである。そして、宗学においても、聖道門の仏道を真面な仏道として容認し、自らを貶めてきた面も伺えるのである。宗学において、浄土真宗は特別の仏道と殊別されたそのことによって、そのことが逆手に取られて日本の仏教一般から、浄土真宗は排除されるという、聖道門の側にとっても都合のよい結果をもたらしたのである。そのような日本の仏教一般から浄土真宗が排除されることに

なった「別途の法門」という宗学の伝統は、現在でも残存している。その一例を示すと、仏教学辞典によって、本書の重要な課題である「不退転」の項目を見ると、そのサンスクリット原語、諸種の漢訳例、簡単な語意に続いて、諸種のドグマティックな教理が紹介されているその最後に、一項目をもって、

浄土真宗では、真実の信心を得た者は現生（この世）において正定聚の位に住み、必ず仏果に至ることに定まると説き、これを現生不退とも、現生正定聚ともいう。⑥

と、浄土真宗での解釈が紹介されている。断るまでもなく、このことは、この辞典が故意に浄土真宗を大乗仏教から排除しているということではない。ただ、浄土真宗での解釈は、独自なものとされているのである。しかし、この解釈は、浄土真宗のみの独自なものではなく、本書において明確にされるように、『十住論』に展開されている解釈であり、従って龍樹の解釈なのである。そのことが現在まで確認されていないという状況の下で、「浄土真宗では」という別項目とならざるをえないということであろう。近い将来には、この「浄土真宗では」という項目が、厳密には「龍樹の『十住論』では」と、もっと広く言えば「大乗仏教の思想としては」と書き改められるようにならなければならないであろう。ともかくも、宗学の伝統において、「別途の法門」という在り方で浄土真宗を日本の仏教一般から殊別し、しかも、意識の中では真面な仏道を歩めない者のための教えと自らを貶めてきたと言えよう。現在でも「浄土真宗は大乗のなかの至極なり」と声高にいうことは、仏教の他の諸宗派

に対して失礼であるといった謙虚な思いすら残存しているのも事実である。しかし、親鸞によって明言されたように、宗学においても、浄土真宗こそが「大乗仏教の仏道（大乗の至極）」であると主張されていたならば、このような現状にはならなかったと言える。

①　例えば、金子大栄著『真宗学序説』において、「親鸞聖人の著述を研究するのは真宗学でなくして、親鸞聖人の学び方を学ぶのが真宗学である」（三〇頁）とか、「『教行信証』が学の対象でなくして、『教行信証』が学の対象としていたものが、本当の真宗学の対象でなければならぬ」（三一頁）等などと、真宗学の位置付けが明確にされている。

②　前掲の長谷岡著、一二頁。

③　この点についての思想的論究は後の章で詳しく試みるが、親鸞は主著『教行信証』「行巻」において、「入初地品」「地相品」「浄地品」からの引用文によって、初地の菩薩にとっての歓喜とは何かということと、それが必定の菩薩であることへの歓喜であることとを証し、その後に、その必定の菩薩における易行としての仏道を説く「易行品」を引用しているのである。従って、「易行品」のみを重んじているわけでなく、『十住論』の中に説かれている「即」の仏道に関わる基本的な主題を的確に学んでいるのである。ちなみに、『十住論』における「易行品」一品のみに限定して、それを「傍明」と位置付けるか、「正明」と位置付けるか、という論議は、元祖「法然」と宗祖（親鸞）との視点の相異として、宗学（諸々の講録）において問答の形で言及されているのが常である。

⑤　「易行品」の分科については、前掲の武邑著（二四八頁以下）、『真宗全書』第九巻（九八頁以下）などに

掲示されている。

⑥『総合仏教大辞典　下』（法藏館）一二三〇頁上。

第二章　龍樹の仏教

第一節　龍樹の課題

『十住論』に展開されている菩薩道を試探するに当たり、それに先立って、龍樹の仏教を概観し、その基本思想を明らかにしておきたい。それをしなければ、その菩薩道を究明することはできないであろう。従って、龍樹の仏教の基本思想を要約して説明する必要があるが、そのためには、龍樹の基本思想がどのような仏教の課題から形成され、彼は何と対峙することによって自らの仏教を確立したか、という彼の思想形成の基盤を明確にしておく必要がある。それ故まず、龍樹によって明らかにされた仏教の課題とは何かについての理解を共有することにしたい。

仏教の課題とは何かと言えば、一言で言えば、輪廻転生の世界から解放される真実を明らかにすることであり、それと表裏一体の課題として、現に生きていることの意味を明らかにすることであると言える。これが仏教による救済の原点である。

輪廻転生の世界からの解放が仏教の課題、特に釈尊や龍樹のインド仏教にとっての課題であった。日本仏教においては、仏教と言えば輪廻転生、輪廻転生と言えば仏教ということになっていて、仏教は輪廻転生を説く宗教と見なされていて、輪廻転生から解放する真実を明らかにしたのが仏教であったという仏教の基本的な課題が曖昧となっている。しかし、そのように仏教とは輪廻転生を説く宗教と見なされているのは、日本仏教だけの責任ではなく、二千五百年におよぶ仏教の歴史の責任であると言える。少なくとも、釈尊は初転法輪において「迷いの生存はこの世限りであり、もはや再び迷いの生存に生まれ変わることはないという知見を得た」と、輪廻転生の世界からの解放を確信したのである。そして、その知見は「縁起」として説示されているのである。このことは、当時のインドの宗教世界において確立しつつあった輪廻転生説と、それからの解放を模索する宗教活動が、それまでのヴェーダの祭祀宗教に満足しない新たな宗教哲学をウパニシャッド哲学（ヴェーダーンタ哲学）として構築する、そのような時代背景の下で活発に行われていたことを念頭に置かなければならない。そのような時代背景の中で、釈尊は「縁起」に基づいて真実を知見することによって、輪廻転生からの解放を明確にしたのである。そして、釈尊は「縁起」においてのみ只今存在しえているという自己存在への目覚めにおいて、輪廻転生の主体としてのアートマン（ātman）の存在を認めない「無我」を主張したのである。アートマンとは、過去世の業の果報を現在世に、現在世の業の果報を未来世へともたらす業報輪廻のための転生の主体のことである。釈尊の仏教の課題は、この輪廻転生の世界からの解放を道理的に明らかにした「縁起」と、輪廻転生の主体であるアートマンの存在を否定した「無我」という、この二点によって端的に明示されている。

ところが、釈尊亡き後、仏弟子たちは、輪廻転生というインドの宗教における常識を仏教の教理として取り入れていくという方向を取ることになる。釈尊も、当時の社会常識の範囲内で、善因楽果、悪因苦果という因果応報を基本としている輪廻思想による倫理観を無下に否定はしなかったが、輪廻の世界は無明・無知によって形成されるという仏教の基本的立場に立って、アートマンという輪廻の主体を前提とする輪廻転生を決して容認していたのではない。しかしながら、仏弟子たちは、次第に輪廻転生を前提とする業報思想を教理として仏教の中に取り入れることになっていくのであるが、その最大の理由は、自らの仏道の完成のために業報輪廻を必要とせざるを得なくなったということである。仏教がインド宗教における輪廻転生思想と常に対峙しながら、しかも、それに取り込まれていくという経過をそこに見ることができるのである。

このように、仏弟子たちが自らの仏道の完成のために輪廻転生を仏教の中に取り入れざるを得なくなった最も基本的な根拠は、釈尊を限りなく神に近づける努力をし、釈尊を神格化し、その非人間化を図ったためであると言える。この点については、インドの文豪タゴールは、「釈尊について」という小論の中で、釈尊を次のように、

インドにおける釈尊は人間を偉大なものとなさった。カーストというものをお認めにならなかっ

たし、犠牲という儀礼から人間を解放なさったし、神を人間の目標から取外してしまわれた。釈尊は人間自身の中にある力を明らかになさり、恩恵とか幸福といったものを天から求めようとせず、人間の内部から引き出そうとなさった。

かくのごとく尊敬の念をもって、信愛の心をもって、人間の内になる知慧、力、熱意といったものを釈尊は大いに讃美なさり、人間とは惨めな、運命に左右される、つまらぬ存在ではないということを宣言なさった。①

と讃美しているが、同時に、「仏教における信仰観」という小論の中では、次のように、

釈尊は、御自分の教えの中で、はっきりと信仰心の最高の拠所について指示はなさらなかった。そのため釈尊の信奉者たちの信仰心は、釈尊そのものをとりこにしてしまい、信仰心が当然求めていく究極の至聖至高者（神）と釈尊とをいっしょにしてしまわれたのである。このように仏教においては、人間の信仰心が必然的に人間を拠所としてしまい、またその信仰心があらゆる限界を打ち破り、神という存在にまで上る努力をしてしまったのである。②

と、仏弟子たちの釈尊に対する信仰心が、釈尊を神にする努力をしてしまったという点を指摘している。タゴールによるこの指摘は的を外れたものではなく、宗教一般では、古代のインドの宗教においても、現代のキリスト教やイスラム教においてもそうであるように、「神」と呼称されている絶対的な帰依処を持っているのであるが、釈尊は絶対的な帰依処としての「神」を持たない教えを説いたの

であり、その教えが「縁起」と言われているのである。しかし、釈尊の在世中はそれでよかったのであるが、釈尊入滅後の仏弟子たちは、自分たちの教主として絶対的に信頼していた釈尊の存在を失って途方に暮れたのであろう。そのことは、釈尊の入滅が近づいたとき、阿難が悲嘆しつつ「師が入滅した後は、何を頼りにしたらよいのか」と問うたとき、釈尊は「自燈明　法燈明」と戒められたという事跡は有名であるが、そのときの阿難の悲嘆の中に、すでに釈尊の神格化への必然性が胚胎されていたといえる。

このように、仏弟子たちによって釈尊が非人間化され神格化されていく経過の中で、釈尊の正覚は、人間の正覚ではなく、人間を超えた者・神の正覚へと高められ、人間には同じ正覚は得られないという発想が必然的に形成されていったと推測することは容易である。そして、この釈尊と人間とを分断する発想は、現在に至るまでのその後の仏教においても根強く定着している。しかし、言うまでもないことであるが、釈尊の正覚は人間の正覚であり、われわれがその正覚を知見できなければ、仏教はわれわれの仏教とはなりえないことは自明である。釈尊とわれわれとの間に相異があるとすれば、釈尊は正覚を無師独悟されたのに対して、われわれは既に教主世尊としての釈尊の知見に恵まれているということである。

この結果、釈尊の正覚を獲得することを求めて修行する仏弟子たちは、釈尊の正覚は人間である自分たちには正覚できないという釈尊に対する畏敬の思いから、自分たちはこの世においては釈尊と同じ正覚は得られないと考えるようになった。それ故に、この世において修行は完成しないことになる。しかしそれでは、この世での修行は中途半端に終わってしまうことになるから、従って、修行を完成させるためには、この世で完成できなかった修行を更に次の世に継続させる必要が生じたため、どうしても業報輪廻による転生説を仏教の中に導入せざるを得ないことになったのである。このことは、後に仏道修行の階位である四向四果（預流、一来、不還、阿羅漢）が説かれるが、それに対する解釈においても、一来（死んでもう一度人間の世界・欲界に生れる位）とか、不還（死んで再び欲界・人間の世界に還らず、天の世界である色界と無色界に生れる位）という表現からも明らかなように、仏道修行の完成のために輪廻転生を仏教の中に取り入れているのを明瞭に知ることができる。このように、インドの社会倫理としての業報思想による輪廻転生ということを、すなわち、仏教によって明らかにされた真実が知見されていない無明の世界での事柄である業報輪廻という考え方を仏教の中に持ち込んでしまったのである。

しかしながら、釈尊によって「無我」として輪廻転生の主体であるアートマンの存在は明確に否定されているため、仏弟子たちは輪廻転生の主体としてのアートマンまでをも仏教の中に取り込むことはできなかった。そこで三世にわたる輪廻転生を可能にするために考えだされたのが、存在の本質（自性）は未来・現在・過去の三世に亙って実在するという実体論（本体論）である。その実体論を展開する代表的な学派としての説一切有部では、「三世実有　法体恒有」（三世に亙って実有である存在の本質・法体は恒に有る）という学説を主張することになる。[3] この説一切有部に代表される存在の本質（自性・法体）を主張する実体論は、仏弟子たちによって形成されたアビダルマ（abhidharma→法の研究・釈尊の説法に対する研究）の仏教において一般的であったが、その実体論における「自性」を厳しく批判するところに成立したのが、龍樹の「無自性・空」である。

以上のように、釈尊は「縁起」によって、輪廻転生の主体としてのアートマンの存在を否定したのであり、龍樹は「空」によって、輪廻転生を可能にする三世にわたって実在する存在の本質（自性）を否定したのである。釈尊と龍樹の仏教の課題は、業報輪廻としての転生思想によって、輪廻（苦）の世界に束縛され、そこから解放される道が閉ざされてしまっていた者たちに、輪廻転生は無明によるものであり、仏教の知見において輪廻転生はあり得ないことを明確にすることであった。そして、「縁起」「空」の知見によって、われわれの迷いと悟りの本質が明らかとなり、現実の身における救いが実現可能となったのである。そのことは、輪廻転生の果ての無限の未来世における救いを夢見ることしかできなかった仏道からわれわれが解放されたということでもある。

この「輪廻転生からの解放」という仏教の課題の下に、輪廻転生は無明によるものであり、[4] その無明の世界から解放される知見を説くのが仏教であるということに関して、『十住論』を試探するとき、まず、『十地経』に基づきながら、次のように、菩薩は五つの理由によって自らの身体に執着しない。

一つには、この身体は先の世（過去世）より来たものではない。

二つには、この身体はこの世を去って後の世（未来世）に至るのではない。

三つには、この身体は確かな存在ではない。

四つには、この身体には、アートマン（我）はない。

五つには、〔この身体は〕アートマンによって所有されるもの（我所）ではない。

菩薩以五因縁故不貪惜身。一身不従先世来、二不去至後世、三不堅牢、四是身無我、五無我所。

（一〇七、上）


と説き、この身体が輪廻転生することを否定している。また、伝統的な五蘊無我説（アートマンの存在を個体存在〔五蘊〕との関係によって否定する教理）によって、次のように、

「誤った考え方を破る」とは、所謂、仏教の正道を離れた人々であり、九十六種の仏教以外の教えに従う者たちである。要約して、その誤った考え方を説くならば、五蘊（固体存在）とアートマン（我）とは同じであると説き、或いは、アートマンと五蘊とは別であって、しかも、アートマンにおいて五蘊があると説き、或いは、五蘊の中にアートマンがあると説き、或いは、アートマンの中に五蘊があると説き、或いは、五蘊とアートマンとは無関係に存在すると説くことである。

能破悪意者、所謂遠離正道凡夫九十六種外道等。略説悪意者、説五陰為我、或言我有五陰、或言五陰中有我、或言我中有五陰、或言離五陰有我。（一〇五、下）

と説き、インド正統派宗教において輪廻転生の主体と考えられているアートマンの存在を否定している。また、無明による輪廻の形成については、次のように、

諸々の存在の真実の特徴を知らないから、多くの妄想を行って、諸々の邪った見解を生じるのである。邪った見解によるから、諸々の煩悩を起こすのである。煩悩によるから、諸々の行為（業）を起こすのである。その業を起こす因縁により、生死の世界に輪廻転生するのである。

不知諸法実相故、多行妄想生諸邪見。因邪見故起諸煩悩。因煩悩故而起諸業。起業因縁故転輪生死。（一〇八、中）

と説かれているが、この点に関しては、龍樹の『根本中論偈』第十八章「アートマンの考察」において、有名な一偈として、

業と煩悩が滅尽することにより解脱がある。業と煩悩とは分別から〔起こり〕、それら（分別）は戯論から〔起こる〕。しかし、戯論は空性において滅する。⑤（5）

がある。ともかくも、これらの『十住論』の諸説によって、先に解脱した仏教の課題の具体的な内容が知られるであろう。

① 『タゴール著作集』第七巻、四六七〜四六八頁。
② 右 同書、四六三頁。
③ 龍樹によって問題とされている説一切有部の学説については、拙著『大乗仏教の原点』（文栄堂）「龍樹が批判した仏教」（五六頁以下）を参照されたい。
④ 拙文「『輪廻・転生』に対する龍樹の見解」（『仏教学セミナー』58）参照。
⑤ この点に関しては、さらに『根本中論偈』第十七章「業と果報との考察」が参考となるが、その中でも、第二十六偈、第二十七偈、第三十三偈などを参照されたい。

第二節　龍樹の著作

龍樹（Nāgārjuna）といえば、大乗仏教の基本思想である般若思想を空観（「空」の仏教）として確立した思想家であって、大乗仏教共有の祖師として尊崇されている。例えば、龍樹の存在について、『入楞伽経』（Laṅkāvatāra-sūtra）において、次のように、

南方の国ヴェーダリーに、比丘にして福徳をそなえ、
名声大なる人が出る。
彼の名は「龍」と呼ばれ、
有と無との両方〔の極端〕を摧破し、

私の乗を、世間における無上なる大乗と顕示し、
歓喜地に到達して、安楽国に彼は赴くであろう。①

と、教主世尊によっての予告（「楞伽懸記」）という様式で、彼の存在が讃えられるほどの人物として、インド仏教において崇められているが、日本仏教においても八宗の祖師として仰がれていることは周知の通りである。この中で、龍樹が単に「龍（nāga）」と呼ばれていることについて、龍樹が単に「龍」と呼ばれるのは、ここに限ったことではなく、龍樹の仏教に関わる後世の文献においても、龍樹と言いつつ時として、単に「龍」としか呼んでいない場合もある。②ちなみに、「大乗」という言葉は、『八千頌般若経』に一度だけ用いられているのが、その初出とされている。

ところで、断るまでもなく、この「楞伽懸記」は、龍樹という偉大な人物が出現した後に、彼の出現が釈尊によって予告されていたという授記の形式で、『入楞伽経』の中に組み込まれたものである。このような龍樹に関わる授記については、その他の幾つかの経典にも説示されている。③ともかくも、ここに説示されているように、「有と無の邪見」を破って、釈尊の仏教を「大乗」と顕示したのが龍樹であるという内容に端的に示されているように、龍樹によって確認された大乗仏教とは、「有と無とについての極端な見解」を批判・否定することが釈尊の仏教の原点であると再確認したということである。そして、この「有と無の邪見を破す」という表現の上に、インド仏教の伝統における龍樹の「空」の仏教の特徴が象徴されているだけでなく、そのことによって「安楽国に彼は赴くであろう」

とこの偈が結ばれていることに留意しなければならない。有と無の邪見を破すことによって、真実の世界が明らかになり、そこに往生浄土の道が開かれていることが明示されているからである。

また、大乗仏教の思想的確立者としての龍樹の生涯については、中国とチベットにおいて種々の伝記が書き残されているが、しかし、いずれも事実とは考えがたいフィクションに満ちたものであるため、加えて、中国伝とチベット伝との内容が全く相違しているため、それらの伝記をそのまま史実として考えることはできない。従って、龍樹についての伝記は、国王にあてた彼の著作とか、考古学的資料によって推定されているだけである。それらによると、龍樹は、西暦紀元前後にわたって南インド一帯に君臨していたシャータヴァーハナ王朝（アーンドラ王朝）にあって、二〜三世紀に存在した一王（どの王であったかについては異説があり特定できていない）と親交をもっていたようであり、龍樹の生没年代も紀元一五〇〜二五〇年頃とみなされている。いまのところ、龍樹が、南インドの出身であること、後半生にも南インドのシュリーパルヴァタ（吉祥山）に在住したこと、最初はアビダルマ仏教を学び、説一切有部の教理に精通していたこと、当時興隆しつつあった論理学を「空」の立場から厳しく批判していること等は一応承認されている。④

さて、龍樹の名による著作は数多く残されている。特に『チベット大蔵経』に龍樹の著作とされる文献が、大乗仏教の文献だけでなく、密教関係の文献にも多数見いだされる。そのために、龍樹という名前の人は一人だけではなく複数存在したという龍樹複数説もあるほどである。それらの中で、比較的信頼のできる伝承（チャンドラキールティの挙げる八書、チベット仏教における『プトン仏教史』の挙げる六書、『ターラナータ仏教史』による五如理論）を踏まえながら、最も厳格に龍樹の著作を限定するとき、真作として現在までに確証されているのは、次の八書とされている。⑤

(1)『根本中論偈』(Mūlamadhyamaka-kārikā)—サンスクリット本、チベット訳、漢訳。
(2)『六十頌如理論』(Yuktiṣaṣṭikā)—チベット訳、漢訳。
(3)『空性七十論』(Śūnyatāsaptati)—チベット訳。
(4)『廻諍論』(Vigrahavyāvartanī)—サンスクリット本、チベット訳、漢訳。
(5)『広破論』(Vaidalyaprakaraṇa)—チベット訳。
(6)『宝行王正論』(Ratnāvalī)—サンスクリット本の一部分、チベット訳、漢訳。
(7)『勧誡王頌』(Suhṛllekha)—チベット訳、漢訳。
(8)『因縁心論頌』(Pratītyasamutpādahṛdaya-kārikā)—サンスクリット本の大部分、チベット訳、漢訳。

このほかでは、『チベット大蔵経』に収録されている『四讃歌』(Catuḥstava→超世間讃、無譬讃、不可思議讃、勝義讃)とか、『大乗破有論』(Bhavasaṃkranti)、『大乗二十頌論』(Mahāyānaviṃśaka)は、インドとチベットの伝承では龍樹の著作とされている。約六十の経典からの引用文を収録したものである『大乗宝要義論』（Sūtrasamuccaya）も、漢訳では著者名は記されていないが、インドのチャンドラキールティ（Candrakīrti, 7c）やカマラシーラ（Kamaraśīla, 740〜797. ca）によっても、プトン仏教史に代表されるチベット仏教においても、龍樹の著作とされている。

また『大智度論』『十住毘婆沙論』『十二門論』『菩提資糧論頌』などが、龍樹の著作として漢訳のみに現存するが、この中、『大智度論』は少なくとも龍樹個人の著作ではないであろうし、『十二門論』はすでに龍樹の著作から除かれている。⑥

これら龍樹の著作とされている文献群の中で、⑴から⑻までの八書が真作として確証されているが、その中でも、専ら彼の思想的真髄を哲学的に論述している⑴から⑸までの五著作を、インド・チベット仏教の伝統では「五如理論聚（pañca-yukti-kāya）」（龍樹が自らの仏教思想の真髄を表明しようとした宗教哲学書）と称している。⑦この「五つの如理論」は、世間的な事柄（世俗）を交えないで、専ら龍樹の仏教によって示される真実（勝義）である「空」のみを論じているものである。言い換えれば、了義と未了義という区別から言えば、龍樹にとっての了義のみを論じているものである。以下の本書における龍樹の仏教についての考察も、未了義に属する教理としての世間的な事柄と関わることを差し控え、所謂「世事を交える」ことをせずに、専ら龍樹の仏教の了義を究明する意図を持つものであり、従って、この「五如理論」だけに基づきながら考察することを基本姿勢としている。

その次の⑹と⑺とは、先に示した親交のあった一国王に与えた書である。従って、この二書は、

「五如理論」とは少しく性格を異にし、人々を啓蒙する世間的な事柄に関わる、未了義に属する仏教教理が含まれているといえる。

⑻は、七偈とそれに対する注釈とから成る小品であり、仏教の基本思想である十二支縁起についての注釈書である。

ところで、チベット仏教の学僧ツォンカパ（Tsoṅ kha pa, 1357〜1419）などは、これら龍樹の著作の中の⑴から⑸までの五如理論聚に⑹を加えて、六如理論聚とする場合もある。すでに周知のように、この⑹は、親交のあった国王に与えた書であり、仏教精神に基づく教訓に満ちた世間的な事柄に含まれる教理も多く説かれているが、その中には、龍樹の仏教の基本思想を述べている部分もかなり含まれているからである。

ちなみに、インド・チベットの仏教では、これらの「如理論聚」のことを「中論」（madhyamaka-śāstra）と呼び、時には、これに龍樹の直弟子である聖提婆（Ārya-deva）の著作『四百論』（Catuḥśa-taka）をも加えて「中論」と呼ぶ場合もある。日本・中国の仏教では、龍樹の主著⑴のみを指して「中論」と呼ぶのが普通であるが、しかし、インド・チベットでは、これら如理論聚としての「中論」と区別して、それに「根本（mūla）」の語を付けて、⑴を『根本中論』とか『根本般若』と呼ぶのが普通であり、本書では『根本中論偈』と呼ぶことにする。

① 「偈頌品」一六五偈〜一六六偈。

dakṣiṇa-patha-vedalyāṃ bhikṣuḥ śrīmān mahāyaśaḥ |
nāga-ahvaḥ sa nāmnā tu sad-asat-pakṣa-dārakaḥ ||
prakāśya loke mad-yānam mahāyānam anuttaram |
āsādya bhūmiṃ muditāṃ yāsyate asau sukhāvatim ||

② 例えば Tṣoṅ ka pa の『中論註　論理の海』においても、帰敬偈に対する注釈の中で、「誰によってか、といえば、主尊である龍（klu）によってである」(Pek. 158bl) と、単に「龍」とだけになっている場合もある。

③ 拙著『空性思想の研究　Ⅱ』（文栄堂）テキスト・翻訳編、三五〇頁参照。

④ 龍樹の伝記や著作などについての一応の事柄についての紹介としては、中村　元著『ナーガールジュナ』（人類の知的遺産　15、講談社）、瓜生津隆真著『ナーガールジュナ研究』（第一章　伝記と著作）などが適切なものとして挙げられる。

⑤ 梶山雄一説（『講座　大乗仏教』（春秋社、七─中観思想、四頁）に基づいた。

⑥ これらに関する学術的な論証については、É・ラモートによる『大智度論』のフランス語訳とか、安井広済「『十二門論』は果たして龍樹の著作か─十二門『観性門』の偈頌を中心として─」（『印仏研』六─一）を参照されたい。

⑦ 「五如理論」の内容を簡単に紹介すると、次のようである。

(1)『根本中論偈』は Candrakīrti の注釈書によれば、二十七章四百四十八偈（漢訳では四百四十五偈と数える場合もある）から成っている。龍樹の主著として重要であるため、多くのインドの論師たちによって注釈されている。伝承によると、注釈を行った論師たちは、八論師とも七十論師ともいわれているが、現存するものとして七論師（無畏、仏護、清弁、Candrakīrti、安慧、青目、無着）の注釈書が数えられている。内容の要点は「縁起は無自性空である」というテーゼの下で、事物の「自性」を主張する実体論を、諸種の伝統的な教理を取り上げながら批判しているものである。尚、このテキストの原典研究については、凡例に示した。

(2)『六十頌如理論』は六十偈から成っている。その内容は、縁起によって有と無との二つの極論から離れることが解脱であることを論じている。尚、このテキストの原典研究については、凡例に示した。

(3)『空性七十論』は七十三偈から成っている。その内容は、空と仮という問題を論じつつ、『空』という龍樹の基本思想について、『根本中論偈』（第七章第三十四偈）を補足したものと、Candrakīrti（『六十頌如理論』に対する注釈書の劈頭）によって指摘されている。尚、このテキストの原典研究については、凡例に示した。

(4)『廻諍論』は七十偈から成っている。その内容は、「すべてが空であるならば、〝空〟という言葉も空であるから、一切は空であるという主張は成立しない」という対論者からの反論によって始まる諸々の予想される反論に対する論破がなされているもので、(3)と同様にCandrakīrti によって、『根本中論偈』（第一章第三偈）を補足したものとされている。

(5)『広破論』は、論理学を成立させる上で不可欠である十六項目（句義）の各々がすべて成立しないことを論じている論書である。

第三節　龍樹の基本思想

龍樹の思想は、「空」の思想として知られている。そして「空」の思想は、般若思想に基づいて形成されたとされているが、その具体的な内容としては、どのような主張がなされているのであろうか。それについては、すでに、大乗仏教の基本である「生死即涅槃」という問題を中心に究明したが、[1]その究明の中で明らかになった点は、一応、次の二点に要約することができる。

一、「空」は主として仏教の内部批判のために釈尊の「縁起」を言い換えたものであること。

二、「空」はそれまでの既成仏教であるアビダルマ仏教の実体論（本体論）を批判したものであること。

龍樹の基本思想は、これまで種々に論じられてきたが、それらのすべては、この二点の中に収まるであろう。このことを念頭に置きながら、本書では、簡略を期して、二つの視点で龍樹の仏教を再確認することにする。その第一の視点は、龍樹の主著『根本中論偈』において、特に、龍樹の主張が一人称で表明されているものに注目して、それを検討すること。第二の視点は、『根本中論偈』において、龍樹によって仏説（釈尊の直説）として何が取り上げられているかに注目して、それを検討すること。この二つの視点から、龍樹の「空」を再確認することにしたい。

第一の視点については、一人称で自らの主張を表明するということは、それが重要な主張であると予想されるだけでなく、他に類のない独自の主張であることをも意味していると見なすべきであり、そこにこそ龍樹の仏教がよりラディカルに表明されているというべきであるからである。また、第二の視点については、以下において明らかになるように、釈尊の「縁起」の仏教を再解釈したと自認している龍樹によって、どのような仏説が具体的に取り上げられているかを検討することは、龍樹の「空」を了解する上で重要なヒントが得られると予想されるからである。

まず、第一の視点についてであるが、『根本中論偈』に見いだされる一人称による主張は、次のようである。

一、滅することなく（不滅）、生じることなく（不生）、断滅でなく（不断）、常住でなく（不常）、同一でなく（不一）、別異でなく（不異）、来ることなく（不来）、去ることなく（不去）、戯論が寂滅して、至福である、そのような縁起を説示したまえる正覚者（世尊）に、諸々の説法者の中の最も勝れた方として、私は敬礼いたします。（「帰敬偈」）

二、行為者は行為（業）に縁って起こり、また、行為はその行為者に縁って起こる。それ以外の〔業の〕成立の原因を、われわれは見ない。（VIII - 12）

三、およそ、我（アートマン）と諸々の事物の個々の本質（＝自性）を説くかれらを、〔釈尊の〕教説の内容を了知している者とは、私は思わない。（X - 16）

四、およそ、縁起であるもの、それをわれわれは「空性」であると説く。それは「縁っての仮設」であり、それが「中道」である。(XXIV - 18)

五、すべての事物は空なるものであるから、常などの諸々の見解は、どのようなものも、どこにも、誰にも、どうしてありえようか。(XXVII - 29)

およそ一切の見解を断たんがために、慈愍によって正法を説き示されたゴータマ(世尊)に、私は帰命いたします。(XXVII, 30)

龍樹が、『根本中論偈』二十七章四百四十九偈(「帰敬偈」一偈を含む)[②]の中に、一人称をもって表明している主張は、意外にも少なく、「帰敬偈」を含めて以上の五例である。断るまでもない事柄ではあるが、人称については、主語が明示されている場合は問題ではないが、主語が明示されていなくても、動詞によって人称を確認できるのが、サンスクリット語の利点であり、チベット語訳や漢訳では動詞に人称は示されず、それを確認することはできない。龍樹の五如理論の中で、そのサンスクリット語の利点を生かすことができ、しかも主著である『根本中論偈』を調査すると、それは僅かに以上の五例のみである。しかしながら、この五例によって表明されている内容を見れば明らかなように、先に二点に要約して提示した龍樹の「空」の思想の特徴を、この中に確認することができる。すなわち、第一点については、一と四と五の三例が、第二点については、二と三の二例が相当することは明らかである。

この中、第一例は「帰敬偈」であり、第五例（第二十七章「観邪見品」第二十九～三十偈）は『根本中論偈』の最後の偈であり、ともに「縁起を説きたまえる釈尊」に対する帰命・敬礼を表白しているものである。ちなみに、このように帰命・敬礼の表白で「縁起を説きたまえる釈尊」が讃嘆されているのは、五如理論の中で「帰敬偈」を有する他の一本としての『六十頌如理論』の「帰敬偈」においても同様である。その「縁起」を「空」として説くことを明確に表明しているのが、有名な第四例（第二十四章「観四諦品」第十八偈）である。ここに「およそ縁起であるもの、それをわれわれは『空性』であると説く」と、龍樹の基本思想の第一点が一人称をもって明確に表明されている。特に、第四例において「縁起であるもの、それをわれわれは空性と説く」という主張は極めて重要である。どうしてかと言えば、「空」という思想が龍樹以前のアビダルマ仏教の文献において、例えば、「大空経」とか「小空経」等々として説かれていないわけではないのに、敢えてそれを一人称で主張したのであり、そこに龍樹の厳しい姿勢を伺うことができる。そこには、釈尊の「縁起」を「空」と再解釈したという「空」の位置付けと、既成仏教としてのアビダルマ仏教に対する批判が込められていると見なすべきである。

ちなみに、このような「縁起」と「空」との関係については、『根本中論偈』の中で一人称以外で説かれているものとしては、その一例を上げれば、

縁起である空性を破壊する者である汝は、また、世間における一切の言説慣習をも破壊する者で

ある。(XXIV, 36)

どのような存在(法)であっても、縁らずして生起しているものは認められないから、それ故、どのような法であっても、空でないものは認められない。(XXIV, 19)

などとして、同様に説かれている。

次に、第三例(第十章「観薪火品」第十六偈)は、釈尊が「縁起」によって厳しく批判した実体論にアビダルマ仏教が陥ってしまっていることに対する批判であることは明らかである。仏教以外のインドの正統派宗教が主張する三世に転生するアートマン(我)の存在や、事物の本質(自性)を想定するアビダルマ仏教の実体論(有自性論)に対する批判である。このような実在を主張する者を、「釈尊の教説の内容を了知している者とは、私は思わない」と、龍樹は厳しく裁断しているように、アビダルマ仏教(代表的には説一切有部)による、三世に亙って存在すると想定されている事物の「自性」(svabhāva)を主張する有自性論は、龍樹から見れば、アートマンの存在を主張する仏教以外の学説における実体論と何ら変わりのない実体論として批判されるのである。この点で、龍樹の「空」の思想は、「一切法無自性(すべての事物は自性のないものである)」という基本思想の第二点が一人称をもって明確に表明されている。

この「自性」の否定についても、龍樹は五如理論の随所で主張している。特に、『根本中論偈』では一章を設定して、第十五章「自性の考察」において、因縁を離れた「自性」の存在は認められないことを論究しているが、その他の章でも、常に「自性」が問題とされ、例えば、次のように、

もしも汝が諸々の事物は自性をもって実在すると認めるならば、そのようであるとき、諸々の事物は因と縁とがないものであると汝は見ているのである。(XXIV, 16)

〔自性を主張して〕空性を阻止するならば、なすべきことは何もないことになろう。未だ始まっていない作用があることになろう。何の行為もしていない行為者がいることになろう。(XXIV, 37)

とか、また、『空性七十論』にも、

自性をもって成立しているものは、縁っての存在とはならない。しかも、縁らずしてどこに〔存在が〕ありえようか。〔縁らずして存在がありえるならば〕自性がないということにはならないであろう。また、自性があれば壊滅することはないことにもなろう。(16)

と、同様に「自性」の否定が主張されている。

このアートマン(我)や自性の否定の立場から、さらに、第二例(第八章「観業作者品」第十二偈)において、行為(業)と行為者(作者)との相依相待の縁起という関係性においてのみ業と作者を認め、それ以外の何らかの実体的な「業」の成立の原因を認めない「空」の業論が主張されている。そ

れはアビダルマ仏教における実体化された法体〔自性〕の間の因縁関係を基本とした業論に対する批判であるが、そのような業論は仏教において極めて重要な役割を果たしているのであり、従って、龍樹は、それまでの既成仏教であるアビダルマ仏教における実体論〔有自性論〕批判と関連して、その業論を特に取り上げ、一人称によって批判しなければならなかった程の主要な事柄であったと見なすべきである。何となれば、アビダルマ仏教は、その業論によって実体的な法体の輪廻転生を主張しているからである。③

自性を持った因と果との関係というアビダルマ仏教における業論に対して、因と果が自性を持った実在であると考えるならば、因〔種子〕が滅した後に果〔芽〕が生じると仮定するとき、因なき果があるという断絶となるから、そこには因果関係は成立しない。また、因が未だ滅していない間に果が生じると仮定するならば、果は因と関係のないものとなり、因果が同時に別々に存在することになるから、そこにも因より果が生じるという因果関係は成立しない。このように、自性を認める実体論においては、因果関係が成立しないという視点にたって、仏教の課題である輪廻転生について、『根本中論偈』の中で、

〔現在世の〕最後の生存が滅したとき、〔それに連続して、未来世の〕最初の生存があるというのは適切でない。また、最後の生存がまだ滅していないのに、最初の生存があるというのも適切でない。(XXI, 18)

と指摘している。この視点から、業という主題についても、

もしも業が熟したとき（果の位）まで存続しているならば、それは常住なものとなろう。また、もしも〔熟した時に〕すでに滅してしまっているならば、すでに滅してしまっているものが、どのような果報を生じえようか。（XXII, 6）

と、同様に指摘している。

このように、実体論の立場に立って、実体的な因から実体的な果が生じるという発想に立つならば、そこには因果関係は論理的に成立しない。龍樹はそのことを指摘しつつ、自らの業論を一人称をもって主張しているのである。龍樹の発想は、因から果が生じるという発想にならざるを得ない実体論に対して、果において因は因たりえるという因果の縁起、すなわち、因果の相対関係（相依相待の縁起）に基づいているのである。いうまでもないが、龍樹からすれば、芽が生じることにより、種子は種子たり得るのであり、いまだ芽の生じていない種子は種子という意味を持っていないということである。すなわち、芽の因として先に種子が実在しているのではないということである。実体論に立てば、父より子が生まれるということになるが、相依相待の縁起による因果関係においては、そのように、子の先に父が存在するのではなく、子が生まれたことにより父は父となるということである。[④] このように、龍樹の相依相待の縁起観においては、先に因があるのではなく、果において初めて因は因たりえるのである。この道理によって、罪業とか宿業ということも、因においてあるのではなく、果におい

て発見されるものである、というのが龍樹の業論である。

このように、行為者が先にいて行為があるのでもなく、行為者と行為とが独自に別々にあるのでもなく、相互に縁起しているという相依相待の因果関係において、行為者は行為者たりえているし、行為は行為たりえているという龍樹の業論が、一人称で主張されているのである。

以上、龍樹が一人称をもって表明している主張の内容を検討したが、それらを総合的に纏めるならば、龍樹の仏教の基本的立場、すなわち、縁起によって生滅変化する生死の世界と、その生死は自性をもって生じたものでなく滅するものでない（不生不滅）という空性の真実との関係が、「縁起＝空性」と、「アートマン（我）の存在と事物の本質（自性）との否定」と、「実体論における因果関係の不成立」という三つの観点から、一人称をもって主張されていると見なすべきである。そして、これら三つの観点の内容を見るとき、龍樹が「空」によって究明しようとした課題は何であるかがそこに明示されているのであり、龍樹の「空」にとって基本となっている極めて重要な主張がそこにはなされているのである。

① この点について詳しく論述したのが拙著『大乗仏教の原点—生死即涅槃—』（文栄堂）である。ちなみに、この拙著は真宗大谷派における平成元年度の夏安居次講の講録『五如理論—中論の要諦—』に基づいたものである。

② 先節の脚注に示したように、Candrakīrti; Prasannapadā に基づいた偈数。
③ 拙文「業論に対する龍樹の批判」(『仏教学セミナー』、52)
④ この点については、前掲の拙著一二〇頁〜一二二頁において、『空性七十論』第十三偈と『廻諍論』第四十九偈、第五十偈によって、詳しく説明している。

第四節　『十住毘婆沙論』に見いだされる龍樹の基本思想

前節では、『根本中論偈』において一人称でもって主張されている龍樹の基本思想を提示したが、その内容と関連するものについて、『十住論』を管見すると、随所にそれを見いだす事ができる。この点に係わるものとしては、先学の研究によっても、龍樹の『根本中論偈』に説かれている「空」の思想についての具体的な表現が、『十住論』の中にどの程度見いだされるかという調査がすでになされている。①従っていまは、『十住論』に見いだされる龍樹の基本思想の一端を、前節との関連において、「縁起」ということを中心に提示することにする。

ところで、前節で明らかになっているように、「縁起」(縁って起こっているもの)ということの中には、種子から芽が生じるという世間の常識に属する時間的な前後関係による因果関係に基づく縁起と、種子と芽とは相対関係によって種子は種子となり芽は芽となるのであり、それ自体として独自に存在しているのではないという、空間的な相対関係に基づく縁起とが含まれているが、厳密な検討を加えるとき、前者の世間の常識に属する因果関係としての縁起は、実体論における場合と同様な論理的矛盾を持っているから、実際には成立し得ないのであり、龍樹の「縁起」とは、言うまでもなく、後者の相対関係に基づく縁起を基本としているものである。それが龍樹によって明確にされた「相依相待の縁起」である。

このような相対関係に基づく縁起については、『十住論』において、例えば、「地相品第三」の後半には、「菩薩は常に空の教えを修習するから、死を畏れない（菩薩常修習空法故　不応畏死）」と提示され、次のように説かれている。

死者を離れて死なく、死を離れて死者なし。死に因って死者あり、死者に因って死あり。死が成立するとき死者は成立し、死が先に未だ成立していない時、〔死という〕定まった特徴はなく、死がないとき、〔死者として〕成立するものはない。

死を離れて死者があるならば、死者はまさに独自で成立していることになる。しかし、実に死を離れて死者は成立しない。

それなのに世間では、これが死であり、これが死者であると分別し、〔縁起である〕死の去来を知らないから、それ故、終に〔死の畏れを〕免れない。

離死者無死　離死無死者　因死有死者　因死者有死

死成成死者　死先未成時　無有決定相　無死無成者
離死有死者　死者応自成　而実離於死　無有死者成
而世間分別　是死是死者　不知死去来　是故終不免（二八、上）

この前半では、相依相待の「縁起」が説示され、後半では、実体論が批判され、縁起である死を実体視するとき、死の恐怖は免れない、と説かれている。ここでは先ず、死者と死の相依相待の縁起が示されているが、これは先に龍樹の業論が示された作者（行為者）と業（行為）の相依相待の縁起を想起するまでもなく、何らかの実体的な死すべき主体が先ず存在していて、それが死ぬということではないということである。そして、「菩薩は、このように、常に空・無我を実践することを願うが故に、諸々の怖畏を離れている。その理由は、空・無我の教えは能く諸々の怖畏を離れしめるからである。それ故、菩薩は歓喜地において、以上のような諸々の容貌を持っているのである（菩薩如是常楽修空無我故　離諸怖畏。所以者何。空無我法能離諸怖畏　故菩薩在歓喜地有如是等相貌）」（二八、下）と地相品を結んでいる。

このような相依相待の縁起は、『十住論』において、様々なテーマの下で説かれているが、ここに「死」についてのテーマを取り上げたのは、「死」の問題は輪廻転生に深く関わる仏教の課題であるからである。すなわち、この「死への畏れ」とは、死という現象に対する現世的な恐怖というよりも、死によって輪廻に転生しなければならないという宗教的な未来世への怖畏が主となっているのである。

それに対して、菩薩は、自らの存在が「縁起」であることによって、輪廻に転生すべき実体的な主体が存在としてありえていないという「空」によって、輪廻の世界に転生することになるような死への畏れから免れているのである。このような意味においてこそ、釈尊は初転法輪の開始にあたって「不死の法」を獲得したと宣言されたのである。従って、ここに「菩薩は空の教えによって死を畏れない」と言われていることと、釈尊が「不死の法」と言っていることとは直結すると見なすべきである。言うまでもなく、釈尊の「不死の法」とは、一言で言えば、生老病死を畏れる苦悩から解放される法であり、不死の中には、不生も不老も不病も含まれているのである。生老病死を畏れるということは、生まれたことによって老病死が避けられないことへの畏れというよりも、死して輪廻転生することにより新たな老病死の苦を受けなければならない、次の生に転生しなければならないことに対する畏れを、より基本的な事柄としているのである。生によって死があると同時に、死によって次の生があることへの畏れである。そのような畏れから解放された法が「不死の法」なのである。この点に関して、釈尊は、『スッタニパータ』の中に、次のように説いている。

身体について「わがもの」という思いの全くない人、そして、〔何ものも〕なくても悲嘆することのない人、その人は実にこの世において老いる事はない。(九五〇)②

ここに、老への畏れは、みずからの身体に対する執着のためであり、執着されている自らの身体は「縁起」であり、何らかの実体的な身体としてあり得ているものではなく、この身体は自分のものではないと知見されるとき、老いることはない、すなわち、不老の法を獲得したということである。『十住論』のこの「菩薩は死を畏れない」という所説は、この釈尊の言葉と考え合わせると、さらに意味深く了解される。

ここには、死を実体化することにより輪廻に転生することになる死についての無明が、先の『根本中論偈』において「行為(業)」と「行為者(作者)」との相依相待の縁起によって、実体的な業の原因を否定したと同じ仕方で、「死」と「死者」の相依相待の縁起によって死への恐怖が打ち破られている。そして、「死への畏れ」が「空」によって打ち破られた喜び等々の容貌を内実としているのが、菩薩の初歓喜地とされている。このことは、菩薩は初歓喜地において「空」をすでに知見したことに対する喜びの位であることが明らかであるから、龍樹にとっての菩薩道とは、「空」を知見するための仏道というよりも、むしろ「空」の知見に基づいての歩みこそが仏道であるということになる。

次に、『十住論』において、龍樹の「空」の仏教と、その批判対象とされたアビダルマ仏教に関わる問答の例として、「助尸羅果品第三十三」の中に、

問。五蘊(個体存在)の諸法は、独自の存在性をもって決定された存在である。例えば、色(蘊)は苦悩を特性とし、苦楽を覚ゆるは受(蘊)の特性であるが如くである。現にこのような諸々の特性がある。それなのに、どうして空にあらず不空にあらずと言うのか。

答。悩壊は色の特性である。どうしてそれが色であろうか。もし悩壊が色の特性であるならば、

特性を離れて独自の特性を持ったもの（色）はなく、その特性はどこにあるのか。特性がないとき、独自の特性を持ったものもない。

問曰。五陰諸法、以有相可相故決定有。如説色是苦悩相、覚苦楽是受相。現有如是等諸相。云何言非空不空。

答曰。悩壊是色相　何等為是色
若悩是色相　離相無可相
此相在何処　無相無可相　（以下省略）（一一六、下）

という問答がなされている。いうまでもなく、問者は、アビダルマ仏教（代表的には説一切有部）における法有説による実体論者である。五蘊（個体存在）の色蘊とその色相（色蘊独自の特性）である悩壊（壊するという苦悩）との関係について、実体論では、色相という色の本質（自性）を持ったものが色であるとされている。すなわち、存在（事物）にはその存在独自の本質があるというのが実体論である。それに対して、答者である「空」の立場から、色相を持った色という場合の色相と色との関係に対する批判がなされている。色相と色とは同一なのか、別なのかと究明するとき、同一であれば、色相と色を区別することができず、別であれば色相なき色があることになるという矛盾が実体論にお いて生じるのである。そのような実体論による存在論ではなく、色と色相との相依相待という存在論に立って、色を離れて色相なく、色相を離れて色はないという「空」の立場が提示されている。

ちなみに、問者の問の中に、「非空非不空」といわれているが、実体論的な発想に立って存在の本質（自性）を認めるとき、その存在が非存在となったという意味で、「空」に執着すれば断滅論（虚無論）となるから、それを否定するのが「非空」であり、また、存在の本質は三世にわたって存在するという意味で「不空」に執着すれば常住論（実在論）となるから、それを否定するのが「非不空」である。アビダルマ仏教の実体論では、有為法（存在）の本質（自性）は不空であり、しかも、その有為法を離れた無為法は無（空）という本質として存在すると考えられているから、それら断滅論と常住論に対する批判が「非空非不空」である。

① 長谷岡一也「十住毘婆沙論の含む中論の思想」（『大谷学報』、三十五—四）
② Sabbaso nāmarūpasmiṁ yassa n'atthi mamāyitam, asatā ca na socati, sa ve loke na jiyyati.

第五節　龍樹における「即」の仏道

さて次に、先に第三節で示した龍樹の基本思想を究明するための第二の視点として、龍樹が『根本中論偈』において、釈尊の仏教（仏説）として取り上げられているものに注目すると、まず「帰敬偈」などにおける有名な「縁起を説きたまえる世尊」としての世尊の縁起説があるが、その他には、注意すべき仏説が二か所で取り上げられている。

その一つは、次のように、

「およそ偽りの性質のあるものは虚妄である①」と、世尊は語られた。しかも、すべての諸行は偽りの性質のものである。それ故、それら（諸行）は虚妄である。（XIII - 1）

もしも「およそ偽りの性質のあるものは虚妄である」ならば、そこにおいて何が偽られているのか。実に、このことが世尊によって語られるのは、空性を明らかにせんがためである。（2）

と、「およそ偽りの性質のあるものは虚妄である」という仏説が説示されている。

もう一つは、次のように、

『カートヤーヤナへの教え②』において、存在と非存在とについて、思慮深い世尊によって、「有る」ということと「無い」ということとの両方ともに否定されている。（XV - 7）

と、有と無という見解、存在と非存在という見解が、縁起を説く世尊によって否定されているという仏説の提示である。

従って、『根本中論偈』に限って言えば、龍樹が仏説として世尊からの学びを直接的に表明しているものとして、「縁起」と「諸行は虚妄」と「有と無の見の否定」という三点が注目されるのであり、龍樹にとっては、これら三点が世尊の仏教の最も大事な基本点であると了解されていたと見なすことができる。

これらの中で、「縁起」については、龍樹によって一人称で主張された、彼の基本思想の第一点として既に検討した通りであり、ここに重ねて説明するまでもないであろう。

また、「有と無の見の否定」といえば、先に掲示した「楞伽懸記」や、この懸記に基づいて親鸞によって龍樹の仏道が「悉能摧破有無見」（ことごとくよく有と無の見を摧破せん）と讃えられている「正信念仏偈」の龍樹章を想起するまでもなく、実体視された存在に対する執着と、それによる輪廻転生への批判であり、龍樹によって一人称によって主張された、彼の基本思想を示す三つの観点の中の第二の観点「アートマン（我）の存在と事物の本質（＝自性）との否定」と重なる。少しく説明を加えるならば、龍樹にとって、有（存在）とは、実体論（有自性論）における存在（実体）であり、常住論である。具体的には、三世に亙って実在する「自性」である。また、無（非存在）とは、自性をもって存在する実在が非存在となったことであり、断滅論である。具体的には、煩悩の断滅としての「涅槃」である。これら有と無の見、常住論と断滅論は極端な見解（辺見）とされるが、それらが「空」によって成立しえないということである。それが「有と無の見の否定」である。そして、この有と無の見とは、最も基本的には、死後を存在と見ること（有見・常見）と非存在と見ること（無見・断見）であり、先に相依相待の縁起によって否定された輪廻転生と深く関わるのである。実体論に立てば、この二見の何れかとなってしまうのである。龍樹によれば、縁起によって仮和合している「私」としてしか存在しえていない私が常住な存在として死後に存続するはずもなく、また、仮和合の存在でしかない「私」は初めから実在していないのであり、そのような私が死後に断滅して再び非存在となるはずもないのである。この点について、龍樹は、『根本中論偈』の中で、次のように、

自性として空であるとき、そのお方について、「仏陀は入滅の後に存在する」とか、「存在しない」とかと考えることは合理的でない。(XXII, 14)

と明確に主張している。この意味で、釈尊によって有と無の見が否定されている『カートヤーヤナへの教え』が、龍樹によって仏説として重視されているのである。

以上の二つの仏説は、龍樹による一人称の主張と重なるものであるが、さらに、龍樹は「諸行は虚妄」という仏説を引いて、それを重視している。「諸行は偽りの性質のあるものであり虚妄である」とは、「世間虚仮　唯仏是真」ということであり、それは仏教の基本を意味している。「諸行は虚妄・世間虚仮」と知見することができるのは仏(覚者)のみであり、それが「唯仏是真」である。この世間と仏との関係について、煩悩や輪廻は虚妄な世間の事柄であり、それらが本来的には空であるという真実が仏の知見であるという、この虚妄と真実との区別を明確にしておかないと誤解を生じうるのである。それはどういう誤解かと言うと、世間の虚妄な事柄としての煩悩や輪廻を断滅することによって、世間を虚妄でないものとしようとすることである。しかし、世間が真実・清浄となることは

絶対にあり得ず、世間はあくまでも虚妄・虚仮であると、そのことを知見したのが仏である。世間が絶対に真実・清浄となることはできないという意味は、世間は縁起の世界であり、縁起の世界は業縁によって成り立っているのであり、それは虚構であるということ以外にはありえないと言うことである。その意味で虚妄・虚仮と言われるのである。龍樹は、この虚仮と真実との関係を、すなわち、虚仮を真実とするのではなく、虚仮を虚仮と知見するのが真実であるという関係を、世俗諦と勝義諦の二諦という二つの真理として明確に区別している。そして、それらを混同するときは、仏教の甚深なる真実は得られないと注意している。[3] 縁起による生死の世間は、あくまでも虚仮であり、その虚仮なる世間での世俗諦（saṃvṛti-satya・真実が覆障された世界での真理）と、その虚仮なる世俗を「空」と知見する勝義諦（paramārtha-satya・仏によって智見された真理）との峻別である。その勝義諦によって獲得されるのが涅槃である。その涅槃について、その原語 nirvāṇa に対する解釈が、仏教の伝統の中で、「灯火（煩悩）の炎が吹き消された状態」という語義に解釈されて、「炎を吹き消すこと」が涅槃であるとされたため、煩悩の滅が涅槃とされてきたが、この語義にはそういう「吹き消す」という意味はなく、「吹き消された状態」、滅（nirodha）の状態としての静けさとか、安らぎという意味であり、「寂滅・寂静・安穏」などと言われる内容が涅槃の語義として相応しいことが明確にされている。[4] 従って、釈尊にとっては、涅槃とは、無明による輪廻転生の世界が滅せられ、生老病死の世界が「不死」として滅せられる知見において証得・獲得されるものであり、そのことが釈尊の初転法輪において「不死の法を獲得した」と宣言されたのである。そして、龍樹によっては、世俗諦と勝義諦を峻別した上で、「勝義によらなければ涅槃は証得されない」（『根本中論偈』XXIV, 10c～d）と、虚仮を虚仮として知見する「空」における涅槃が示されているのである。

ともかくも、龍樹は、「空」によって、このような虚妄なる生死（輪廻）と真実なる涅槃（空）の関係を、生死即涅槃という「即」の関係で、その基本思想に直結させているのである。その点については、『根本中論偈』の第二十五章「涅槃の考察」に詳しく説示されている。その中で、生死即涅槃については、第十九偈と第二十偈において、

輪廻には涅槃と何らの区別もない。涅槃には輪廻と何らの区別もない。

およそ、涅槃の究極であるものが、そのまま輪廻の究極である。両者には何らの微細な間隙も認められない。

と説かれ、生死と涅槃に区別がなく、生死こそが涅槃であると説示されている。ここに説示されている内容は、いわゆる「生死即涅槃」ということであり、龍樹は、この「生死即涅槃」という事柄以外では「即」という言い方はしていない。この「生死即涅槃」の内容について、いま少し説明を加えるならば、生死と涅槃という二つの事柄が別々にあって、それが「即」の関係にあると言うことを意味しているのではなく、この縁起している生死は本来的には実在せず「空」であると言うことを「生死即涅槃」と示しているのである。生死に生きながら、その生死は本来的には空にして涅槃であるとい

う関係である。従って、生死がなくなって涅槃だけが残るという発想は、この「即」においてはあり得ない。生死なくして涅槃はなく、涅槃なくして生死はないということが「即」の関係である。ともすると、生死（煩悩・輪廻）がなくなったのが涅槃であるという発想に陥りやすいが、それは実体論的なあやまった発想であり、その発想に止まる限り、仏道は実現不可能な事柄となってしまうのである。この点については、後に明らかになるであろう。

また、これに関連して、『六十頌如理論』の第六偈においては、

迷いの生存（有）と涅槃とのそれら二つは存在しない。迷いの生存〔が本来的には不生であること〕をよく知るのが涅槃であると〔世尊によって〕説かれている。

と説かれ、生死が自性をもって生じているものではない（不生）と、すなわち、「空」であると知見することによって確認されるのが涅槃であると、生死と涅槃との関係が、龍樹によって極めて端的に説示されている。さらに、同じく、第二十二偈には、

およそ、縁起しているものは生と滅とを離れていると知見している彼らは、〔常と断の〕見解となっている迷いの生存（有・輪廻）の海を渡っている。

とも説かれている。ここに、世俗とは、実体的な発想によって作り出されている輪廻にほかならないことが指摘されている。輪廻や涅槃を実体的に考えるとき、輪廻の断滅を涅槃と見なすことになり、『根本中論偈』第十六章「繫縛と解脱の考察」の第十偈では、

涅槃を増益することがなく、輪廻を損減することがない。そこにおいて、何が輪廻であり、何が涅槃であると分別されるのか。

と、輪廻の断滅や、輪廻の断滅された非存在の状態を涅槃と考えざるを得なくなっている実体論的分別が否定されている。この偈の中で、「増益」と言われているのは「存在しないものを存在すると見なす見解」であり、「涅槃の増益」とは、涅槃を何らかの存在と見なすこと、すなわち、煩悩の断滅した状態、煩悩の非存在を何らかの存在と見なすことである。「損減」と言われているのは、増益の反対で「存在するものを存在しないと見なす見解」であり、「輪廻の損減」とは、現に縁起している生死・輪廻を虚無的に否定することである。このような「涅槃の増益」とか「輪廻の損減」という発想は、「縁起・空」という真実を知見しないからであり、そのような実体論的発想に陥ってしまうのである。その点について、『六十頌如理論』の第五偈には、

真実を見ない者は、世間（輪廻）と涅槃とを想像する。真実を見る者は、世間と涅槃とを想像しない。

とも説かれている。ここでは、「生死即涅槃」という知見がないと、輪廻と涅槃とを分離して、輪廻の断滅が涅槃であると、輪廻と涅槃とを実体論的に分別してしまうことが指摘されている。

これら一連の輪廻・生死・有（迷いの生存）・世間と、空性・涅槃との関係が、龍樹においては「即」の関係において、すなわち、「即」の仏道として説示されていることは明らかである。龍樹に

よって明らかにされたこの「即」の仏道は、極めて勝れた知見であり、大乗仏教の基本思想である「空」の思想に基づいたものであると位置付けられる。少し表現を変えて言えば、本来的には「空」である存在が、因縁によって仮初めな存在として現にありえている。本来的には、「空」である存在が、縁起である生死という非本来的な存在として現にありえている、ということである。このような「生死即涅槃」の知見においてこそ、「世間虚仮　唯仏是真」と言うことの真意を伺うことができるのである。

ところで、アビダルマ仏教の実体論において成立した、煩悩と涅槃とが実体的に分別されることによる、煩悩の断滅した状態が涅槃であるという学説に対する龍樹の批判に対して、何かが滅して何かが生じるという分別から抜け出ることのできない実体論者にとっては、当然というべき反論がなされるが、それに対する単刀直入な応答がなされている一偈として、『空性七十論』の第二十四偈において、

もしも、生と滅とがなければ、何ものが消滅して涅槃するのかと、〔実体論者が反論するならば、〕自性としての生もなく滅もないことが、解脱ではないのか。

と、逆に反論者に問いかけているのである。実体論者は、煩悩が完全に断滅した煩悩の皆無の状態を涅槃と想定するが、煩悩をも含めてすべての事物は、自性として生じているものでなく、従って、自性として滅するものでもない。そういう事実が明らかになったということが解脱であり、それが輪廻

に流転する迷妄から解放されたということである、という龍樹の主張がここに明示されている。すなわち、煩悩の滅とは、実体的に存在する煩悩が消滅するということではなく、現に起こっている煩悩が実には自性としての確かな存在ではないという事実が明らかになったのが解脱であり、それが煩悩の滅ということの本当の意味であり、そのことを知見することによって解脱がある。虚妄なる生死・輪廻に存在するわれわれにおいて、煩悩を断滅しなければ解脱しないという実体論者の主張は実現性を持たないものであり、その煩悩が本来的に「空」であると知見することによってのみ、煩悩からの解脱が実現されると、そういうこと以外に煩悩の滅はあり得ないと、龍樹は主張しているのである。

『根本中論偈』において、次のように、まず、

もしも誰かに何らかの諸々の煩悩が自性をもって存在するならば、どのようにして〔煩悩は〕断じられ、誰が自性を断じえるのか。(XXIII, 24)

と、煩悩が実体的に存在しているならば、それを断じるということはできない道理となることを指摘し、次に、

もしも誰にも何らかの諸々の煩悩が自性をもって存在しているのでないならば、どのようにして〔存在していないものが〕断じられ、誰が存在していないものを断じえようか。(XXIII, 25)

と、本来的に存在していない縁起的存在としての煩悩は断じられるべきものではないと、煩悩は断じられるべき対象としてありえないから、誰れにも煩悩は所断として存在しているのではないことが明

言されている。この意味で、龍樹にとっての煩悩の滅ということの内実は、すべての存在は縁起であり、実体的な煩悩は存在していないのであり、存在しない煩悩を滅することはできないから、煩悩を滅しようとするのではなく、しかも、縁起としての煩悩は現に存在していないのでもない、という煩悩の如実な在り方が知見されるということである。

この点については、さらに、『六十頌如理論』の第十偈と第十一偈にかけて、

> 無明を縁として生じているものには、正しい知識をもって観察するとき、生も滅も何らのものも認識されないであろう。
>
> それこそが、「現在世における涅槃」であり、また、「成すべきことが成された」ことである。

とも説かれている。「正しい知識（samyak-jñāna）[5]」をもって、すなわち、「空」の知見によって無明の世界が観察されるとき、自性をもって生じたものもなく、従って滅するものもないと知見される。それこそが「現在世における涅槃（dṛṣṭa-dharma-nirvāṇa）[6]」であり、「成すべきことが成された（kṛta-kṛtya）[7]」ことであると指摘している。ここに提示されている「現在世における涅槃（現法涅槃・見法涅槃）」とか「成すべきことが成された（所作已弁）」という術語は、釈尊の仏教の本質を示す重要な表現であるが、龍樹はそれをここに引用して、自らの主張を表明している。龍樹にとっては、生死・輪廻に生きるわれわれにとって「成すべきこと」とは、「空」という事実を知見することであり、それ以外にこの世において成すべきことはないということが「成すべきことが成された」ということにほ

かならない。

また、生死・輪廻に生きるわれわれにとって、涅槃とは「現在世における涅槃」、すなわち「dṛṣṭa-dharma-nirvāṇa（認識された法としての涅槃）」であり、「現法涅槃・見法涅槃」と漢訳されているものである。このように、釈尊によって「認識された法・現法・見法」としての涅槃とは一体何であるのかという究明は、今までのところ文献的にも思想的にもなされていないが、釈尊においての「認識された法」とは、具体的には、先に関説した「不死の法」、すなわち、生老病死に輪廻する苦から解放される法であったのではないかと考えられる。このように、釈尊にとって、「不死の法」として「認識された法」が涅槃であったと言うことについては、釈尊は、随所に涅槃のことを「不死」と言い換え、不死を涅槃のシノニムとして用いていることからも伺える。この点について、『十住論』にも、次のように、

世尊は舎利弗に告げられている如くである。
「私は涅槃を知り、涅槃に至る道を知り、涅槃に至る衆生を知る」と、
このようなことが、世尊によって説かれている諸々の経典の中には必ず説かれている。このことを「諸々の仏たちは〔涅槃に〕通達されて、滅をお知りになっている」と言うのである。

如仏告舎利弗。我知涅槃知至涅槃道。知至涅槃衆生。如是等諸経、此中応説。是名諸仏通達知滅。

（八〇、上）

と説かれ、涅槃が知見されるべきものであり、また、涅槃は滅（滅度）として知見されるべきものであることが示されている。

このように、涅槃は知見される事柄（認識された法）であり、龍樹にとって、涅槃とは、生死即涅槃という事実が明らかに認識されたところに知見された涅槃である。断るまでもないが、生死即涅槃という事実が明らかになったからと言って、生死・輪廻の現実が消滅するわけではなく、また、業縁に生きる身が業縁を離れた涅槃そのものとなるわけでもない。そういう生死と涅槃の関係が明らかに知見されるというそのこと以外に何かがあるわけではない。そういう身の事実を、真実と見定めて生死を生きるのが「即」の仏道である。例えば、「無我」ということについても、普通「無我になる」とよく言われるが、このような言い方は、龍樹の「即」の仏道においては適切でない。何故かと言えば、輪廻転生の主体である我（アートマン）が実体的に存在していないということへの知見が「無我」ということであり、「無我を知見する」と言うことでなければならないからである。また、「無我」ということが、多少誤解された「我執を滅する」という意味であっても、生死に生きるわれわれは業縁のままにしか生きられないのであって、我執も縁起であり、自己の努力で我執を全く起こさない「無我となる」ということはありえないものである。われわれの我執とは、実体的存在は何ひとつないのに、それを確かな実体的なものとして固執することであるから、それはそれ自体としては本来的に「空」であると知見する。その意味で「無我になる」のではなく「無我を知見する」ということになるのである。

以上のように、龍樹の「即」の仏道とは、言うまでもなく、生死・輪廻に生きるわれわれの存在と涅槃との関係を、「われわれの生死の存在から煩悩が無くなったのが涅槃である」と二元的に考えるアビダルマ仏教における実体論を厳しく批判し、われわれにとってあり得るのは生死を生きることしかなく、しかも、その生死そのものが本来的には「空」であるという涅槃の在り方の上に成り立っているという事実が明らかになったところに成立するものである。そして、そこにおいてこそ、大乗仏教の菩薩道としての一切衆生済度の「無縁の慈悲」が展開可能となるのである。しかしながら従来は、「空」と「慈悲」とは相反する関係にあると考えられているのが普通である。例えば、『十住論』の「易行品」に説かれている菩薩の「大心」についての説明の中に、

若し諸法皆空と観ずる時は度すべき衆生もなき故に、其時は大悲が弱くなる。又或時に一切衆生を所観の境とする時は、大悲が起りて衆生を憐れむべき故に、其時は諸法皆空と観ずる空観が弱くなるなり。……若し方便心を得る時は、此二法に於て等しく偏党なきやうになりて、大悲心と空とが等同になる。是方便心を大心と名くる。⑧

というように述べられている。この説明に代表されるように、空という知見と慈悲という仏道が、大乗仏教の菩薩にとって不可欠な二面であることを知らないはずはないのに、しかも、それらが相反す

るものとされてきたようである。そのために意味不明な方便心を得るということを言わなければならないことになっているのであろう。しかし、このことは、一言で言えば、慈悲と人情との区別が全くなされていないことによるのである。従って、ここに確認する必要があるのは、慈悲とは人情ではなく、大乗仏教における慈悲とは、「無縁の慈悲」であると言うことである。「無縁の慈悲」こそが、大乗仏教の慈悲であることが確認されるとき、空と慈悲とは不離一体の関係にあり、空なき慈悲はなく、慈悲なき空はないと言うことが明らかとなるだけでなく、大乗仏教の菩薩にとって、慈悲とは何かということも明らかとなるのである。

この「無縁の慈悲」については、すでに詳細に究明したように[9]、四無量心（慈・悲・喜・捨）における慈と悲が、大乗仏教になるとさらに詳しく三縁の慈と悲として解釈されるようになり、そこで「無縁の慈悲」ということが説かれるのである。この三縁の慈悲という解釈については、龍樹は『無尽意菩薩経（阿差末菩薩経）』に基づいて『智度論』の中で数度に亙って説明し、龍樹の仏教を受け継いだインドの中観学派の伝統の中においてもそれが受け継がれている。そのことについての具体的な説明は省略し、ここでは略説するに止めるが、それらは衆生縁と法縁と無縁という三縁、すなわち、三つの対象（ālambana）に対してはたらく慈悲である。その三番目の「無縁の慈悲」は、対象の無い慈悲という意味であり、対象が無いとは「空」という事に他ならないから、空性という事実においてはたらく慈悲とされている。これまでの論述の流れの中で言えば、「無縁の慈悲」とは、生死即涅槃という身の事実を知見せしめるはたらきであり、それは同時に、そのように知見されたところに確認された身の事実を積極的に引き受けていく力となるものである。

ちなみに、曇鸞は『浄土論註』の中で、この三縁の慈悲を、順次に、小慈悲、中慈悲、大慈悲とランク付をし、[10]「大慈悲はこれ仏道の正因である（大慈悲是仏道正因）[11]」と説明している。曇鸞によるランク付によるまでもなく、「無縁の慈悲」こそが大慈悲であり、如来の大悲とは「無縁の慈悲」に他ならない。『観無量寿経』においても、次のように、「無縁の慈悲」が説かれている。

仏心というは大慈悲これなり。無縁の慈〔悲〕をもって諸々の衆生を摂す。

仏心者大慈悲是。以無縁慈、摂諸衆生。（聖典、一〇六頁）

① 同一文は『阿含経・ニカーヤ』の中に見いだせないが、同様の内容の文は、随所に見いだされる。例えば、Suttanipāta, 739, 757 etc.

② Samyutta-nikāya, II, p. 17『雑阿含』第十一・十二巻。

③ 『根本中論偈』第二十四章「諦の考察」第八偈〜第九偈の内容。この問題については、本書においてこれ以上説明することは省略するが、詳しくは、拙文「即の仏道—龍樹における聖と俗の関係—」（『日本仏教学会年報』、五十九）を参見されたい。

④ この問題については、藤田宏達「原始仏教における涅槃—nibbāna と parinibbāna—」（『印仏研』、三九—一）において論究されている。

⑤　龍樹は、空性を知見する般若波羅蜜多について、後になって名付けられる「無分別智」などという独自の用語でそれを限定していない。

⑥　「涅槃」の意味については、例えば、『インド仏教　2』（岩波講座・東洋思想　第九巻）に収録されている藤田宏達博士の論文「涅槃」が参考になる。

⑦　kṛta-kṛtya については、Nikāya（阿含経）の中では、有名な「生は尽きた、梵行は完成した。為すべきことは為された（katam karaṇīyam）」（SN, p. 2 など）云々という言い方の中に見いだされる。また、Mahāvyutpatti, 1082 では Śrāvaka-guṇa（声聞の特質）の一つとされ、龍樹が熟知していたであろう『八千頌般若経』の劈頭では、参集した阿羅漢の特質の一つとされている。ちなみに、龍樹より後代の『倶舎論』にも一か所だけ同様の術語が見いだされるが、全く別の意味である。有為の四相（生・住・異・滅）の説明の中で、「住相は、すでに作用がなされたから、重ねて作用をなす〜」云々という文章で、住相の説明のところで、この術語が見いだされる。（桜部建著『倶舎論の研究　界・根品』三四二頁参照）

⑧　『真宗全書』第八巻、一九〇頁下段。

⑨　拙著『空性思想の研究　Ⅱ』第七章「空性と大悲」、拙著『大乗仏教の原点』一一八頁以下、参照。

⑩　『浄土論註』に、「慈悲有三縁。一者衆生縁、是小悲。二者法縁、是中悲。三者無縁、是大悲。大悲即出世善也。安楽浄土従此大悲生故」（『真宗聖教全書　一』、二八八頁）と説明されている。

⑪　この一文は、世親の『無量寿経優婆提舎願生偈』の本文「正道大慈悲」に対する注釈の中にある説明である。（典拠は⑩に同じ）

第三章　『十住毘婆沙論』における菩薩道

第一節　龍樹の「空」における菩薩観——不退転の菩薩——

さて、龍樹にとって菩薩とはどのように考えられていたのであろうか。先学の研究[①]によれば、初期の大乗仏教において考えられていた菩薩の観念とは、前時代から受け継いだ「理想的な菩薩像」としての「一生補処の菩薩」と、現実の自己が菩薩の自覚を持つことによる菩薩という、理想の菩薩と現実の菩薩という二本立てであったと考えられている。ここに、理想の菩薩とされていた「一生補処の菩薩」とは、一生補処（eka-jāti-pratibaddha・この現在世の一生だけが輪廻に束縛されているが、次の世では仏になれる菩薩）[②]という意味であるが、それは如何にも輪廻転生的な発想と言わねばならないが、仏教の課題ということについて先章で少しく論及したように、成仏という仏道の完成が未来世にまで持ち込まざるを得なくなった仏教の修道（四向四果）において、次の世で成仏できるということは、最上位の阿羅漢果に相当するものであるが、一生補処の菩薩はその位と等しく、成仏に最も近い所にいる菩薩であり、その意味では理想の菩薩と言えるのである。そのような理想の菩薩とは別に、自覚に基づく菩薩が大乗仏教において現れてきたと言うことである。そして、この自覚的な現実の菩薩に対する菩薩観がさらに展開して、『八千頌般若経』をはじめとする般若経典群において、四種の菩薩が説かれるようになる。この四種の菩薩については、当然のことではあるが、その般若経典群についての辞典的な解説書といわれている『智度論』においても随所に言及されているのであり、龍樹にとって、自らの「空」の思想的な基盤としての般若経典群に説かれている四種の菩薩が自らの菩薩道の前提となって、『十住論』に展開されている「不退転の菩薩」についての様々な説明や解釈がなされていると見るべきである。もとより、大乗仏教において展開される菩薩道は、この四種の菩薩に限られたものではなく、様々な菩薩道が語られ、それらが次第に組織的に体系化され階位化された菩薩道を形成していくことになったのであろうが、龍樹にとっては、この四種の菩薩が前提となっていたと見なすべきである。

般若経典群に説かれている四種の菩薩とは、基本形としては、次の通りである。

一、初発心（prathamayāna-samprasthita）の菩薩
一、行六波羅蜜多（caryāpratipanna）③の菩薩
一、不退転（avinivartaniya）の菩薩
一、一生補処（eka-jāti-pratibaddha）の菩薩

この中、最後の「一生補処の菩薩」以外の、初発心と行六波羅蜜多と不退転の三菩薩が自覚的な現実の菩薩である。初発心の菩薩とは、大乗仏教の慈悲・利他の仏道を歩まんと発心したのが菩薩であると言うことである。行六波羅蜜多の菩薩とは、布施などの課題の完成を目指して仏道を歩むのが菩薩であると言うことである。不退転の菩薩とは、以下に詳しく論及するように、仏道から退転することはありえないという自覚を持ったのが菩薩であると言うことである。

ところで、これら四種の菩薩は、先学の研究において明らかにされているように、般若経典群では、菩薩の階位と見なされ、順次に、初発心の位から一生補処の位に到るという次第で説かれていると見なされている。しかしながら、『十住論』にはそのような四種の菩薩に対する階位的記述はない。それではこれら四種の菩薩についてどのように言及されているかを試探すると、「初発心の菩薩」については、その「序品」において、次のように、

無上道のために発心する者を菩薩と名付けるのである。

問。単に発心するだけで、それがそのまま菩薩と言えるのか。

答。どうして単に発心するだけの者を菩薩と言えようか。発心して必ず無上道を成ずることのできる者を菩薩と言うのである。しかし、単に発心するだけの者を菩薩と名付けることもある。どうしてかと言えば、初発心を離れては無上道を成就することはできないからである。大乗の経典に説かれているが如くである。「新発意の者を名付けて菩薩となす」と。

為無上道発心名曰菩薩。問曰、但発心便是菩薩耶。答曰、何有但発心而為菩薩。若人発心必能成無上道乃名菩薩。或有但発心亦菩薩。何以故。若離初発心則不成無上道。如大経説、新発意者名為菩薩。（二一、上）

と言及されているが、行六波羅蜜多の菩薩と一生補処の菩薩とについては、具体的な内容をもって論及することなく、専ら不退転の菩薩だけが課題とされて様々に論じられている。従って、菩薩の初地から不退転の菩薩を取り上げているのであり、『十住論』においては、龍樹は、これら四種の菩薩の関係を階位的に見ていないことは明らかである。このことから、龍樹によっては、四種の菩薩とは、それぞれの菩薩の在り方を示すものと受け取られていたと伺える。そして、それら四種の中のどの菩薩が龍樹にとって菩薩と見なされていたかと言えば、龍樹は「不退転の菩薩」こそを菩薩と見なしていたと言わざるを得ない。

ちなみに、「一生補処の菩薩」については、『十住論』において具体的に解説されていないが、その「釈願品第五之余」において、

「菩薩に具わっているもの」とは、菩薩が仏道を成就しようと欲する時に、三千大千世界の中の諸々の菩薩、及び他方世界の諸々の菩薩が各々、〔仏を〕供養するための準備をして来て〔仏を〕取り囲み、仏が成道して大光明を放つのを待って、各々ともに供養し、仏より法を聞いて、皆な不退転となっている一生補処ということである。

菩薩具足者、菩薩欲成仏道時、三千大千世界中諸菩薩及他方諸菩薩、各持供養具来囲繞已、待仏成道放大光明各共供養、従仏聞法皆是不退転一生補処。（三二、中）

と言及されている。この最後の「不退転一生補処」をどのように解読するかについて、四種の菩薩ということから見れば、不退転の菩薩と一生補処の菩薩という意味に解読することもできるが、『十住論』に展開されている菩薩観からすれば、不退転の位を自覚したのが菩薩であるということであるから、一生補処の菩薩であっても不退転の位にいる一つの菩薩の在り方と見なされていたと考えると、不退転は一生補処に対する形容詞として解読するのが妥当である。

これから具体的に究明するように、龍樹は不退転の菩薩こそを菩薩と見なしていたと知られる。まずその菩薩の在り方を示す「不退転（avinivartaniya）という術語であるが、それについて、不退転の菩薩が説かれている文献で用例として見いだされるサンスクリット語は、このavinivartaniyaの外に、avaivartikaとかavivartikaという術語もある。これらの術語は、漢訳では、「不退転」と意訳され、「阿惟越致」とか「阿毘跋致」などと音写されている語である。これらは、vi-［ni］√vṛt（退く、転ずる、戻る、消える）を語根とし、それに否定詞aが付いたものである。その中で、avinivartaniyaは未来受動分詞形で「退転させられるべきでない」という語意となるから、「不退転であるべき位（地）・者」という意味であり、avaivartikaとavivartikaは、「退転に属するものではない」という語意であり、「不退転の位（地）・者」という意味である。

ちなみに、菩薩に関するこの「不退転」という意味に似た「不退」などの用語は、大乗仏教以外のアビダルマ仏教文献においても見いだせるが、大乗仏教における不退転の菩薩の「不退転」の用語例とは直結しないようである。[4] 従って、これらの「不退転」のサンスクリット語は、大乗仏教において不退転の菩薩に関わる術語として造語されたと見なされる。しかも、普通の場合、例えば、kuśala（善）という言葉が先ずあり、それに否定詞がついて、akuśala（不善）という言葉ができるのであるが、この不退転の語については、「退転」という意味の vinivartaniya とか vaivartika とか vivar-tika という言葉が先ずあって、それに否定詞が付いた用語として造られたということではないようであり、造語の当初から否定詞の付いた術語のみとして使われているのである。従って、これらの術語に否定詞の付かない「退転の菩薩」という用例は、サンスクリット語文献の諸々の索引においても見いだせない。[5]

このような「不退転の菩薩」のサンスクリット語の造られ方は、思想的には非常に興味深いものがある。それはどういうことかというと、不退転の菩薩における「不退転」とは自覚的な事柄であり、それは自覚ということの基本的なあり方を示唆しているからである。すなわち、不退転位というものが、何らかの修行の努力が積み重ねられた結果として得られた位であるならば、努力を怠ればその位から退転することにもなるが、しかし、龍樹における不退転位とは、「空」を知見したところに明らかになった自覚であり、それは自己の上に本来的に具現されている事実に対する知見であるから、退転しようにも退転できない自己存在を発見したのが不退転ということの特質であるからである。

このことは、前章で究明したような龍樹の「即」の仏道においては極めて必然的な了解であり、不退転位とは、思想的にいえば、「空」において生死即涅槃という身の事実が知見されたということである。それは本来的には「空」であるのに縁起によって「私」として生死に生きている。本来的には「空」であるのに、しかも、現に生死において「私」として仮設されている。従ってこの「私」は、本来的には「空」であるという身の事実からすれば、非本来的な存在ということになる。それは、龍樹によって仏説の基本とされている「諸行は虚妄」における世間虚仮としての「私」である。本来的には「空」であるのに、非本来的な「私」として現に生死している。このような「私」の存在が知見されたところに得られるのが不退転位である。従って、不退転位とは、何らかの努力の積み重ねによって得られる位ではなく、「私」とは如何なる存在であるかということへの自覚的な知見によって得られる位であるから、自覚的に一度知見されれば、そこから退転するということはありえない位である。次節において少しく究明されるように、龍樹は『十住論』において、不退転位を菩薩道の階位と見なしていないということも、何らかの階位を努力によって順次に上って行くことによって得られる位として、龍樹は不退転位を了解していないということを意味している。ともかくも、本来的な「空」なる自己から問いかけられながら、非本来的な「私」としての自己を生きる。非本来的な「私」は、この生死において本来的な「空」に成ることはありえない。しかし、この「私」は、「空」に成ることはありえないが、「空」を知見することはできる。この知見によって、世間虚仮としての「私」は、唯仏是真としての「空」に常に照らされながら生死を生きる。それが生死即涅槃という身の事実への知見に基づいた不退転の菩薩道である。

このように、龍樹は、『十住論』において、般若経典群に説かれている四種の菩薩を菩薩の階位とは見なさず、それらを菩薩の在り方として了解して、しかも、不退転の菩薩こそを菩薩と見なしていた。それ故に、一方において菩薩の十地が説かれていても、その初地から、不退転の菩薩道を解説し、その不退転位を得ること、すなわち、「空」の自覚を得ることによって身の真実が明らかになったことを歓喜するという意味で、菩薩の初地が歓喜地と称せられると、龍樹の菩薩道から明確に窺い知ることができる。この点について、『十住論』では「入初地品第一」の終わりに、

問。初地をどうして歓喜地と名付けるのか。

答。最初の果を得たということは、間違いなく涅槃に至ることである。

菩薩はこの初地を得て、心に常に歓喜が多い。

自然に諸々の仏・如来となる種子が増加することを得るのである。

問曰、初地何故名為歓喜。

答曰、如得於初果　究竟至涅槃

菩薩得是地　心常多歓喜

自然得増長　諸仏如来種（二五、下）

いるその最後に、

と、初地を歓喜と名付けることについての理由が説かれている。続いて、この偈の意味が解釈されている。

この〔初地の〕菩薩の有するところの苦は、残り僅かな二、三の水滴のようなものである。無上なる正等覚を得るのは、永劫の未来のことと言わなければならないとされ、無始以来の生死の苦については、滅すべき苦は大海の水ほどもあるのに、僅かに二、三の水滴を残すのみである。それ故に、この地を名付けて「歓喜」となすのである。

是菩薩所有余苦如二三水渧。雖百千億劫得阿耨多羅三藐三菩提、於無始生死苦、如二三水渧、所可滅苦如大海水。是故此地名為歓喜。（二六、上）⑥

と、初地において、すでに苦の殆どは滅していることを以て、初地が「歓喜」と名付けられている。無上なる正覚という表現は、生死即涅槃という生死に生きる身を知見したところに願われている無上涅槃を意味しているが、それを得るために、滅すべき無始の生死の苦は大海の水の如く無量であるのに、生死即涅槃という身の事実を知見した不退転の菩薩に残されている苦は、僅かに二、三の水滴ほどである。初地において苦の殆どは滅し、生死に生きるが故に、その限り苦は避けられないが、しかも残すところの苦は僅かに二、三の水滴ほどしかない、そのことを歓喜するが故に、歓喜地と名付けられるという、この解説は、生死即涅槃を知見した不退転の菩薩こそを菩薩と見なし、初地からそれを説いている龍樹においてこそ可能である。

ちなみに、龍樹の「空」の仏教においては、基本的には、菩薩を階位的に見ていなかったということについて、その一例を挙げると、先にも言及した龍樹の仏教を継承しているCandrakīrtiの『入中論』において、第六地の菩薩について解説しているその第六章の第四偈と第五偈において、次のように、

異生（初地以前の者）のときでも、「空」を聞いて、内（心）に歓喜を繰り返し生じ、歓喜より生じた涙によって眼を濡らし、身の毛を起立する。

彼の上に、等覚者の種子がある。真実が解明される器は彼である。彼に対して勝義諦が説かれるべきである。⑦

と説かれ、ここに、「空」への知見は、異生においてもあり得ることと、「空」への知見を持った者には勝義諦が説かれるべきであることとが示されている。Candrakīrtiによるこの了解は、「空」への知見は必ずしも菩薩道に限定されるものではないということであり、龍樹が主張する「空」への知見による不退転の菩薩の本質を考える上で注意される。すなわち、菩薩道はあくまでも「空」を知見するためのものであるが、逆に、「空」の知見は菩薩道に限定されないということである。

① 以下の所論については、平川彰著『初期大乗仏教の研究 Ⅰ』（平川彰著作集 第3巻、春秋社）「第四章

菩薩の修行の階位」を参照。

② 「一生補処」と漢訳されているサンスクリット語 eka-jāti-pratibaddha について、新しい解釈もなされている。それは、この原語は「同一の生まれに結びついた者」という語義で、「如来の家に生まれた者」という意味であり、「如来と同一の生まれに結びつけられた」という語義が本来的な意味であるという注目すべき解釈である。（阿理生「ekajātipratibaddha――いわゆる一生補処――について」『印仏研』、四三―二、pp. 855～849）

③ 断るまでもないが、caryāpratipanna（習得された実践行）の具体的な内容は「行六波羅蜜多（六波羅蜜多の実践）」である。

④ 桜部建著『仏教語の研究』（文栄堂）「『不退』について」参照。

⑤ この点については、サンスクリット語文献にも、Mahāvyutpatti にも、諸種の索引（ただし、vinivrtti という名詞、vivartate という動詞の用例はある）にも、vinivartaniya, vaivartika, vivartika という用語はない。ただし、『十住論』にも『智度論』にも、「惟越致の菩薩」という用例があるから、これら三つのサンスクリット語から否定詞を取った用語があったとも考えられるが、漢訳のみとして現存しているこの二文献だけで断定することはできない。

⑥ ここに引用したのは「入初地品」の最後の部分であるが、親鸞は、この一文を含めた部分を『教行信証』「行巻」（聖典、一六一～一六三頁）に引用している。その引用部分の解読については、周知のように、漢文本来の読み方と親鸞の読み方の相異が論議されている。親鸞の読み方については、本書の付録「関係資料」を参見されたい。一文の意味を解読するという点からすれば、親鸞の読み方は、原文通りに読むのではなく、親鸞が龍樹から学んだ仏道に沿って、その意味を解読して読んだものと言える。従って、親鸞の読み方は、

自らの了解に基づいて文意を解読した解読文に相当する。

⑦ 拙著『空性思想の研究』(一九七六)二一七～二一八頁参照。

第二節 『十住毘婆沙論』における「不退転の菩薩」

さて、龍樹が『十住論』において展開している「不退転の菩薩」について、少しく試探すると、まず、一品をもって「不退転の菩薩」が説明されているのが、「阿惟越致相品第八」である。この品において、不退転の菩薩の特徴が詳説されている。そこにおいて、不退転の菩薩の特徴を、五法と五功徳として示している。まず品の最初に五法が挙げられ、後半には五功徳が詳細に説明されている。それら五法と五功徳の内容をみると、不退転の特徴を思想的に示しているものとしては、五法の中に挙げられている「深妙の法(空・無相・無願の三解脱門)を信楽すること」という一法があり、その一法に通達するための課題として五功徳が提示されているという関係にある、すなわち、五功徳の内容は、まさしく、菩薩が不退転位を得るための課題として、空法を信楽することによって明らかになる思想的な課題が提示されている。この五功徳を成就したのが不退転の菩薩とされるのである。それに対して、不退転の菩薩とはなりえない菩薩は、「敗壊の菩薩」として退けられている。「敗壊」のサンスクリット原語の語意は、「不調順(khaṭuṅka・頑愚な)」ということであると解明されているが[①]、そのような不調順な菩薩の特徴が七項目で示されているその中には、「空法〔三解脱門〕を信楽しないこと」が挙げられている。このように、不退転の菩薩についての一貫した条件として、五法と五功徳と敗壊の特徴とのすべてにおいて、「空法を信楽すること」が不退転位を成就するための必須の条件として提示されている。

このように、「空法を信楽すること」こそが不退転位の菩薩であるが、それについて、この品の後半に五功徳が詳細に解説され、それを具足すれば、空法を信楽する不退転位を直ちに成就することができると、不退転位を成就しようとする菩薩たちに対して、五功徳を提示して、その課題に立ち向かっている菩薩を「漸漸精進の菩薩」と呼んでいる。その五功徳とは、次のようである。

菩薩は我（ātman）を得ず、

また、〔我なきによって他なる〕衆生も得ない。

〔一切は空であり、差別がないから〕説法を〔様々に〕分別せず、

また、菩提も〔本来的には寂滅であって〕得られない。

〔一切は無相であるから〕相〔世間的な形相〕を以て仏を見ない。

この五功徳〔特性〕を以て、大菩薩と名づけ得るのであり、〔この大菩薩は〕不退転を成就する。

菩薩不得我　亦不得衆生　不分別説法　亦不得菩提

不以相見仏　以此五功徳　得名大菩薩　成阿惟越致（三九、上）

この偈に提示された五功徳は、『如来智印経』に基づいたものであるが、続いて、その内容が詳細に説明されている。それらの内容を一瞥すれば明らかなように、正しく「空法」の説明に他ならない。要約すれば、

一、アートマン（我）の存在を、アートマンと五蘊の関係を五種に論じている五蘊無我説によって否定する。

二、アートマンの否定によって、衆生と菩薩、自と他などの区別は本来的にはない。

三、一切法を「空」と信解するとき、一切は不二であり、差別なく、有と無、空と不空などと分別して法を説くことは誤りである。

四、仏と菩提とは相依相待であり、仏も菩提もそれ自体としては寂滅である。

五、一切は「空」であり、無相（固有の形相を持たないもの）であるから、仏も固有の色や形をもって存在するものではない。

という内容である。

ちなみに、このような五功徳を以て、空法を信解・信楽することによって不退転の位を成就するということを前提として、次に続いて「易行品第九」が説かれているのである。この不退転ということを抜きにして「易行」ということはありえないのであり、その問題については、次章で論究することにしたい。

この「阿惟越致相品」によって説明されている不退転の菩薩は、空法を信楽する菩薩であるということであるが、この不退転の菩薩に関して、『十住論』の中では、さらにどのように関説されているか、そのことについて試探してみると、「地相品第三」の中で「必定の菩薩」が説明されているが、そこにおいて、次のように、

　「必定の菩薩を憶念する」とは、もし菩薩が無上なる等しい正覚に到るであろうという予告を得て、それを求める位（法位）に入り無生法忍を得るならば、どれほど多くの魔の軍勢であっても、かの菩薩を無生法忍から敗退せしめることはできない。かの菩薩は、大悲の心を得て、偉大な菩薩道を成就し、身命を惜しまず〔一切衆生が〕菩提を得ることのために勤めて努力する。このことを「必定の菩薩を憶念する」と言うのである。

　念必定諸菩薩者、若菩薩得阿耨多羅三藐三菩提記入法位得無生法忍、千万億数魔之軍衆不能壊乱。得大悲心成大人法、不惜身命為得菩提勤行精進。是念必定菩薩。（二六、下）

と、必定の菩薩とは、無生法忍（anutpattika-dharma-kṣānti）を得ることによって必定（niyama）となることが示されている。この中には、直接的に不退転という言葉は用いられていないが、無生法忍（すべての存在〈法〉は生じているものではなく、空であると認識すること）を得ることによって必定（必ず仏と成ることに定まった者・正定聚）となるということは、取りも直さず、空法を信楽することによって得られる不退転の位であり、この必定とは不退転ということに他ならないから、ここには不退転と

いうことが必定として示されているのである。この点については、『智度論』においても、「無生法忍とは即ち是れ阿鞞跋致地（不退転の位）なり。[2]」と、また、「一切の法は実に空なりと知り、亦た念じて一切の衆生を捨てず。是の如き人を名づけて阿鞞跋致の菩薩となす。[3]」などと説かれている。さらに、「釈願品（第五）之余」において、次のように、

「仏を見るときに、必定に入ることを得る」とは、衆生にして仏を見るならば、即座に無上なる等しい正覚から退転しない不退転の位に住するのである。どうしてかと言えば、かれら諸々の衆生たちは、仏身を見るとき、心は大いに歓喜し、清浄にして悦楽する。その衆生の心は、そのまま ここに説かれているような必定に入った菩薩の三昧を摂取するのである。その三昧の力によって、諸法の真実の特徴に通達し、能く直ちに無上なる等しい正覚を得る必定の位に入るのである。

見時得入必定者、有衆生見仏即住阿耨多羅三藐三菩提阿惟越致地。何以故。是諸衆生見仏身者、心大歓喜清浄悦楽。其心即摂得如是菩薩三昧。以是三昧力通達諸法実相、能直入阿耨多羅三藐三菩提必定地。（三二、下）

と、「仏を見るとき」「その三昧の力によって、諸法の真実の特徴に通達し」、すなわち、「空」という真実を知見すると明示されている。ここでは、見仏によって無上なる等しい正覚に対して不退転の位となり、必定の位となることが説かれ、それら不退転の位と必定の位とが同じものであることが示されている。すでに明らかなように、得無生忍（「空」という知見を得る）によって、既にして不退転・

必定の身であったことが再確認されたということである。既にして不退転・必定の身であったという自覚において「即」（即時）ということが成立し、そこに、生死即涅槃の仏道が成立する。

これら不退転と必定とに深く関わる見仏については、『智度論』においても、「般舟三昧を得て、能く現在の諸仏を見たてまつる。是の時、阿鞞跋致（不退転）と名づく。③」と説かれている。この見仏と般舟三昧とについては、次節において詳しく論究するが、以上のように、不退転と無生法忍と必定の関係については、『十住論』において、それらは同じ事柄④とされ、しかも、菩薩地の当初から説かれているのである。このことから明らかなように、龍樹は、般若経典群に説かれている四種の菩薩を菩薩の階位とは見なしていないのであり、菩薩地に入ることが初発心の菩薩であり、それが同時に不退転の菩薩であることを意味している。

以上のように、龍樹は、般若経典群に説かれている四種の菩薩の中で、不退転の菩薩こそを菩薩と見なしていたことは確かであり、不退転位を菩薩の四種の階位の第三番目の階位とは見なしていなかったと見るべきである。もし四種の菩薩を菩薩の階位と見なし、龍樹在世の当時すでに四種の菩薩と十地の菩薩との対比がなされていたとすれば、不退転位は六波羅蜜多を行ずる菩薩より上位であるから、第七地以上に配当されるべきであり⑤、菩薩の初地から不退転位を説くことはできないはずである。しかし、すでに明らかなように、龍樹は十地の菩薩については二地までしか解説していない『十住論』において、その当初から不退転の菩薩を解説しているのである。実に、このように十地によって菩薩地を階位的に解説しようとはしていないこのことこそが、『十住論』は十地の階位を解説する論書としては未完成の書であるという理解は成立せず、龍樹は『十住論』において不退転の菩薩を専ら究明しようとしたのであり、その著作の意図は充分に満たされている完結された書であることを物語っている。

① 八力広喜「『十住毘婆沙論』における菩薩思想成立の背景――敗壊菩薩考――」（藤田宏達博士還暦記念論集『インド哲学と仏教』所収）参照。

② 前掲の平川著四二四頁より引用。

③ 右同書四二五頁より引用。

④ 不退転については、悪趣や声聞・独覚の二乗に陥らないという意味で、『智度論』などに「不退転」と説かれることもあるが、そのように言われるのは、不退転＝無生法忍＝必定という思想的な基盤の上でそのように言い得るのであるから、その点については、ここでは論及しない（前掲の平川著四二四頁参照）。

⑤ 般若経典群では四種の菩薩は階位を表すものとして説かれている。それを知りながら、龍樹は『十住論』において、四種の菩薩を菩薩の階位とは見なさず、菩薩の在り方と見なしていることになる。この問題については今後の課題としたいが、ともかくも、十地の菩薩との関係において四種の菩薩が階位的に考えられるときは、不退転位は第七地以上とか、第八地と第九地とかに配当されなければならないであろう。（前掲の平川著、四一〇頁以下参照）

第三節 「空」と念仏——般舟三昧——

龍樹が在世した紀元二〜三世紀時代の仏教界の事情を推測するとき、『八千頌般若経』を初めとする般若経典群によって、釈尊の仏教が「空」の思想によって再解釈され、輪廻転生の根拠が奪われ、輪廻転生の苦からの解脱が説かれた。一方、紀元一世紀頃から出現し始めた仏像の存在が、いよいよ仏への敬慕を生み、その仏国に生まれたいという願望から仏国の讃嘆を説き、中でも、現在諸仏の代表とされる阿弥陀仏の国土へ生まれることを願う、浄土経典群の最古のものとされる『大阿弥陀経』(『阿弥陀三耶三仏薩樓仏檀過度人道経』)が説かれ、いわゆる浄土信仰が生まれた時代である。これら「空」の思想と浄土の信仰という思索と実践とが瞑想三昧の中で一体となったところに説かれたのが『般舟三昧経』であると言ってよいであろう。『般舟三昧経』は、当時の仏教界における思索と実践の一体化が求められる状況の中で、その経題に示されているように「般舟三昧」を説くことを主題として、そこには「般舟三昧」を得るための様々な課題が織り込まれている。

「般舟三昧」とは、pratyutpanna-buddha-saṃmukha-avasthita-samādhi(〔阿弥陀仏を代表として いる〕現在の諸仏が面前にお立ちになる三昧)という意味であり、「般舟」とは、pratyutpanna(現在)の音写語である。意訳としては、『現在諸仏現前三昧経』などと漢訳されている。従って、「般舟三味」というのは、最初の「現在」の音写語と最後の「三昧」という語だけで、それ以外を省略した名称である。この経典の中には、「般舟三昧」を得るための様々な手段が説かれているが、「般舟三昧」それ自体はどういう三昧であるかと言えば、

善男子よ、仏を念ずること（anusmṛti）を完全に保ち、確実に保って、修習を多くなせば、この〔阿弥陀仏の〕世界に生ずることになるのである。仏を念ずることを完全に保ち、確実に保って、修習を多くなせば、この〔阿弥陀〕仏の国土に生まれることができるのである。善男子よ、それでは、かの〔阿弥陀〕仏を念ずるというのはどのようなことであるかと言えば、すなわち、如来を心に思うことである。〔どのように心に思うのかと言えば〕……（中略）……如来を想像せず、認識せず、執着せず、全く認識せず、分別せず、妄分別せず、全く知覚しない。そのように如来を認識することなく、心に思うことによって、〔一切は空であると観想する〕かの空三昧を得ること、それこそが、念仏（仏を念ずること）と名付けられるのである。①

と説かれ、般舟三昧とは、念仏によって「空」を知見することであるとされている。すなわち、支婁迦讖訳『般舟三昧経』において、「用念仏故　得空三昧」（『大正』十三、九〇五、中）と端的に訳出されているのが般舟三昧の内容である。② 般舟三昧の内容がこのように知られるとき、前節において取り上げた菩薩の五功徳の中の第五の功徳として、「相を以て仏を見ない」ということが不退転位を得る条件とされていたことが想起される。思うに、仏像の出現により仏像崇拝が盛んになると共に、何時

しか仏像崇拝が偶像崇拝へと変質していき、仏が実体的な対象とされ、仏国土が他界として実体視されることに対する警鐘が『般舟三昧経』を生み出したとも言えよう。

龍樹は、『十住論』においてこの『般舟三昧経』を非常に重要視していることは言うまでもない。例えば、『十住論』の中で、『般舟三昧経』に基づいて菩薩道を解説している品としては、「易行品第九」、「念仏品第二十」、「四十不共法品第二十一」、「助念仏品第二十五」などがあり、「入初地品」においても、『菩提資糧論頌』に基づいて、次のように、

般舟三昧と及び大悲を諸仏の家と名付ける。この二つの法より諸々の如来が生まれる。この中、般舟三昧を父となし、また、大悲を母となす。また次に、般舟三昧はこれ父であり、無生法忍はこれ母である。

般舟三昧及大悲名諸仏家。従此二法生諸如来。此中般舟三昧為父大悲為母。復次般舟三昧是父、無生法忍是母。(二五、下)

と、般舟三昧を取り上げている。この一文は、親鸞によっても重視され、付録「資料」において明らかなように、『教行信証』「行巻」において『十住論』が引用されている最初に取り上げられている。③

このように、般舟三昧が、『十住論』において重要視されていることは当然といえば当然であるが、それは取りも直さず、龍樹においては、念仏は、「空」という身の事実を確認するためのものであったことが知られる。すなわち、生死即涅槃というわれわれの命の真実を確認するのが、念仏であり、

見仏であるということである。

ちなみに、このように『般舟三昧経』において、念仏によって空（無生法忍）を得ることが説かれているが、このことは必ずしも『般舟三昧経』に限られた所説ではなく、その後の浄土経典においても同様に説かれている。例えば、『観無量寿経』において、「見仏得忍」（仏を見ることによって無生法忍を得る）ということが説かれている。すなわち、その第八観（『聖典』、一〇三〜一〇四頁）において、見仏を内容とする念仏三昧が説かれているが、そのことが更に経典の巻末において、次のように、

〔阿弥陀仏の〕仏身および二菩薩を見たてまつることを得て、心に歓喜を生ず。未曾有なりと歎ず。廓然として大きに悟りて、無生忍を得。

得見仏身及二菩薩、心生歓喜。歎未曾有。廓然大悟、得無生忍。（『聖典』、一二一頁）

と説かれている。ここに、愚痴の凡夫である韋提希夫人が、見仏を得たことによって、晴れ晴れとして大きな悟りである空（無生法忍）を得たという、見仏得忍が説かれているが、それは、本書における今までの文脈で言えば、見仏・念仏によって生死即涅槃という身の真実が明らかになった、そのことを歓喜し、未曾有な出来事が起こったと嘆じ、そのことによって必定に入って不退転となったという自覚を持ったということである。

① チベット訳に基づいて解読。

| rigs kyi bu saṅs rgyas rjes su dran pa kun du dsten | ṅes par dsten cin bsgoms la man du byas na ḥjig rten gyi khams ḥdir skye bar byed do | saṅs rgyas rjes dran pa kun du bsten | ṅes par dsten ciṅ bsgoms la maṅ du byas na saṅs rgyas kyi shiṅ ḥdir skye bar ḥgyur ro | rigs kyi bu de la saṅs rgyas rjes su dran pa de gaṅ | ḥdi lta ste | gan de bshin gśegs pa yid la byed pa ste | ～ ～ | de bshin bśegs pa rlom sems su mi byed | mi dmigs | mṅon par mi chags | yan dag par mi śes | mi rtog | rnan par mi rtog | yan dag par rjes su mi mthoṅ ste | gaṅ de ltar de bshig bśegs pa mi dmigs par yid la byed pas stoṅ pa ñid kyi tiṅ ṅe ḥdjin thob pa de ni saṅs rgyas rjes su dran pa shes bya ste (Pek. XXXII, no. 801, p. 105, 11. 13a 5 ～7., 13b 2 ～4.)

Paul. M. Harrison; The Tibetan Text of the Pratyutpanna-Buddha-Sammukhāvasthita-Samādhi-Sūtra (1978, Tokyo) p. 31, 林純教著『蔵文和訳　般舟三昧経』(1994, 大東出版社) 一二三頁参照。

② この点について、例えば、山口益編『仏教聖典』の中では、『般舟三昧経』についての解題で、「特に、アミダ仏を念ずることとして具体的に説き示して、それが大乗仏教を通じての思想的基盤ともいうべき空の思想によって裏付けられている」(五五八～五五九頁)と解説している。

③ 『教行信証』「行巻」(聖典、一六一頁)「資料」参照。

第四節　『十住毘婆沙論』における浄土観

龍樹の「空」の仏教に基づいた、生死即涅槃の「即」の仏道において、仏の世界(仏国土)はどのように考えられるのであろうか。仏国土を意味して「浄土」ということがいわれる。この「浄土」という漢訳に対応するサンスクリット語が比定されていないことは周知の通りであるが、『十住論』には「浄土」の語が用いられている。それらの用例によると、『十住論』では、菩薩が菩提心を発して仏国土を浄めるという意味で「浄土」〔土を浄める〕という語が用いられている①。

その浄土について集中的に説明がなされている「釈願品第五之余」において、「仏土を浄めようと願うが故に、諸々の雑悪を滅除する〔願浄仏土故　滅除諸雑悪〕」〔三二、中〕の偈によって始まる浄土についての説明が、次のように説かれている。

〔以上に述べた種々様々な〕不浄は、要約すれば、二種になる。一つには、衆生の因縁によるものであり、二つには、行業の因縁によるものである。衆生の因縁とは、衆生の過悪の故であり、行業の因縁とは、諸行の過悪の故である。これらの二つ〔の過悪について〕は、すでに説いた通りである。この二つの過悪を転ずれば、すなわち、衆生の功徳、行業の功徳がある。この二功徳を名づけて浄土となすのである。この国土を浄めるとは、次のように知るべきである。諸々の菩薩の本願が因縁となって、諸々の菩薩は能く様々な大いなる精進を行うが故である。願うところは無量にして説き尽くすことはできない、と。この故に、いまはただ要約して、その一端を開示するだけである。

不浄略説有二種。一以衆生因縁、二以行業因縁。衆生因縁者、衆生過悪故。行業因縁者、諸行過悪故。此二事上已説。転此二事則有衆生功徳行業功徳。此二功徳名爲浄土。是浄国土当知随諸菩薩本願因縁、諸菩薩能行種種大精進故、所願無量不可説尽。是故今但略説開示事端。（三二、上）

このように浄土が説示され、続いて、浄土の特徴が十項目に互って詳細に説明され、その第二項の「仏の功徳力」についての説明の中で、即時入必定・即得往生は、仏を見るとき、仏の名を聞くとき、仏の本願力によって得られる、と説かれている。ここにも「般舟三昧」が示されている。

ところで、このように二つの過悪が功徳に転じたのが浄土であり、その浄土への即得往生が、仏を見るとき、仏の名を聞くとき、本願力によって、不退転の位に至って実現し、即時入必定となるという、この文脈の上に、龍樹の「即」の仏道がその基本となっていることが明知される。このことについては、すでに、山口益先生によって、龍樹の『根本中論偈』の第二十四章「聖諦の考察」の第七偈に説かれている、空用・空性・空義という「空の三態」に基づいて、能所が限りなく空化されるところに浄土の建立があるという、「空」に対するダイナミックな解釈がなされている。[②] すなわち、空の三態で言えば、まさしく空用（戯論を寂滅する空のはたらき）が現に実働しているそのことの上に、「空」における浄土の建立があると見定めている。

そのことを踏まえた上で、「即」の仏道という観点から、いま一度、簡単な解釈を加えるならば、空法を信楽して、過悪は本来的に空であり、実在しないことが明らかになったとき、すなわち、過悪は過悪としてありながら、その過悪が根拠を失い滅せられていくところに、過悪が功徳へと転じる浄土が実現されていく、ということである。従って、ここに言われる「転」とは、常識的に考えられるような、過悪が無くなって功徳が生じるという意味ではない。「即」の仏道における「転」とは、過悪は過悪のままでその意味を失って功徳となるということである。そうではなくして、もしアビダルマ仏教の法有の立場に立って、実在する過悪が排除されることによって功徳が得られるという発想、すなわち、難行の努力によって、空ではない存在を空無化するという立場に立つ限り、それは実現不可能な事柄となり、そこに果てしない二乗の難行が形成されるのである。しかしながら、龍樹の「即」の仏道の基本となっている「空」の仏教では、『宝積経』「迦葉品」において、

諸々の法〔存在〕の真実を観ずるとは、空性によって諸々の法を空なるものとなすのではない。実に、諸々の法こそが空なのである。[3]

と説かれ、同様に、龍樹の直弟子であるアールヤデーヴァ（Āryadeva, 聖提婆）によっても、『四百論』の中で、

空にあらざる〔諸々の法〕を空の如くに見るのではない。[4]

と明示されているように、われわれの我執我所執が、本来的に空であるものを実体化し、それに固執しているのであるから、固執すべき何らの根拠もなかったと知見するのが「空」の仏教であり、そこに「即」の仏道が成立する。この「即」の仏道において、われわれの固執の世界が明らかにされ問われてくるのである。何かによって何かを断じるという実体的な発想においては、難行としての仏道し

かありえないのである。

しかし、仏を見て、仏の名を聞くとき、その本願力によって、我執我所執によって能と所として対立的に固執されていた一切の存在は、本来的には、初めから空であったという事実を明らかにしている空法を信楽し、信心清浄となり、仏凡一体の真実が知見されたとき、生死に生きる凡夫のままで不退転の位に至り、即時入必定・即得往生となる、それが龍樹によって再確認された、生死即涅槃の「即」の仏道の上に建立される往生浄土の実現である。ここにおいてのみ、一切衆生の成仏・救済ということが実現可能となるのである。このこと以外には、一切衆生の成仏・救済ということは、単なる願望としての言葉だけであって、そこには何らの根拠も持ち得ないのである。

以上のように「即」の仏道における浄土の在り方が確認されるとき、われわれにとって浄土とは、生死即涅槃を生きているという自覚においてしか涅槃はありえないと同じように、願生浄土ということにおいてしかありえないのである。われわれは生死だけを生きているのではなく生死即涅槃を生きているのであるという事実の認識においてのみ、涅槃は生死即涅槃という在り方においてわれわれにありえている。それ以外に、われわれにとって涅槃はありえないと言うことである。生死を離れて涅槃はありえないのであり、涅槃を離れた生死もないのである。それに対して、われわれは常に実体論的な発想に陥り、生死即涅槃と言いながら、生死がなくなったら涅槃だけが残ると考えてしまうと、涅槃は死後の世界となり、現実の生死と涅槃が分離してしまう結果となる。しかしそうではなく、生死があるから涅槃があり、生死が無くなったら涅槃も無くなるという生死と涅槃の関係が生死即涅槃と言うことであり、それが龍樹の「即」の仏道である。従って、このような「即」の仏道における「浄土」は、浄土を願生するという願生浄土ということにおいてのみありえるということである。この生死即涅槃の現生を生きんとするところに願生が実動し、その願生においてのみ浄土は実現され、願生なきところに浄土はない。言うまでもなく、願生ということと無関係に、何処かに浄土は実在しているというような在り方で浄土があるわけではない。しかも、生死即涅槃という身の事実に対する知見なくして願生浄土という意欲は起こらないのである。もし生死即涅槃ということへの知見なくして願生浄土があるとするならば、それは死後の世界を浄土と幻想する実体論的な発想がそこに介在しているからである。そのような実体論的な発想が打ち破られ、生死なくして涅槃はなく、願生なくして浄土はないことが知見されたとき、はじめて必至滅度（必ず滅度に至る）と言い得るのであり、それが龍樹によって明らかにされた不退転位であり、現生不退と言うことである。そして、このような知見をわれわれにおいて可能とし、われわれに対してその知見を促して止まない浄土のはたらきが「本願」と表明されている。本願とは、生死即涅槃を明らかに知見した仏の本願であるから、すなわち、一切衆生にその知見を促して止まない仏のはたらきであるから、それは具体的には、生死即涅槃への知見からはたらきでる願生浄土という意欲であると言わなければならない。

① 次に取り上げる「釈願品第五之余」の用例の他にも、「共行品第十八」において同様に説かれている。「〝正願を以て土を浄める〟とは、所願を以て清浄の土を取るに随って、若しくは金銀・玻璃・珊瑚・琥珀・車渠・瑪瑙・無量の衆宝をもって国土を清浄にする」（六四、下）

② 山口益著『大乗としての浄土』（理想社）、特に三十五頁以下参照。前掲の長谷岡著（八二頁以下）でも、同様に、「空亦復空」として能所が限りなく空ぜられていくところに、浄土の建立があるという了解が述べられている。

③ dharmānām bhūtapratyavekṣa yan na śūnytāyā dharmā śūnya karoti dharmā eva śūnyā（Baron. A. von Steal-Holstein; KASYAPAPARIVARTA, no. 63, p. 94）

④ stoṅ min stoṅ ltam mthoṅ min te（VII-7a）

第四章　親鸞における龍樹の「即」

第一節　曇鸞の『浄土論註』について

親鸞によって、『顕浄土真実教行証文類』（以下、『教行信証』と略称）の「行巻」に引用され、すでに周知されているように、曇鸞は『浄土論註』の劈頭において、「謹んで龍樹菩薩の『十住毘婆沙論』によって確認すると、菩薩が不退転の位を求めるのに、二種の道がある。一つには難行道であり、二つには、易行道である、と言われている。」（謹案龍樹菩薩十住毘婆沙云。菩薩求阿毘跋致有二種道。一者難行道二者易行道。）と述べ、その易行道については、

易行道とは、ただ仏を信じる因縁によって浄土に生まれることを願えば、仏の本願力に乗って、便ちに、かの清浄土に往生することを得るのである。すなわち、仏の〔本願〕力に支えられて、そのまま大乗仏教の正定の仲間に入るのである。正定とは、すなわち、それは阿毘跋致（不退転位）である。①

易行道者、謂但以信仏因縁願生浄土、乗仏願力便得往生彼清浄土。仏力住持即入大乗正定之聚。正定即是阿毘跋致。

と説明されている。このように先ず、曇鸞は、『十住論』を根拠として、不退転位を得る仏道に難行道と易行道との二道があると提示しているが、曇鸞によって仏道が難行と易行の二道として示されているこのことについては、すでに先学によって指摘されているように、『十住論』の「易行品」には、難行（duṣkara-kāraka）②という語は使われているが、難行道という用語はなく、③それに対して、易行道（sukara-kāraka-pratipad）④という用語は二度使われているが、しかも、その二用例はともに、問答の中の問者の問いの中に見いだされるのみで、文脈からすれば、それは「安易な道」という程の意味であり、勝れた仏道としての易行道という意趣はそこに伺えない。ともかくも、易行道という用語は、問者によって用いられているだけであり、その問いに対する回答の中では用いられていないのである。このことは、厳密に言えば、回答者である龍樹が「安易な道」としての易行道を批判しているだけであり、このことだけで龍樹が易行道を説いているということにはならない。

加えて、『十住論』の中では、不退転の位を得ることは難行であると解説されているのではなく、「易行品」の劈頭における問者の問いの中で、「不退転の位に至る者は、諸々の難行を長い間にわたって実践し、その後にやっとそれが得られる」（至阿惟越地者　行諸難行久乃可得）という問者の理解が語られているだけで、難行の仏道という課題が具体的に『十住論』の中で解説されているわけではない。

従って、そこでは、仏道を難行と見なすか、易行と見なすかという問題提起をなすことによって、易行としての仏道こそが開示されようとしているのであり、そこに二種の仏道が提示されているわけではない。すなわち、仏道に難行の仏道と易行の仏道との二道があり、その中から難行道は実践し難いから易行道を選び取ったということではない。その意味を明確にするための問題提起を、曇鸞は、難行と易行の二道として開示したのであるが、そのことの是非はともかくとして、そのことによって、易行としての唯一の仏道こそを開示しようと意図したのが曇鸞であったと了解すべきである。

また、その易行道については、曇鸞によって、浄土に往生するのは「ただ仏を信じる因縁によって」（但以信仏因縁）という易行によってであると説明されている。この「信仏因縁」は、「仏の因縁を信ずる」と解読するのが普通であるかも知れないが、ここで「仏を信じる因縁」と解読したのは、「易行品」における「信方便易行」（信を方便とする易行）に対するものであり、その「信方便」（信を方便とする）を「信仏因縁」（仏を信ずることを因縁とする）と説明していると見なされるので、「易行品」における「信」を曇鸞は「信仏」と説明したと理解されるからである。それでは、「仏を信ずる」（信仏）とはどういうことか、或いは、「仏の因縁を信ずる」ということであっても、それはどういうことかということについては『浄土論註』では問われていないため、その「信」の内容が明確にされないままに現在に至っている。曇鸞によって「信仏」と説明された意味を教学的に確認することなく、その「信仏因縁」ということが、次のように指摘されるような内容のものとして容認されているので

あろうか。すなわち、

浄土教の信が他力の信であって聖道門の諸経典の説く信と異なることは、親鸞の最も強調したところであるが、そのことは浄土教の祖師たちに大なり小なり認められていたところである。同時にそのことは、『無量寿経』にそのような特殊な信があったことを示すものであろう。すなわち原始仏教には見られなかった、新しい内容の「信」が、『無量寿経』に現れていると考えるのである。

それはどういう点で新しいのであるかといえば、それは「自己の理解しえないものを信ずる」という点である。原始仏教の信をここで詳しく取り上げることはできないが、一言で言えば、原始仏教の信は、自己の経験したものを信ずることである。これにたいして西方極楽浄土への往生を信ずることは、凡夫にとって「見えない世界」を信ずることである。それは死後の世界であるから、「未経験の世界」を信ずるのである。⑤

という指摘である。ここの前半では、親鸞における「信」は他力の信であり、特別な信であると指摘されているが、しかし親鸞における他力の信は、信の内実が変質したということではなく、信が自力によって得られるか、他力によって得られるかという、信を得る仕方についての相異があるだけである。親鸞における他力の信とは、如来を信ずるということそれ自体が如来によって与えられたものであるということである。このような他力の信は既に明らかなように、親鸞が『十住論』から学んだ

「不退転」への知見に基づいてこそ言い得るのである。改めて説明するまでもないが、不退転とか必定とか得無生法忍という事柄は、修行などの自力によって獲得されるものではなく、自力無効という身の事実が明らかになったところに自覚されたものであり、すでに本来的に「縁起・空」としてあり得ていた身の事実の発見である。従って、そのことが自覚されれば自覚されるほど、他力としか言わざるをえないのであり、そのことを強調しているのが親鸞である。

しかし、親鸞におけるこの他力の信が、後半に指摘されているような「自己の理解しえないものを信ずる」ということと重なるのであろうか。ここに「他力の信」とは「自己の理解しえないものを信ずる」ことであると指摘されているのであるが、それは恐らく、浄土教の歴史がそのように指摘される状況を作り出してきたということであろう。曇鸞以降の中国仏教において成立した浄土教の中で、ここで指摘されているような「自己の理解しえないものを信ずる」、すなわち「死後の世界」とか「未経験の世界」の存在を信ずる浄土信仰がありえたであろうこと、また、現在でもこのような「自己の理解しえないものを信ずる」浄土信仰がありえていることは否定しがたいが、しかし、そうであっても、龍樹や親鸞が、このような「自己の理解しえないものを信ずる」といわれるような、仏説の本質を問うことなく、わけもわからずに信じこんで、死後往生を願うような浄土信仰を持っていたと、それらと同一視することには問題がある。

この問題について、改めて『十住論』における「信」とは何かということを検討する必要がある。

龍樹が『十住論』において説いている「信」とは、「自己の理解しえないものを信ずる」ことであると見なす要素はどこにも見いだせない。龍樹が『十住論』において強調している「信」とは、まず、「諸々の勝れた教えを信解（adhimukti）する」とは、諸仏の教えを信頼（śraddhā）することによって通達することである。

信解諸上法者　於諸仏法信力通達。（二四、中）

と説明されている。この『十住論』において説かれるべき「勝れた教え」とは、いうまでもなく、「空」という教えであり、仏を信頼（śraddhā）することによって、仏の説く教え（空）を信解（adhimukti）するという、仏教における「信」のあり方によって、「空」に通達するということである。このような「信」のあり方において、『十住論』に用いられている「信」の用例は、例外なく一様であるとまでは言い切れる程に明確ではないが、その論調の基本は、「空」に対する「信」である。例えば、

すべては空と無相と無作という〔三解脱〕門による平等にして無二であるという教えに入らしめられる。信解の力によっているからである。

皆令入空無相無作門平等無二。以信解力故。（三一、中）

「〔敗壊の菩薩は〕空の教えを信楽しない」とは、諸仏は三種に空の教えをお説きになっている。所謂三解脱門である。この空の教えを信ぜず、願わず、従って貴ばない。心が〔空の教えに〕通

達していないからである。

不信楽空法者、諸仏三種説空法。所謂三解脱門。於此空法不信不楽不以為貴。心不通達故。（三八、下）

などの用例、その他、「空法を信楽するが故に、諸々の存在は虚空の如くであると知られる（信楽空法故諸法如虚空）」（八六、上）とか、「一つには無我を願い、二つには、空を信楽する（一楽無我二信楽空）」（一〇五、上）というような類の用例は、随所に見い出される。従って、「空法を信ずる」ということが、『十住論』における「信」の基本的な論調であると見なすべきである。このような『十住論』全般にわたる「信」の用いられ方、言い換えれば、それは、『十住論』においては、仏を信頼して信解すべき教えは「空」の仏道であるということであり、その中にあって、「易行品」における「信」だけを特別視すべきではなく、その「信」も同様に了解されるべきであり、曇鸞のいう「信仏」ということも、このような内容のものでなければならない。

① この部分の和訳については、『大乗仏典』（中国・日本篇）「五　論註　観経疏」、十頁（神戸和麿訳）を参照されたい。

② 「難行」のサンスクリット原語については、すでにduṣkara-caryāと比定されている（長谷岡著、一〇三～一〇四頁）が、いまは『八千頌般若経』に見いだされる用例（Vaidya本、p. 185, *l*. 16, *l*. 17., etc）、「難

行の菩薩」(duṣkarakāraka-bodhisattva)を用いた。

③ この点については、『易行品講纂』において、「論註ノ初ニ、此論ニ依リテ難行道易行道ト云道ノ名ヲ立テタマヘリ。然ルニ此論ニハ反リテ難行道ノ名ハナヒ。サレドモ今爰ニ世間ノ道ニ有難有易ト標シテアル。故ニ易行道ノ名カアレハ難行道ノ名アルコトハ云ハスシテ知レタコトナリ。依リテ鸞師易行道ノ名ニ対シテ難行道ノ名ヲ立テタマヘリ。(『真宗全書』第八巻、二一六頁上)と説明されている。

④ 「易行道」のサンスクリット原語についても、すでにsukha-pratipadと比定されている(長谷岡著、一〇五〜一〇七頁)が、いまは先の②で提示した「難行」のサンスクリット原語に基づいて、duṣkara〜をsukara〜として、sukara-kāraka-pratipadと仮定したまでである。

⑤ 平川 彰著『浄土思想と大乗戒』(平川彰著作集、第7巻)一七二頁より引用。

第二節　親鸞における易行道と「即」の仏道

それでは、曇鸞によって提示された難行道と易行道という二種の仏道は、親鸞によってどのように受け取られているかという点を管見すると、『十住論』に基づいて、龍樹による「即」の仏道が絶えず示されるのに対して、それとの関連で「易行」(易行道)に言及されることは少なく、殆んどは、釈尊一代の仏教が長い歴史において様々に展開された仏教各宗の分類のために易行道が用いられていることが知られる。仏教各宗によって説かれている仏教は、親鸞から見れば、真実の仏教とはいい難いが、しかし、それら仏教各宗は過去にも存在し、現に存在しているという現実があるのであるから、それらを分類するために難行と易行の二種の仏道を用いているだけである。その代表的なものをあげると、例えば、『教行信証』「化身土巻」に、

おおよそ一代の教について、この界の中にして入聖得果するを「聖道門」と名づく、「難行道」と云えり。この門の中について、大小、漸頓、一乗・二乗・三乗、権実、顕密、竪出・竪超あり。すなわちこれ自力、利他教化地、方便権門の道路なり。

安養浄刹にして入聖証果するを「浄土門」と名づく、「易行道」と云えり。この門の中について、横出・横超、仮・真、漸、頓、助・正・雑行、雑修・専修あるなり。（『聖典』、三四一頁）

と、「一代の教」が分類され、また、『愚禿鈔』にも、

二教とは、一には難行　聖道の実教なり。いわゆる仏心・真言・法華・華厳の教なり。

二には、易行　浄土本願真実の教、『大無量寿経』等なり。（『聖典』、四二三〜四二四頁）

二教とは、一には難行道　聖道権教、法相等歴劫修行の教なり。

二には易行道　浄土要門、『無量寿観経』の意、定散・三福・九品の教なり。（『聖典』、四二四頁）

と、仏教各宗の教えが教相判釈され分類されている。もとより、これらの分類において、勝劣の判釈がなされていることを伺えないわけではないが、何をもって勝となし、何をもって劣となすかは、多

分に見解の相異によって異なるのである。従って、ここでその勝劣の判釈がなされていると見るよりは、難行道と易行道の教相的特徴を示すことが主となっていると見なすべきであり、それ以上ではない。

また、真宗大谷派の宗学の伝統では、この難行と易行の二道について、「顕難帰易」とか「捨難帰易」といわれ、実践し難い難行道を捨てて、実践し易い易行道を選んだという解釈がなされている(1)ことについてはすでに関説したが、そのような文脈は親鸞の上には、曇鸞の『浄土論註』の所説に触れている以外のところでは見いだせない。もし親鸞が仏道に難行道と易行道との二道を認めていたならば、そのような文脈の中で易行道を示すことになろうが、親鸞にとっては念仏の一道としての易行としての仏道のみが真実の仏道であったのであるから、あくまでも、難行道と易行道は仏教各宗の分類のために用いられていると言わなければならない。

この「易行」ということが、曇鸞の『浄土論註』の所説に則して、『十住論』の「即」の仏道との関わりの中で語られる場合を除いて、親鸞によって確認された真実の仏教が、「易行」によって思想的に、或いは教学的に提示されている用例としては、僅かに『入出二門偈頌文』において、次のように、

必ず安楽国に往生を得れば、生死すなわちこれ大涅槃なり、すなわち易行道なり。他力と名づくとのたまえり。

必得往生安楽国　生死即是大涅槃　則易行道名他力。（『聖典』、四六五頁）

と、生死即涅槃という龍樹の「即」の仏道のあり方が易行道であると端的に提示されているだけである。これ以外には、このような用例は見当たらず、これは注意しておくべき重要な用例である。[②]

これに対して、親鸞は、この易行道ということを『十住論』に基づいて、専ら、「即時入必定」という点で押さえて、それを真実の仏道と見なしていると言ってよい。そのことは、『教行信証』や『愚禿鈔』において顕著であり、例えば次のように、

是以龍樹大士曰「即時入必定」。曇鸞大師云「入正定聚之数」。（『聖典』、一九〇頁）

龍樹大士十住毘婆沙論曰「即時入必定」。曇鸞菩薩論曰「入正定聚之数」。（『聖典』、四五五頁）

と、ここに龍樹と曇鸞の仏道が併記されて示されているが、この併記における注意すべき相異は、龍樹に関してのみ「即時」という語があり、曇鸞のそれには「即時」の語がないことである。このことは、見過ごしてはならない重要な相異であり、親鸞は龍樹の仏道の特徴を的確に了解していると言わなければならない。すなわち、龍樹の仏道を「即」の仏道として了解し、そこから『十住論』に説かれている「易行」を押さえていることは明らかである。この「即時入必定」という「即」の思想は、「易行品」に限られたものではなく、「釈願品第五之余」にも集中的に数多く見いだされるのであり、『十住論』の基本思想となっている。龍樹によって明らかにされたこの「即」の仏道とは、言うまでもなく、すでに究明した「生死即涅槃」における「即」である。龍樹の仏教における「即」の思想は

これ以外にはないのである。

この「生死即涅槃」という意味に基づいた「即」の仏道が、大乗仏教の至極として、親鸞によって最も明確に了解されている代表的な例証として、『教行信証』「証巻」の劈頭に、

煩悩成就の凡夫、生死罪濁の群萌、往相回向の心行を獲れば、即の時に大乗正定聚の数に入るなり。(『聖典』、二八〇頁)

と示され、『唯信鈔文意』に、

ひとすじに具縛の凡愚、屠沽の下類、無碍光仏の不可思議の本願、広大智慧の名号を信楽すれば、煩悩を具足しながら無上大涅槃にいたるなり。(『聖典』、五五二頁)

と示されているのを挙げることができる。このように、龍樹から学んだ「即」の仏道は、『教行信証』をはじめとして、それ以外の親鸞の著作においても、しばしば見いだされる。さらにその幾つかの用例を挙げるならば、「正信念仏偈」「念仏正信偈」の龍樹章、「高僧和讃」の龍樹讃の中で、「自然即時入必定」、「(応)称名号疾得不退」、「不退のくらいすみやかに　えんとおもわんひとはみな」云々とあり、その他、よく知られている用例としては、『愚禿鈔』に、

本願を信受するは、前念命終なり。即得往生は、後念即生なり。

信受本願　前念命終。　即得往生　後念即生。

「即入正定聚之数」文、「即時入必定」文、「又名必定菩薩也」文。(『聖典』、四三〇頁)

と提示され、『尊号真像銘文』にも、

『十住毘婆沙論』に曰わく。「人能念是仏　無量力功徳　即時入必定　是故我常念」

「即時入必定」というは、信ずれば、すなわちのときに必定にいるとなり。必定にいるというは、まことに念ずれば、かならず正定聚のくらいにさだまるとなり。（『聖典』、五一七頁）

と、『十住論』の一偈が引用され、「即」の仏道が示されている。また、『唯信鈔文意』では、

「即得往生」は、信心をうればすなわち往生すという。すなわち往生すというは、不退転に住するをいう。不退転に住するというは、すなわち正定聚のくらいにさだまるとのたまう御のりなり。（『聖典』、五四九～五五〇頁）

と、これまで究明してきた大乗仏教の至極としての「即」の仏道が、親鸞によって集約的に説示されている。[3]

さらに、親鸞によって龍樹の「即」の仏道が明確に知見されている用例としては、「正信念仏偈」（曇鸞章）において、

惑染の凡夫、信心発すれば、生死即涅槃なりと証知せしむ。

惑染凡夫信心発　証知生死即涅槃。（『聖典』、二〇六）

と、また、『文類聚鈔』の「念仏正信偈」においても、同様に、

煩悩成就の凡夫人、信心開発すればすなわち〔無生法〕忍を獲、生死すなわち涅槃なりと証知す、と。

煩悩成就凡夫人　信心開発即獲忍　証知生死即涅槃。（『聖典』、四一二）

と、このように縁起のままに生死を生きる惑染の凡夫（煩悩成就の凡夫）において、生死即涅槃が知見せしめられると示されている。ここに明確になっていることは、生死即涅槃への知見は、特定の知見の勝れた人にあるということではなく、惑染の凡夫、すなわち、一切衆生にあると示されていることである。そしてそのことが、より現実的な在り方としては、

よく一念喜愛の心を発すれば、煩悩を断ぜずして涅槃を得るなり。

能発一念喜愛心　不断煩悩得涅槃。（『聖典』、二〇四）

と示され、煩悩を断ぜずして涅槃が得られると信受されている。「煩悩を断ぜずして」とは、改めて説明するまでもないが、それは生死のただ中にあってということに他ならない。

ただ親鸞における「即」の仏道の特徴は、必ず仏の本願を信受することを大前提としていると言うことである。それは生死即涅槃という身の事実は、自らの知見によって確認されたのではなく、あくまでも、仏によって知見された事実を信受するという、自らの知見は仏を信頼することによって得られたものであるという、徹底した他力観があるからである。このような他力観を大前提とした「即」の仏道は、この他にも『和讃』（特に「正像末和讃」）の中に随所に見いだされるが、これ以上は省略す

る。

① この点について、『十住毘婆沙論易行品筌蹄』では、「文ノ意ハ難行ハ唯易行ノ相手ニ出ダスノミニテ易行道ヲ立ツルガ此段ノ正意ナリ。故ニ対難立易ト云フ科目ヲ立ツルナリ。(『真宗大系』第五巻、九四頁下)と解釈され、「対難立易」ということも言われている。

② 親鸞の主著『教行信証』では、「易行」については、「行巻」に『浄土論註』や『安楽集』が引かれているだけであり、「化身土巻」では、すでに提示したように、「一代の教」の分類のために用いられている。その他の著書である『愚禿鈔』『尊号真像銘文』などに見いだされる「易行」はすべて仏教各宗の分類のために用いられている。

③ これに類する用例として、「付録」所収の『一念多念文意』もある。

第三節 「即」の仏道としての易行道

さて、直前の「阿惟越致相品第八」において不退転位の菩薩の条件が詳説されたのを受けて、「易行品」では、まず初めに、菩薩の「難行」(duṣkara-kāraka)ということに触れている。難行を久しく実践して不退転の位に到ろうとしても、声聞・独覚の二乗に陥る危険性があり、そうなれば、大衰患であり、それは「菩薩の死」であると言われるのである。ここに言う難行とは何を意味するのであろうか。しかも、その難行によっては二乗に陥るのであり、それは地獄に陥ることよりも救い難い「菩薩の死」となるというのである。この文脈からして、難行とは、空法を信楽しないアビダルマ仏教における実体論に基づいた修行を示唆していると伺うことができる。すなわち、生死即涅槃という身の事実が知見されていないところで、生死を滅除することによって涅槃を得ようと努力するのが難行であり、それがアビダルマ仏教における二乗の仏道である。その意味では、難行とは生死に生きる身には実現できない行ということになる。このように、生死と涅槃とが分断されてしまう二乗においては、涅槃は永遠にあり得ないことになる。それに比べると、この生死において地獄に陥ることの方が、生死即涅槃の身の事実を知見する可能性が多く残されているということである。

しかも、空法を信楽せず、難行においてしかあり得ないアビダルマ仏教の次元で、難行を避けて易行道（安易な道）を求めようとすることは、「儜弱法劣の言」であり、「丈夫志幹の説」ではないと叱咤し①、もしもいまだ不退転位を得ていないのであれば、身命を惜しまずそれを求めて、すみやかに得べきであると、不退転への知見をうながしているのである。そして、大乗仏教の菩薩は、自利のみならず一切衆生の済度のために、発願して仏道を求めるのであり、それは、三千大千世界を挙げることよりも重いのである。もし大乗の菩薩道において難行ということがあるとすれば、それは一切衆生の済度を願うという利他行の無量性に他ならない②。そのような利他を志す大乗の菩薩道において、安易な道（易行道）などはあり得ないと、利他の菩薩道の厳しさを示した後で、菩薩には、「勤行精進する者」と、「信を方便とする易行によって疾く不退転に到る者」とがいると、二者の在り方が示されている。ここにいう「勤行精進する者」とは、当時は種々様々な菩薩道が説かれ、それらを真剣に実践していた菩薩たちがいたということを示しているのであり、そこには、大乗の菩薩である限りは、一切衆生救済の誓願を持って菩薩道を歩む者、すなわち、既に空法を信楽し、不退転の仏道に立脚した「心在涅槃　而行在生死」（六六、下）の菩薩も含まれているといわなければならない。次の「信を方便とする易行によって疾く不退転に到る者」については、最も基本となる「信方便」の信とは、何に対する信であるのかということであり、そのことについては、すでに究明したように、「空法を信楽する」という『十住論』の論調に基づいて考えなければならないであろう。③

次に、この信方便易行の「易行」については、専ら、阿弥陀仏などの諸仏を憶念し、称名する実践が説かれている。例えば、次のようである。

もし人あって、即座に不退転の位に至りたいと望むならば、まさに恭敬心をもって、常に忘れずに仏の名号を称えなさい。

若人疾欲至　不退転地者　応以恭敬心　執持称名号（四一、中）

阿弥陀仏などの仏、及び諸々の大菩薩がいる。それらの名前を称して一心に憶念するならば、不退転を得る。

阿弥陀等仏　及諸大菩薩　称名一心念　亦得不退転（四二、下）

人あって、能くこの阿弥陀仏の無量なる力の功徳を憶念するならば、即時に必定に入る（不退転、正定聚が確定する）。この故に、わたしは常に阿弥陀仏を憶念するのである。

人能念是仏　無量力威（功）徳　即時入必定　是故我常念（四三、上）④

ところで、仏に対するこれらの憶念と称名という実践道は、何に基づいたものであるか、といえば「般舟三昧」（阿弥陀仏を代表とする現在の諸仏が面前にお立ちになる三昧）によって、諸仏諸菩薩によって説かれた空法を信楽・信解し、それを知見するということのためであることについては、既に明らかにしたところである。このことを意味して、直前に「阿惟越致相品第八」が置かれているのであり、「信方便易行によって、疾く阿惟越致（不退転）に至る者」ということができるのである。「易行品」においても、「空」に関する偈が、次のように説かれている。

かの国土に生まれるならば、「私は」と執着することなく、「私のもの」と執着することなく、彼と此の分別心を生じない。その故に、彼に稽首して礼拝する。

生彼国土者　無我無我所　不生彼此心　是故稽首礼（四三、中）

われわれ生死に生きる者が、即座に不退転に到るという「易行」は、前章で明らかにした龍樹の「空」の仏教に基づいた「即」の仏道における生死即涅槃への知見においてしかあり得ない。しかしながら、われわれには如何にしても生死を生き尽くす以外の道はなく、煩悩に生きるしかない生死にあって、しかも、その生死が何ら涅槃と異ならないというその事実を真実として知見することは、すなわち、この身が現実に「私」として存在しているにも拘わらず、しかもその「私」は本来的には存在し得ていず、「空」であるとの知見は、ともすると疑念の中で見失われてしまうのが現実である。それ故にこそ、そのように説く仏を信頼して、絶えず空法を信解・信楽することによってこそ、その身の事実を真実として証知する、ということである。それであるからこそ、常に阿弥陀仏を念じなければならないのである。このように、「空」の仏道における生死即涅槃の事実を、真実として信解・信楽するとき、生死を生きつつ、生死の中にあってこそ知見することのできる涅槃が自然に証知される。そのことを「易行」といい、そこに「即時入必定」という事実が確信されるのである。従って、親鸞によって、

弥陀仏の本願を憶念すれば、自然に即の時、必定に入る。

憶念弥陀仏本願　自然即時入必定。（『聖典』、二〇五）

と、「正信念仏偈」（龍樹章）の中で、龍樹の「即」の仏道が讃えられている意味も、これまで究明してきたような内容のものとして了解されるべきである。「阿弥陀如来の本願を信ずる」ということも、浄土経典に説かれている本願において「即得往生　住不退転」と説かれているから、それをそのまま信ずるだけであるということであれば、そこにはどうしてそのように説き得るのかという確かめはなく、その本願はどのような大乗仏教の思想的背景を持ったものであるか、すなわち、本願は何を表現しようとしたのであるか、ということへの思索を抜きにした、「自己の理解しえないものを信ずる」

だけの念仏となってしまうのである。

以上のように、親鸞によって明確にされた「即得往生」とか「即時入必定」等などにおける「即」ということは、龍樹によって明らかにされた生死即涅槃における「即」の仏道においてのみ可能となるのであり、そのことが念仏によって知見されるのである。そして、龍樹によって明らかにされたこの「即」の仏道こそが唯一の仏道であり、「即」なるが故に、それが易行と表明されることになるのである。このように、「即」なるが故の易行としての仏道の他に仏道はないという龍樹の知見が親鸞によって証知されたところに、『十住論』が往生浄土の正依の論とされているのである。改めて言うまでもないことではあるが、龍樹は、釈尊の仏教をそのように了解していたのである。『十住論』の「讃偈品第二十四」において、世尊が讃嘆されている中で、

世尊は、生死において、苦楽に迷い苦悩されても、菩提心を失わない。それはすべて慧力があるからである。

世尊は、生死に常に在りたいとは願わず、涅槃を願ってもそれに執着しない。それはすべて慧力があるからである。

世尊於生死　苦楽所迷悶　不失菩提心　斯皆是慧力
世尊於生死　不楽而常在　楽涅槃不取　斯皆是慧力（八五、下）

と説かれているが、この「慧力」とは、prajñā（般若）の力であり、それは「空」を信解する智慧で

あるから、まさしく生死即涅槃の知見に他ならないと言うべきである。

① 先に言及した「捨難帰易」の解釈がなされる「易行品」の劈頭において、問者への叱責がなされていることについては、真宗大谷派の宗学の伝統ではどのような解釈があるのかについて、仲野良俊著『解説易行品』の中で、それが三種に纒められている。

「その一つに、〝汝が所説の如きは是れ儜弱怯劣〟といってあるから、所説、つまり言葉をとがめているのであって、問者の心をとがめたものではないという。心は大心が無いのではない。何故なら地獄へ堕ちることは畏れないが、二乗に堕ちることを畏れて問うているのであるから、大心が無いことはないのであって、決して問者の心を咎めたのではなく、ただ言葉を咎めているのであるという。しかしこれは大方の解釈者には認められていない。何故なら、おおよそ言葉によって心を知るものであるから、心を咎める時でもその所説によらずに咎めることはあり得ない。こういうわけでこの考え方は認められないのである。また大心はあるというが、菩薩は転進、敗壊の難をおそれず勇猛精進する。それが大心である。しかるに問者は、転進、敗壊の難をおそれて易行を求めているから、やはり〝大心有ることなし〟と訶責されるのである。

『読易行品』（通元著、この人は易行院の祖父である）は論主の本意は易行道にあるが、十住論は序品から第八阿惟越致相品までに難行をあらわすのが趣旨である。ところがこの法は難いということで、輭（志のくだけやすい）心の菩薩が易行を求める形になっているから、論主は大いに訶責して、それは大菩提心を持った菩薩の言うべきことではないと、輭心の菩薩を策励し、大心を発して諸の難行を修し、ついに初地不退に入らしめようとする慈悲の心から訶責されるのであると会通してある。これは論文の当面の内容をおさえての解釈である。

もう一つの考え方がある。それは論主の本意というものによって深い心を窺ってみると、厳しく訶責するのは、いよいよ自らの下劣であることを自覚し、自力修行の及ばぬことを思い知らせ、他力易行の無上法に信順せしめようとするのであると。これはあまりに潤色しすぎはしないかと賛成せぬ人もあるがどうであろう。」（一一七頁）

この三種の中で、最後の解釈が宗学の伝統では、尊重されているようであり、著者自身もそれを支持しているようである。

② この点については、『八千頌般若経』に次のように説かれている。「菩薩大士とは難行の行者である。空性の道を追及し、空性によって時をすごし、空性の精神集中に入りながら、しかも真実の究極を直証しないとは、菩薩大士は最高の難行の行者である。それはなぜか。というのは、スブーティーよ、菩薩大士にとっては、いかなる有情も見捨てるわけにはいかないからである。彼には『私はあらゆる有情を解放しなければならない』という、こういう性質の諸誓願があるからである。」（『大乗仏典』3、八千頌般若経(3)、一七五頁）

③ 上杉四郎「『信解空法』と「易行品」の展開」（『大谷学報』第三十七巻、第二号）参照。

④ 『教行信証』（行巻）、『尊号真像銘文』などに引用されている。「資料」参照。

結章　用念仏故　得空三昧
――「易行品」の解読抄訳――

「般舟三昧」（Pratyutpanna-buddha-saṃmukha-avasthita-samādhi）が「用念仏故　得空三昧」（念仏を用いて「空」を知見する三昧）ということを内容とするものであり、龍樹は、「空」の仏教に基づく「即」の仏道を、この「般舟三昧」を基本として説き、そのことによって、大乗仏教の基本的自覚である「空」が念仏によって得られることを明らかにした。それを不退転の菩薩道として解明したのが『十住論』である。しかしながら、これまでは親鸞の説く念仏の仏道は、「空」の仏道とは全く関係のないもののように了解されていた。念仏と「空」とはあたかも水と油の如くに、全く融合しえない関係にあり、時には相反する関係とさえ見なされてきたが、そのような了解こそが全くの誤解であることは、本書によってすでに明らかであろう。

改めて説明するまでもないことではあるが、結論的に要約して、再度関説するならば、「空」ということは、生死即涅槃というわれわれの身の事実を言い当てている言葉であり、生死の真只中に生きながら、そのままで仏の正覚を知見していくことのできる救済の思想である。生死を滅しなければ、仏の正覚は獲得されないという発想は、生死の消滅をもって涅槃と考える実体論に基づく誤謬であることは、龍樹によって既に明らかにされたところである。そのような実体論的な発想においては、仏の正覚による涅槃は、生死に生きるわれわれにとっては実現不可能な事柄となる。その点について、龍樹は、主著『根本中論偈』(XXIV, 14)と『廻諍論』(70)とにおいて、

その人において、空という真実(空性)がありうるならば、かれにはすべてのものがありうるであろう。

その人において、空性がありえないならば、かれにはすべてのものがありえないであろう。①

と説かれ、『空性七十論』(68)において、

すべての存在は、自性(実体の本質)として空であるから、諸々の存在は縁起しているものであるというそのことを、無比なる如来は教示された。

と説かれ、ここに、縁起としての生死と、それが本来的には空であるという「即」の関係における生死即涅槃においてのみ、生死に生きるわれわれにとって、涅槃は現実性を持つのである。

この「空」という身の事実が念仏によって確認される、それが般舟三昧である。龍樹にとっては、「空」という身の事実を確認すること以外に念仏の仏道はない。そして、その確認においてのみ、煩悩の真只中に生きながら仏の教えに通達していける「即」の仏道が明らかになるものである。

龍樹にとっては、阿弥陀仏を念ずるということは、生死即涅槃という身の事実を知見せしめられる

ということであり、それ以外に念仏ということの実践はない。親鸞によって明らかにされた「念仏成仏」とか「念仏往生」ということの内容も、このように了解されなければならないであろう。念仏という実践は何のためであったのかが、改めて問われなければならない。阿弥陀仏を実体化し、浄土を実体化し、「自己の理解しえないものを信ずる」だけの念仏、実体化された死後の未経験な世界での安楽を願う念仏、そういう念仏へと念仏が変質し、非仏教化し、世俗化することに対する警鐘を、この「般舟三昧」に看取することができる。

ともかくも、このようなことが龍樹の仏道の基本となっている「般舟三昧」というものの内容である。そして、「般舟三昧」によって生死即涅槃の身の事実が明らかに自覚されたとき、それがすでに明らかにした不退転位ということであり、それを「現生不退」（現在ただ今の身において不退転となる）というのである。このこと以外には、「現生不退」と言い得る確かな思想的根拠はないのである。従って、「空法を信楽する」という『十住論』全体の基本的な論調と、この「般舟三昧」による念仏が『十住論』における念仏であるということを踏まえて、「易行品」は解読されなければならないということは、もはや断るまでもないであろう。

① 『根本中論偈』（XXIV, 14）と『廻諍論』（70）は、意味内容はおなじであるがサンスクリット原語が同一ではないので、それを次に提示しておく。

『根本中論偈』では、

sarvaṃ ca yujyate tasya śūnyatā yasya yujyate |
sarvam na yujyate tasya śūnyam yasya na yujyate ||

『廻諍論』では、

prabhavati ca śūnyatā iyam yasya prabhavanti tasya sarvārthaḥ |
prabhavati na tasya kin na bhavati śūnyatā yasya iti ||

「易行品」の解読抄訳

問うて曰く。この不退転の菩薩についての基本的な事柄は、すでに前品〔阿惟越致相品第八〕で〔五功徳として〕説明された通りです。しかし、〔それら五功徳によって説示されました〕不退転の位に至る者は、諸々の難行を長い間にわたって実践し、その後にやっとそれが得られるべきもののようですが、〔そうであれば、とても実現し難く、自分だけの成仏を求める〕声聞・独覚の位に陥りそうになります。もしそうなれば、〔菩薩の死となる〕大衰患です。

〔『菩提資糧論頌』よりの引文により、二乗に陥ることは、地獄に陥ることよりも救いがたい菩薩の死となることを説く。〕

そうならないためにも、もし諸仏の教えの中に、容易な道（易行道）によって速やかに不退転の位に至ることのできる手段があるならば、それを教えて下さい。

答えて曰く。あなたのような考えは、心弱く姑息なものであって、〔一切衆生が平等に成仏する利他の教えを説く〕大乗仏教に相応しくなく、大乗の菩薩の志す者の言い方とはとても思えません。どうしてかと言いますと、誰であれ、無上の正覚を求めて発心して、しかもいまだ不退転位を得ないのであるならば、その道程において、さらに身命を惜しまず、昼夜に精進して、身に逼迫した差し迫った問題とすべきです。

〔『菩提資糧論頌』よりの引文により、不退転位を得るまで怠ることなく精進すべきことを説く〕大乗の菩薩道を歩む者に対して、仏は「発心して仏道を求めるということは、三千大千世界を挙げるよりも重い」と、お説きになっています。それなのに、「不退転の位に至るための教えは大変難しく、とても簡単にはそれを得ることのできそうにもないので、もし容易な道（易行道）があって、速やかに不退転の位に至ることが得られないであろうか」というあなたの考えは、それは敗北者の言い草です。それは大乗の仏道に志す者の言葉ではありません。

しかし、もしあなたが〔不退転の位に至るのは難しいと思い込んでいますが、それが決して難しいものではないことを知見する〕その手段を聞きたいと望むのであるならば、そのことについて、これから説明しましょう。

仏の教えには、種々様々なものがあります。世間の道路においても、険しい道もあり、容易な道もあります。例えば、陸路の道は険しく、水路の道は楽なようなものです。菩薩の道〔として、これまでに説かれてきたもの〕も、それは同様で種々様々であります。不退転の位を求めて様々に精進努力している者もいますが、中には、〔仏を信頼して一切は空であると信解する〕信を手段とする易行によって、速やかに〔無生法忍を得て一切法は空であると知見して、一切衆生を捨てない〕不退転の位に至る者がいます。

〔引用偈によって、不退転位に至ろうと願う者は、善徳仏などの十仏に対する恭敬の心をもって、その名号を称えることを勧める〕

もし菩薩にして、現生において不退転の位を得て、無上の正覚を完成させようと欲するならば、そのためには、〔般舟三昧によって〕十方の諸仏〔特に、現在仏の代表とされている阿弥陀仏〕を念じて、その名前を称えなさい。

〔『宝月童子所問経』の「阿惟越到品」よりの引文によって、無憂仏の世界では速やかに無生忍が得られ、その無憂仏の名を聞いて信受すれば、即座に無上なる正等覚から不退転となることを説く。

それに続いて、先の引用偈において挙げられている十仏の名に対する注釈を行う。さらに二十五偈から成る引文によって、諸仏を讃嘆し、仏の名を聞くことによって不退転を得ることが説かれ、諸仏に対する稽首敬礼が説かれる。）

問うて曰く。ただこの十仏の名号を聞いて執持して心に忘れなければ、速やかに無上なる正等覚から不退転となることを得るのでありますが、さらにその他の仏や菩薩の名がありますので〔それらの名号を聞いて執持することによっても〕不退転の位に至ることを得るのでしょうか。

答えて曰く。

阿弥陀仏などの仏、及び諸々の大菩薩がいるから

その名を称えて、一心に念ずれば、また不退転を得る。

さらに阿弥陀仏などの諸々の仏がいます。また恭敬し礼拝して、その名号を称えなさい。

（阿弥陀仏の他の百七の諸仏の名を挙げ、同様に名を称え念ずるよう勧める）

そうすれば〔空法を信楽することができ、即時に〕、不退転の位に至ることができます。そのことこそが、阿弥陀仏の本願です。すなわち、『無量寿経』の中に〕「人あって、わたしを念じ、わたしの名を称え、自ずから〔空法を信楽することに〕帰入すれば、即時に必定に入り、無上の正覚を得るであろう」と。このようなことですから、常に忘れずに〔阿弥陀仏を〕念じなさい。

（以下、六十偈によって、阿弥陀仏を初めとする諸仏への讃仰と帰依とが詳しく説かれ、続いて、百四十三の菩薩名を列挙して、同様に菩薩を憶念し、恭敬し、礼拝して、不退転位を求めることを勧めて、易行品は終わっている。）

易行品第九（大正二六、四〇下〜四五上）

問曰。是阿惟越致菩薩初事如㆓先說㆖。至㆓阿惟越致地㆒者。行㆓諸難行㆒久乃可㆑得。或墮㆓聲聞辟支佛地㆒。若爾者是大衰患。如㆓助道法中說㆒。

〔『菩提資糧論頌』より五偈引用〕

是故若諸佛所說有㆘易行道疾得㆑至㆓阿惟越致地㆒方便㆖者。願爲說㆑之。答曰。如㆓汝所說㆒是儜弱怯劣無㆑有㆓大心㆒。非㆓是丈夫志幹之言㆒也。何以故。若人發願欲㆑求㆓阿耨多羅三藐三菩提㆒。未㆑得㆓阿惟越致㆒。於㆓其中間㆒應㆘不㆑惜㆓身命㆒。晝夜精進如㆖㆑救㆓頭燃㆒。如㆓助道中說㆒。

〔『菩提資糧論頌』より四偈引用〕

行㆓大乘㆒者佛如㆑是說。發願求㆓佛道㆒。重㆑於㆑擧㆓三千大千世界㆒。汝言㆔阿惟越致地是法甚離久乃可㆑得。若有㆓易行道疾得㆒㆑至㆓阿惟越致地一者。是乃怯弱下劣之言。非二是大人志幹之說一。汝若必欲レ聞二此方便一今當レ說レ之。佛法有二無量門一。如二世間道有レ難有レ易。陸道歩行則苦。水道乘船則樂一。菩薩道亦如レ是。或有二勤行精進一。或有下以二信方便易行一疾至二阿惟越致一者上。如二偈說一。

〔四偈引用〕

若菩薩欲下於二此身一得レ至二阿惟越致地一成中就阿耨多羅三藐三菩提上者。應下當念二是十方諸佛一稱中其名號上。如二寶月童子所問經阿惟越致品中說一。

〔『宝月童子所問経』「阿惟越致」品よりの引文。
続いて直前引用の四偈に説かれた仏名の解釈。
続いて二十五偈を引用〕

問曰。但聞二是十佛名號一執持在レ心。便得レ不レ退二阿耨多羅三藐三菩提一。爲下更有二餘佛餘

菩薩名下得上レ至二阿惟越致一耶。答曰

阿彌陀等佛　及諸大菩薩

稱レ名一心念　亦得二不退轉一

更有二阿彌陀等諸佛一。亦應三恭敬禮拜稱二其名號一。今當二具說一。

〔以下、無量寿仏をはじめとする百七仏の名を挙げ称名憶念をすすめる〕

阿彌陀佛本願如レ是。若人念レ我稱レ名自歸。卽入二必定一得二阿耨多羅三藐三菩提一。是故常應二憶念一。以レ偈稱讃。

〔以下、諸仏への讃偈六四偈、菩薩名百四十三を列挙〕

〔付〕一

親鸞引用の龍樹関係資料

親鸞による『十住毘婆沙論』の引用

A【『教行信証』行巻】

親鸞による行巻以外の『十住毘婆沙論』の引用

B【『浄土文類聚鈔』】

C【『愚禿鈔』】

D【『愚禿鈔』】

E【『尊号真像銘文』広本】

親鸞による『大智度論』の引用

F【『教行信証』化身土巻引用『大智度論』】

親鸞による龍樹讃

G【『教行信証』正信念仏偈】

H【『浄土文類聚鈔』念仏正信偈】

I【『浄土和讃』讃阿弥陀仏偈和讃】

J【『浄土和讃』浄土高僧和讃】

K【『一念多念文意』】

凡　例

1　Aは一五五頁参照。B～Kは『定本親鸞聖人全集』を底本とした。書き下しは底本の訓みは平がなで、編者が便宜のために付した訓みはカタカナで示した。漢文については白文で出し、書き下しを付した。

2　旧漢字はできるだけ新漢字に改めた。但し改めた場合、意味が異なると思われるものなどはそのまま残した。

改めた例

眞→真、毗→毘、鄣→障など

残した例

龍、旡、無、无、回、廻など

3　C・D・Kについては龍樹の文だけでなく周辺も示した。

4　原則として、左訓など意味に関わると思われるものは取り上げたが、振り仮名などは省略した。

5　『定本親鸞聖人全集』で文字不明のものは「□（善）」のように示した。

例　「信心清浄者華□（即）見仏」

また偈文（F・H・I・J）の異本は（　）で示した。ただし異本の左訓はとらなかった。

例　『和讃』の場合、「すゝめて念仏せしめけり（すゝめて念仏せしめたり）」

親鸞による『十住毘婆沙論』の行巻引用

A【『教行信証』行巻】

上段は『大正新脩大蔵経』第二六巻所収『十住毘婆沙論』の白文である。＊印の注は主に『大正新脩大蔵経』所収『十住毘婆沙論』と『定本親鸞聖人全集』『教行信証』行巻引用との校異を示す。下段は、『定本親鸞聖人全集』第一巻『教行信証』行巻引用の訓による書き下しである。カタカナの部分は編者が補った。（　）は底本にある訓もしくは左訓を示す。

[*1]有人言般舟三昧及大悲名諸仏家従此二法生諸如來此中般舟三昧[*2]為父大悲為母復次般舟三昧是父無生法忍是母如助菩提中説般舟三昧父大悲無生母一切諸如来従是二法生家無過咎者家清浄故清浄者六波羅蜜四功徳処方便般若波羅蜜善慧般舟三昧大悲諸忍是諸法清浄無有過故名家清浄是菩薩以此諸法為家故無有過咎転[*3]於過咎転於世間道入出世上道

『十住毘婆沙論』ニ曰ク、

「有る人の言く、般舟三昧及ビ大悲を諸仏の家と名ヅく。此の二法従リ諸モロの如来を生ず。此の中に般舟三昧を父と為す、又タ大悲を母と為ス。復タ次に般舟三昧は是レ父なり、旡生法忍は是レ母なり。助菩提の中に説クが如し。般舟三昧の父、大悲旡生の母、一切の諸モロの如来、是の二法従リ生ずと。家に過咎旡ケれば（者）、家清浄ナリ。故に清浄は（者）、六波羅蜜・四功徳処なり。方便般若波羅蜜は善慧なり。般舟三昧大悲諸忍、是の諸法清浄にして過有ること旡し。故に家清浄と名ヅく。是の菩薩、此の諸法を以て家と為るが故に、過咎有ルこと旡けむ。世間道を（於）転じて出世上道

者世間道名即是凡夫所行道転名休息凡夫道者不能究竟至涅槃常往来生死是名凡夫道出世間者因是道得出三界故名[*4]世間道上者妙故名為上人者正行道故名為入以是心入初地名歓喜地

問曰初地何故名為歓喜

答曰如得於初果究竟至涅槃菩薩得是地心常多歓喜自然得増長諸仏如来種是故如此人得名賢善者如得初果者如人得須陀洹道善閉三悪道門見法入法得法住堅牢法不可傾動究竟至涅槃断見諦所断法故心大歓喜設使睡眠嬾惰不至二十九有如以一毛為百分以一分毛分取大海水若二三渧苦已滅者如大海水余未滅者如二三渧心大歓喜菩薩如是得初地已名生[*5]如来家一切天龍夜叉乾闥婆

に入る者（の）なり。世間道を即チ是レ凡夫所行の道と名ヅく。転じて休息と名ヅく。凡夫道は（者）究竟して涅槃に至ルこと能ハ不（ず）、常に生死に往来す。是を凡夫道と名ヅく。出世間は（者）、是の道に因て三界を出ヅルことを得るが故に、出世間道と名ヅく。上は（者）妙なるが故に名ヅけて上と為す。入は（者）正しく道を行ズるが故に名ヅケて入と為す。是ノ心を以て初地に入るを歓喜地と名ヅくと。

問テ曰ク、初地何が故ぞ名ヅケて歓喜と為るや。

答テ曰ク、初果の究竟して涅槃に至ルことを得るが如し。菩提是ノ地を得れば、心常に歓喜多し。自然に諸仏如来の種を増長スルことを得。是ノ故に此の如きの人を、賢善者と名ヅクことを得（う）。初果を得ルが如しといふは（者）、人の須陀洹道を得るが如し。善く三悪道の門を閉づ。法を見テ法に入り、法を得て堅牢の法に住して傾動ス可カラ不。究竟して涅槃に至る。見諦所断の法を断ずるが故に、心大に歓喜す。設使（たとひ）睡眠し懶堕なれども二十九有に至ら不（す）。一毛を以て百分と為（な）して、一分の毛を以て大海の水を分ち取ルが如きは、二三渧の苦已に滅セむが若（ごと）し。大海の水は余の未だ滅せザる者（の）如し。二三渧の如き心、大きに歓喜せむ。菩薩も是の如し。初地を得（え）已るを如来の家に生ズと名ヅく。一切天・龍・夜叉・乹闥婆、

乃至

声聞辟支[*6]仏等所共供養恭敬何以故是家無有過咎故転世間道入出世間道但楽敬仏得四功徳処得六波羅蜜果報滋味不断諸仏種故心大歓喜是菩薩所有余苦如二三水渧雖百千億劫得阿耨多羅三藐三菩提於無始生死苦如二三水渧所可滅苦如大海水是故此地名為歓喜

[*7]問曰初歓喜地菩薩在此地中名多歓喜為得諸功徳故歓喜為地法応歓喜以何而歓喜

答曰常念於諸仏及諸仏大法必定希有行是故多歓喜如是等歓喜因縁故菩薩在初地中心多歓喜念諸仏者念然灯等過去諸仏阿弥陀等現在諸仏弥勒等将来諸仏常念如是諸仏世尊如現在前三界第一無能勝者是故多歓喜念諸仏大法者略説諸仏四十不共法一自在飛行随意二自在変化無辺三自在所聞無礙四自在以無量種門知一切衆生心

声聞・辟支等、共に供養し恭敬する所なり。何を以テの故に、是ノ家過咎有ルこと无し。故に世間道を転じて出世間道に入る。但、仏を楽（げう）敬スれば、四功徳処を得（え）、六波羅蜜の果報を得む。滋味（じみ・こきあじわい）諸モロの仏種を断タ不るが故に、心大キに歓喜す。是の菩薩所有の余の苦は二三の水渧の如し。百千億劫に阿耨多羅三藐三菩提を得と雖も、无始生死の苦に於ては二三の水渧の如し。滅ス可キ所の苦は大海の水の如し。是の故に此の地を名ヅケて歓喜と為す。

問テ曰ク、初歓喜地の菩薩、此ノ地の中に在リて多歓喜と名ヅケて、諸モロの功徳を得ルことを為すが故に歓喜を地と為す。法を歓喜す応し。何を以て（而）歓喜するや。

答テ曰ク、常に諸仏及ビ諸仏の大法を（於）念ずれば、必定して希有の行なり。是の故に歓喜多しと。是の如き等の歓喜の因縁の故に、菩薩、初地の中に在リて心に歓喜多し。諸仏を念ずといふは（者）、燃灯等の過去の諸仏、阿弥陀等の現在の諸仏、弥勒等の将来の諸仏を念ずるなり。常に是の如キの諸仏世尊を念ズれば、現に前に在すが如し。三界第一にして能く勝レたる者（ヒト）无まさず。是の故に歓喜多し。諸仏の大法を念ぜば（者）、略して諸仏の四十不共法を説かむと。一には自在の飛行、意に随ふ、二は自在の変化、辺无し、三は自在の所聞、无閡（げ・さわる）なり。四は自在に无

[*8]

念必定諸菩薩者若菩薩得阿耨多羅三藐三菩
提記入法位[*9]得無生法忍千万億数魔之軍衆不
能壊乱得大悲心成大人法

[*10]

[*11]是念必定菩薩念希有行者念必定菩薩第一希
有行令心歓喜一切凡夫所不能及一切声聞辟
支仏所不能行開示仏法無礙解脱及薩婆若智
[*12]又念十地諸所行法名為心多歓喜
是故菩薩得入初地名為歓喜
問曰有凡夫人未発無上道心或有発心者未得
歓喜地是人念諸仏及諸仏大法念必定菩薩及
希有行亦得歓喜得初地菩薩歓喜与此人有何
差別
答曰菩薩得初地其心多歓喜諸仏無量徳我亦
定当得得初地必定菩薩念諸仏有無量功徳我

量種門を以て一切衆生の心を知ロしめすと。

乃至

念必定の諸モロの菩薩は（者）、若し菩薩、阿耨多羅三藐三菩提の記を得つれば、法位に入り旡生忍を得るなり。千万億数の魔の(之)軍衆、壊（やぶる）乱（みだる）スルこと能ハ不（ず）。大悲心を得て大人法を成ず。

乃至

是レを念必定ノ菩薩と名ヅく。希有の行を念ずといふは（者）、必定の菩薩、第一希有の行を念ずるなり。心に歓喜せ令む。一切凡夫の及ブこと能ハ不る所なり。一切の声聞・辟支仏の行ズルこと能ハ不ル所なり。仏法旡閡解脱及ビ薩婆若智を開示す。人十地ノ諸モロの所行の法を念ズれば、名ヅケて心多歓喜と為す。是の故に菩薩初地に入ルことを得れば、名ヅケて歓喜と為すと。

問テ曰ク、凡夫人の未だ旡上道心を発せざる有り、或は発心する者（の）有り、未だ歓喜地を得ざらむ、是の人、諸仏及ビ諸仏の大法を念ぜむと、必定の菩薩及ビ希有の行を念じて亦タ歓喜を得むと。初地を得む菩薩の歓喜と此の人と（与）、何の差別有るや。

答テ曰ク、菩薩初地を得ば、其の心歓喜多し。諸仏旡量の徳、我亦タ定メて当に得べし。初地を得む必定の菩薩は、諸仏を念ずるに

当必得如是之事何以故我以[*13]得此初地入必定中余者無有是心是故初地菩薩多生歓喜余者不爾何以故余者雖念諸仏不能作是念我必当作仏譬如転輪聖子生[*14]是転輪王家成就転輪王相念過去転輪王功徳尊貴作是念我今亦有是相亦当得是豪富尊貴心大歓喜若無転輪王相者無如是喜必定菩薩若念諸仏及諸仏大功徳威儀尊貴我有是相必当作仏即大歓喜余者無有是事定心者深入仏法心不可動

[*15]信力増上者信[*16]名有所聞見必受無疑増上名殊勝

問曰有二種増上一者多二者勝今説何者

答曰此中二事俱説菩薩入初地得諸功徳味故信力転増以是信力籌量諸仏功徳無量深妙能信受是故此心亦多亦勝深行大悲者愍念衆生

无量の功徳有（い）ます。我当に必ズ是ノ如きの（之）事を得（う）べし。何ヲ以テの故ニ。我已に此ノ初地ヲ得（え）、必定の中に入れり。余は（者）是の心有ルこと无けむ。是の故に初地の菩薩多く歓喜を生ず。余は（者）爾ら不（ず）。何を以テの故に。余は（者）諸仏を念ズと雖ども、是の念を作スこと能ハ不（ず）、我必ズ当に作仏すべしと。譬へば転輪聖子の、転輪王の家に生レて、転輪王の相を成就して、過去の転輪王の功徳尊貴を念じて、是の念を作さむ。我今亦タ是ノ相有り。亦タ当に是ノ豪富（ふ）尊貴を得べし。心大キに歓喜せむ。若シ転輪王の相无ければ（者）、是ノ如キの喜び无カらむが如し。必定の菩薩、若シ諸仏及ビ諸仏の大功徳・威儀・尊貴を念ずれば、我是ノ相有り、必ズ当ニ作仏すべし、即チ大キに歓喜せむ。余は（者）是ノ事有ルこと无けむ。定心は（者）深く仏法に入リて心動ず可カラ不。

又タ云ク。

信力増上は（者）何かん。聞見する所有リて必受して疑无ケれば増上と名ヅく、殊勝と名ヅくと。

問テ曰ク、二種の増上有り。一ハ（者）多、二ハ（者）勝なり。今の説何にもの（者）ぞと。

答テ曰ク、此の中の二事俱に説かむ。菩薩初地に入れば諸モロの功徳の味を得るが故に、信力転増す。是の信力を以て諸仏の功徳无

徹入骨髄[17]故名為深為一切衆生求仏道故名為
大慈心者常求利事安穏衆生慈有三種

[18]仏法有無量門如世間道有難有易陸道歩行則
苦水道乗船則楽菩薩道亦如是或有勤[19]行精進
或有以信方便易行疾至阿惟越致者

[20]若人疾欲至不退転地者応以恭敬心執持称名
号若菩薩欲於此身得至阿惟越致地成[21]就阿耨
多羅三藐三菩提者応当念是十方諸仏称[22]其名
号如宝月童子所問経阿惟越致品中説
[23]西方善世界仏号無量明身光智慧明所照無辺
際其有聞名者即得不退転

量深妙なるを籌（ちふ・はからふ）量して能く信受す。是の故に此ノ心亦タ多なり亦タ勝なり。深く大悲を行ズれば（者）、衆生を愍念すること骨體（たい）に徹入するが故に名ヅケて深と為す。一切衆生の為に仏道を求ムるが故に名ヅケて大と為す。慈心は（者）常に利事を求メて衆生を安穏す。慈に三種有リ。

乃至又タ曰ク

仏法に无量の門有り。世間の道に難有り、易有り。陸道の歩行は則チ苦しく、水道の乗船は則チ楽しきが如し。菩薩の道も亦タ是の如し。或は懃行精進のもの有り、或は信方便の易行を以て疾（と）く何惟（ゆい）越（をち）致（ち）（ふたいのくらいなり）に至る者（の）有り。

乃至

若シ人疾く不退転地に至らむと欲（おも）はば（者）、恭敬心を以て執持して名号を称す応し。若し菩薩、此の身に於て阿惟越致地に至ることを得（え）、阿耨多羅三藐三菩提を成らむと欲（おも）はば（者）、当に是の十方の諸仏を念ず応し。名号を称スルこと『宝月童（どう）子所問経』の「阿惟越致品」の中に説クが如しと。

乃至

西方に善世界の仏を无量明と号す。身光智慧明にして、照ラす所（ろ）辺際无し。其れ名ヲ聞クこと有る者（の）は、即チ不退転を得（う）と。

[*24] 過去無数劫有仏号海徳是諸現在仏皆従彼発
願寿命無有量光明照無極国土甚清浄聞名定
作仏

[*25] 問曰但聞是十仏名号執持在心便得不退阿耨
多羅三藐三菩提為更有余仏余菩薩名得至阿
惟越致邪

答曰阿弥陀等仏及諸大菩薩称名一心念亦得
不退転更[*26]有阿弥陀等諸仏亦応恭敬礼拝称其
名号今当具説無量寿仏世自在王仏

[*27] 是諸仏世尊現在十方清浄世界皆称名憶念阿
弥陀仏本願如是若人念我称名自帰即人必定
得阿耨多羅三藐三菩提是故常応憶念以偈称
讃

無量光明慧　身如真金山　我今身口意　合

乃至

過去无数劫に仏有シマす。海徳と号す。是の諸モロの現在の仏、皆、彼（れ）に従（したが）ッて願を発せり。寿命量リ有ルこと无し。光明照ラして極り无し。国土甚だ清浄なり。名を聞キて定メて仏に作ラむと。

乃至

問テ曰ク、但、是の十仏の名号を聞キて執持して心に在（お）けば、便ち阿耨多羅三藐三菩提を退せ不ることを得（う）。更（また）余仏余菩薩の名有シまして、阿惟越致に至ルことを得（う）と為（せ）む邪（や）。

答テ曰ク、阿弥陀等の仏及ビ諸大菩薩、名ヲ称し一心に念ずれば、亦タ不退転を得ルこと是の如し。阿弥陀等の諸仏、亦タ恭敬礼拝し、其の名号を称す応し。今当に具に无量寿仏を説くべし。世自在王仏

乃至

其ノ余ノ仏有シマス。是の諸仏世尊、現在十方の清浄世界に、皆、名ヲ称し阿弥陀仏の本願を憶念すること是の如し。若し人、我を念じ名を称して自（おのづ）から帰すれば、即チ必定に入リて阿耨多羅三藐三菩提を得（う）、是の故に常に憶念す応しと。偈を以て称讃せむ。

无量光明慧、身は真金の山の如し。我今、身口意をして、合掌し

掌稽首礼
[*28]人能念是仏　無量力威徳[*29]　即時入必定　是
故我常念
[*30]若人願作仏　心念阿弥陀　応時為現身　是
故我帰命
彼仏本願力　十方諸菩薩　来供養聴法　是
故我稽首
[*31]若人種善根　疑則華不開　信心清浄者　華
開則見仏
十方現在仏　以種種因縁　歎[*32]彼仏功徳　我
今帰命礼
[*33]乗彼八道船　能度難度海　自度亦度彼　我
礼自在者[*34]諸仏無量劫　讃揚其功徳　猶尚不

稽首し礼シタテまつると。

乃至

人能く是の仏の无量力功徳を念ずれば、即の時に必定に入る。是の故に我常に念ジタテマつる。

乃至

若シ人、仏ニ作ラムと願じて、心に阿弥陀を念ジタテマつれば、時に応じて為に身を現ジタマはむ。是の故に我、彼の仏の本願力を帰命す。十方の諸モロの菩薩も、来タリて供養し法を聴（き）く。是の故に我（れ）、稽首シタテまつると。

乃至

若シ人、善根を種（う）えて疑へば、則チ華開ケ不（ず）。信心清浄なる者（の）は、華開ケて則チ仏を見タテマつる。十方現在の仏、種々の因縁を以て、彼の仏の功徳を嘆じたまふ。我今、帰命し礼シタテまつると。

乃至

彼の八道の船に乗じて、能く難度海を度す。自（み）ヅカラ度し、亦タ彼れを度せむ。我、自在人を礼シタテマつる。諸仏无量劫に其

能尽　帰命清浄人我今亦如是　称讃無量徳

以是福因縁　願仏常念我

の功徳を讃揚（やう・あぐ）せむに、猶尚（なほ）尽クスこと能ハ不（ず）。清浄人を帰命シタテまつる。我今、亦タ是の如し。无量の徳を称讃す。是の福の因縁を以て、願ハクは仏常に我ヲ念じたまへと。

抄出[*35]

註

＊1　行巻には「『十住毘婆沙論』曰」とある。以下「入初地品」（『大正』二六巻二五頁下）

＊2　行巻には「父」のあとに「又」の一字あり。

＊3　行巻には「於」のあとに「過咎転於」の四字なし。

＊4　行巻には「名」のあとに「出」の一字あり。

＊5　行巻には「乃至」とあり、「阿修羅…門一切」を省略。

＊6　行巻には「支」のあとに「仏」の一字なし。

＊7　行巻には「乃至」せずに省略。以下「地相品」（『大正』二六巻二六頁上）

＊8　行巻には「乃至」とあり、「如是等…当広説」を省略。

＊9　行巻には「生」のあとに「法」の一字なし。

＊10　行巻には「乃至」とあり、「不惜身…行精進」を省略。

＊11　行巻では「是」のあとに「名」の一字あり。

＊12　行巻では「又」の一字が「人」となっている。

＊13　行巻では「以」の一字が「已」となっている。

＊14　行巻では「生」のあとに「是」の一字なし。

＊15　行巻で「又云」とある。以下「浄地品」（『大正』二六巻二九頁上）

＊16　行巻では「信」の一字が「何」となっている。
＊17　行巻では「髄」の一字が「髓」となっている。
＊18　行巻には「乃至」「又曰」とある。以下「易行品」（『大正』二六巻四一頁中）
＊19　行巻では「勤」の一字が「懃」となっている。
＊20　行巻には「乃至」とあり、「如偈説…在十方」を省略。
＊21　行巻では「成」のあとに「就」の一字なし。
＊22　行巻では「称」のあとに「其」の一字なし。
＊23　行巻には「乃至」とあり、「仏告宝…三菩提」を省略。
＊24　行巻には「乃至」とあり、「我今稽…稽首礼」を省略。
＊25　行巻には「乃至」とあり、「今現在…中最尊」を省略。
＊26　行巻では「更有」の二字が「如是」となっている。
＊27　行巻には「乃至有其余仏」として「師子意…宝相仏」を省略。
＊28　行巻には「乃至」とあり、「金色妙…我帰命」を省略。
＊29　行巻では「威」の一字が「功」となっている。
＊30　行巻には「乃至」とあり、「彼国人…我帰命」を省略。
＊31　行巻には「乃至」とあり、「彼土諸…稽首礼」を省略。
＊32　行巻では「歎」の一字が「嘆」となっている。
＊33　行巻には「乃至」とあり、「其土甚…我亦礼」を省略。
＊34　行巻では「者」の一字が「人」となっている。
＊35　行巻には「抄出」とあり、『十住毘婆沙論』の引用が閉じられる。

親鸞による行巻以外の『十住毘婆沙論』の引用

B【『浄土文類聚鈔』】（『定本親鸞聖人全集』二巻・一三三頁）

龍樹菩薩『十住毘婆沙論』云、「若人欲疾得不退転地者、応以恭敬心執持称名号。若人種□（善）根疑則華不開。信心清浄者華開□（即）見仏」。

龍樹菩薩『十住毘婆沙論』に云く、「若し人疾（と）く不退転の地を得むと欲（おも）はば（者）、恭敬心を以て執（う）持（ぢ）して名号を称す応（べ）し。若し人□（善）根を種（う）へて疑（うたが）へば則ち華（はな）開け不（ず）。信心清浄なる者は華開（ひら）けて□（即）ち仏ヲ見ム。」

C【『愚禿鈔』】（『定本親鸞聖人全集』巻二・一三頁）

真実浄信心　内因　摂取不捨　外縁

信受本願　前念命終　「即入正定聚之数」文「即時入必定」文

即得往生　後念即生　「又名必定菩薩也」文

他力金剛心也。応知

便同弥勒菩薩　自力金剛心也、応知

『大経』言「次如弥勒」文

「即の時必定に入る」文。「又タ必定の菩薩と名ヅくる也」文。

D【『愚禿鈔』】（『定本親鸞聖人全集』巻二・四六頁）

「汝」言行者也。斯則名必定菩薩。龍樹大士『十住毘婆沙論』曰、「即時入必定」。曇鸞菩薩『論』、曰「入正定聚之数」。善導和尚言「希有人也、最勝人也、妙好人也、好人也、上上人也」、「真仏弟子也」。

龍樹大士『十住毘婆沙論』に曰はく、「即時入必定」となり。

E【『尊号真像銘文』広本】（『定本親鸞聖人全集』巻三・八四頁）

龍樹菩薩御銘文

『十住毘婆沙論』曰。

人能念是仏　无量力功徳　即時入必定　是故我常念　若人願作仏　心念阿弥陀　応時為現身　是故我帰命　文

「人能念是仏无量力功徳」といふは、ひとよくこの仏の无量の功徳を念ずべしとなり。「即時入必定」といふは、信ずればすなわちのとき必定にいるとなり、必定にいるといふはまことに念ずればかならず正定聚のくらゐにさだまるとなり。「是故我常念」といふは、われつねに念ずるなり。「若人願作仏」といふは、もし人仏にならむと願ぜば、「心念阿弥陀」といふ、心に阿弥陀を念ずべしとなり、念ずれば、「応時為現身」とのたまへり。応時といふはときにかなふといふなり、為現身とまふすは信者のために如来のあらわれたまふなり。「是故我帰命」といふは、龍樹菩薩のつねに阿弥陀如来を帰命したてまつるとなり。

親鸞による『大智度論』の引用

F【『教行信証』化身土巻引用『大智度論』】（『定本親鸞聖人全集』巻一・三一〇頁）

『大論』釈四依云欲入涅槃時語諸比丘従今日応依法不依人応依義不依語応依智不依識応依了義経不依不了義依法者法有十二部応随此法不応随人依義者義中无諍好悪罪福虚実故語已得義義非語也、如人以指指月以示教我看視指而不視月人語言我以指指月令汝知之汝何看指而不視月此亦如是語為義指語非義也、以此故不応依語依智者智能籌量分別善悪識常求楽不入正要是故言不応依識依了義経者有一切智人仏第一一切諸経書中仏法第一一切衆中比丘僧第一无仏世衆生仏為此重罪不種見仏善根人已上

『大論』に四依を釈して云く。涅槃に入りなむと欲せし時（き）諸モロの比丘に語りたまわく。今日従リ法に依て人に依ら不る応し。義に依て語に依ら不る応し。智に依て識（しるに）に依ら不る応し。了義経に依て不了義に依ら不る応しと。法に（と）依ル（者）は、法に十二部有り。此の法に随ふ応し。人に随ふ応カら不。依義と（者）は義の中に好悪罪福虚実を諍（あらそ）ふこと无し。故に語（ことば）は已に義を得た

り。義は語に非ザる也、人、指を以て月を指（おし）ふ、以て我（われ）を示教す、指を看（みる・かん）視（みる・し）（而）して月を視（み）不るが如し。人語（かたる）りて言はむ。我指を以て月を指（おし）ふ。汝をして之を知ら令む。汝、何ぞ指（ゆび）を看（み）て而、月を視不るやと。此れ亦タ是の如し。語は義の指（ゆび）と為す。語は義に非ざる也。此を以テの故に語に依（よ）る応カら不（ず）。依智と（者）は、智能く籌（はからい・ちう）量し善悪を分別す。識（さとる）は常に楽を求む。正要に入ら不（ず）。是の故に不応依識と言へり。依了義経と（者）は一切智人有（い）ます。仏第一なり。一切諸経書の中に仏法第一なり。一切衆の中に、比丘僧第一なり。无仏世の衆生を仏、此を重罪と為したまへり。見仏の善根を種（う）へ不る人なりと。已上

親鸞による龍樹讃

G【『教行信証』正信念仏偈】（『定本親鸞聖人全集』巻一・八七頁）

釈迦如来楞伽山　　釈迦如来楞伽山にして
為衆告命南天竺　　衆の為に告命（おおせ）したまはく南天竺に
龍樹大士出於世　　龍樹大士世（於）ニ出デて
悉能摧破有無見　　悉く能く有無の見を摧（くだく）破せむ
宣説大乗无上法　　大乗无上の法を宣（のぶ）説し
証歓喜地生安楽　　歓喜地を証して安楽に生ぜむと

顕示難行陸路苦　難行の陸路苦シきことを顕示して
信楽易行水道楽　易行の水道楽シきことを信楽せしむ
憶念弥陀仏本願　弥陀仏の本願を憶念すれば
自然即時入必定　自然に即の時（とき）必定に入る
唯能常称如来号　唯ダ能く常に如来の号（みな）を称して
応報大悲弘誓恩　大悲弘誓の恩を報ず応しといへり。

H【『浄土文類聚鈔』念仏正信偈】（『定本親鸞聖人全集』巻二・一四一頁）

釈迦如来楞伽山　釈迦如来楞伽山（れうがさん）にして
為衆告命南天竺（為衆告命南天竺）衆（しゅ）の為（ため）に告命（がうみゃう）したまはく南天竺（ぢく）に
龍樹菩薩興□世（龍樹菩薩興出世）龍樹菩薩世（よ）に興出（こうしゅつ）して
悉能摧破有旡見　悉（ことごと）く能く有旡（うむ）の見（けん）を摧破（ざいは）せむ
宣説大乗旡上法　大乗旡上の法を宣説（せんせち）し
証歓喜地生安楽　歓喜地を証して安楽に生ぜむ
□『□住毘婆沙論』（造十住毘婆沙論）『十住毘婆沙論』を造りて

難行嶮路特悲憐　難行の嶮路（けむろ）特（こと）に悲憐（ひれん）せしむ
□往大道広開示（易往大道広開示）　易往の大道広く開示（かいじ）す
応以恭敬心執持　恭敬（くぎゃう）心を以（も）て執持（しゅぢ）して
称名号疾得不退　名号を称して疾（と）く不退（ふたい）を得（う）応（べ）し
信心清浄即見仏　信心清浄なれば即ち仏を見（み）たてまつる

I　【『浄土和讃』讃阿弥陀仏偈和讃】国宝本（『定本親鸞聖人全集』巻二・七頁）

十住毘婆沙論曰
自在人我礼　清浄人帰命　无量徳称讃

J　【『浄土和讃』浄土高僧和讃】国宝本（『定本親鸞聖人全集』巻二・七五頁）

浄土高僧和讃　愚禿親鸞作
龍樹菩薩　付釈文　十首

（一）

本師龍樹菩薩は

りうしゆはきのもとにむまれてましましけるをりうわうとりてやしなひたりけり　のちになむてんちくの王のこになりたまひけり　きのもとにむまれりうわうやしなひたまひけるによりてりうしゆとなつけたてまつるなり

智度十住毘婆沙等（智度十住毘婆娑等）

つくりておほく西をほめ

すゝめて念仏せしめけり（すゝめて念仏せしめたり）

（二）

南天竺に比丘あらむ（南天竺に比丘あらん）

これよりみなみうみのなかにりようかさんのぬしたいくゐわうあり　たいしようのほふをあいするによりて　しやかによらいわたらせたまひてほふをといてきかせたまふついてに　われにふめちののちにいくいくらありて　りうしゆよにいてゝくゐたうをふくすへしとかねてときたまふ

龍樹菩薩となづくべし

有無《さたまらす》の邪見を破すべしと（有无の邪見を破すべしと）

世尊はかねてときたまふ

（三）

本師龍樹菩薩は
大乗无上の法をとき（大乗旡上の法をとき）
歓喜地を証してぞ
くわんきちはしやうちやうしゆのくらゐなり　みによろこふをくわんといふ　こゝろによろこふをきといふ　うへきもの
をえてむすとおもひてよろこふをくわんきといふ
ひとえに念仏すゝめける（ひとへに念仏すゝめける）

（四）

龍樹大士によにいでゝ（龍樹大士世にいでゝ）
おほきなるひとゝいふなり
難《かたし》　易《やすし》ふたつのみちをとき（難行易行のみちおしへ）
なんはしやうたうもん　いはしやうともんなり
流　転　輪　回のわれらをば（流転輪廻のわれらをば）
さそらう反　うつ　めく　めくる反
なかれ反　る反　る反　かへる反
弘誓のふねにのせたまふ

（五）

本師龍樹菩薩の
をしへをつたえきかむひと（おしへをつたへきかんひと）
本願こゝろにかけしめて
つねに弥陀を称すべし

（六）

不退のくらゐすみやかに
えむとおもはむひとはみな（えんとおもはんひとはみな）
ふさんふしちになつく
恭《つゝしみ》敬《うやまふ》の心に執《とり》持《たもつ》して
せうしようおはくやうといふ　ちらしうしなはす反
たいしようおはくきやうといふ　ひとたひとりてなかくすてぬにかく
弥陀の名号称すべし

（七）

生死の苦海ほとりなし
ひさしくしづめるわれらおば（ひさしくしづめるわれらをば）
弥陀の悲願のふねのみぞ（弥陀弘誓のふねのみぞ）
のせてかならずわたしける

（八）
智度論にのたまはく
仏は无上の法王なり（如来は旡上法皇なり）
菩薩は法臣としたまひて
尊重すべきは世尊なり

（九）
一切菩薩のゝたまはく
われら因地にありしとき
无量劫をへめぐりて
（旡量劫をへめぐりて）
万善諸行を修せしかど
つくろふ反
おこなふ反

（一〇）
恩愛はなはだたちがたく
生死はなはだつきがたし
念仏三昧行じてぞ

罪障を滅し度《わたり反》脱《まぬかる》せし

已上龍樹菩薩

K【『一念多念文意』】（『定本親鸞聖人全集』巻三・一二九頁）

この二尊の御のりをみたてまつるに、すなわち往生すとのたまへるは、正定衆のくらゐにさだまるを不退転に住す（ほとけになるまでといふ）とはのたまへるなり。このくらゐにさだまりぬれば、かならず旡上大涅槃（まことのほとけなり）にいたるべき身となるがゆへに、等正覚（ほとけになるべきみとさだまれるをいふなり）をなるともとき、阿毘抜致（ほとけになるべきみとなるとなり）にいたるとも、阿惟越致にいたるともときたまふ。即時入必定ともまふすなり。

〔付〕二

夏安居「開講の辞」

今年度の夏安居本講において、龍樹菩薩造、鳩摩羅什訳と伝承されている『十住毘婆沙論』を試探しつつ、七高僧の鼻祖龍樹菩薩の基本思想が、『十住毘婆沙論』の中でどのように表明されているかという問題と、宗祖親鸞聖人が『十住毘婆沙論』に基づいて明確にされた易行道という菩薩道を成り立たしめている思想とは何かという問題、この二つの問題を課題として、浅学非才をも顧みず、その解明に些かなりとも努めてみたい。

このような課題に立つとき、先ず大乗仏教の思想的確立者としての龍樹菩薩（Nāgārjuna, 2～3c.）の基本思想を確認しなければならないが、それについては、既に平成元年の夏安居次講において、「五如理論―中論の要諦―」の講題の下で、その基本思想の解明に努め、一応なりともそれを確認した次第である。そこにおいて確認された基本思想については、今回の講究においても、再度、要約して確認することになろうが、その龍樹菩薩の基本思想については、いみじくも、龍樹菩薩に対する宗祖聖人の著述の中に、それを管窺することができる。

それは大きく二点で押さえることができるであろう。その第一点は、宗祖聖人が「正信念仏偈」「念仏正信偈」「高僧和讃」などで、龍樹菩薩の徳を讃える中にとりあげている、『入楞伽経』（Lankāvatāra-sūtra）に見いだされる予告「楞伽懸記」という体裁で、

南方の国ヴェータリーに、比丘にして福徳をそなえ、
名声大なる人が出る。
かれの名前は「龍」と呼ばれ、
有と無との両方（の邪見）を摧破し、
私の乗を世間における無上なる大乗と顕示し、
歓喜地に到達して、安楽国に赴くであろう。

と記別されている。大乗仏教の祖師としての龍樹菩薩の仏教である。特にこの中で、釈尊の仏教を「大乗」と顕示して、「有と無の極端（辺見）を摧破」したと讃えられているが、それが龍樹菩薩の基本思想を示すものとして極めて重要な要項であるということである。その理由は、龍樹菩薩は、その主著『根本中論偈』において、釈尊の直説（仏説）と明示して取り上げているのは、「縁起」（「縁起を説きたまえる世尊」という位置付けによる仏説としての縁起）と「諸行は虚妄」（「およそ偽りの性質のあるものは虚妄である」という教証に基づいた仏説）と「有と無の見の否定」（『カートヤーヤナへの教え』という経典に基づいた仏説）の三説であり、その中にあって、「有と無の見の摧破」とは、アビダルマ仏教の

本体論（実体論）を批判するための象徴的な表現であるからである。それ故にこそ、インド大乗仏教においては、有と無の見の否定こそが、龍樹菩薩の思想を代表するものとして、この「楞伽懸記」においても継承されているのであろう。従って今回は、これらの龍樹菩薩の基本思想が『十住毘婆沙論』にどのように組み込まれているかを試探することにしたい。従来は、『十住毘婆沙論』が龍樹菩薩の著作であるという前提に立って、そこに展開されている教理のすべてによって、龍樹菩薩の仏道を解明しようと試みられてきたが、しかし、その試みによって龍樹菩薩が菩薩道をどのように了解していたかという問題が解明されているとは必ずしも言いがたいのであり、今回は、その逆の方向から、すなわち、龍樹菩薩の基本思想によって『十住毘婆沙論』を照射しつつ、龍樹菩薩の菩薩道の本質を試探してみることにする。

第二点は、宗祖聖人によって、例えば「正信念仏偈」の中で、

顕示難行陸路苦　信楽易行水道楽
憶念弥陀仏本願　自然即時入必定

と讃えられている、易行道としての龍樹菩薩の仏道である。「有と無の見の摧破」などの龍樹菩薩の基本思想と易行道とはどのような関係にあるのか。従来は、『十住毘婆沙論』の中の「易行品第九」を中心として、易行としての念仏道が究明されてきた。その伝統的な学的営為は尊重され、今後とも継続されていかなければならない事柄であるが、今回は、宗祖聖人によって、ここに「自然即時入必

定」の一句に明示されているように、『十住毘婆沙論』において説かれている「易行」ということの根底に、「即」の仏道が確証されていることに注目し、その「即」の仏道こそが龍樹菩薩によって確立された菩薩道であり、その「即」の仏道においてこそ易行道が成立するという課題を、龍樹菩薩の基本思想に基づきながら明らかにしたい。

『十住毘婆沙論』は、漢訳のみ現存し、『十地経』に説かれている菩薩の十地の「初地（布施波羅蜜多）」と「第二地（戒波羅蜜多）」の最初二地に対する注釈書である。龍樹菩薩によれば、これらの二波羅蜜多は六波羅蜜多の中での利他行に相当するものとされ、菩薩の十地の中の利他行としてのこれら二地について注釈しているのが『十住毘婆沙論』であるが、その内容を伺うとき、そこに龍樹菩薩の基本的立場だけが解説されているとは見なし難く、そこには種々様々な教理が展開され、まさしく「種々の説明」「詳細な説明」という意味である「毘婆沙（vibhāṣā）」であるため、その中にはアビダルマ仏教において成立した数多くの教理も取り入れられている。従って、そこに説かれている教理のすべてが、龍樹菩薩自らの仏教にとって必要なものであると見なすことはできないだけでなく、既成仏教としてのアビダルマ仏教における人無法有説による本体論（実体論）に対する強い批判を持っていた龍樹菩薩がそれらの教理のすべてを是認していたとは見なしがたい。それにもかかわらず、龍樹菩薩は、それらの教理を無視することなく提示しながら、その中に自らの「空」の思想に基づいた菩薩道を組み込んでいくという仕方で著作しているというべきであるが、しかも、そこでは、自らの基本思想による菩薩道へとそれらの教理を用いて順次に導いていくという体裁が必ずしも取られていないのである。このことのために、『十住毘婆沙論』それ自体によって、龍樹菩薩の目指した菩薩道を見極めることの困難性があると言える。

以上のように、今回は、龍樹菩薩の基本思想から『十住毘婆沙論』を照射するという視点に立って、もう少し突っ込んでいえば、龍樹菩薩の基本思想に対する学問的解明なくしては、『十住毘婆沙論』に展開されている龍樹菩薩の菩薩道は解明されないのではないかという視点に立って、確認された龍樹菩薩の基本思想に基づきながら、『十住毘婆沙論』を試探することにしたい。

願わくば、今回の講究によって、受講者の方々と共に、大乗仏教の基本思想に基づいた龍樹菩薩の「即」の仏道が、宗祖聖人の仏道にとっての極めて重要な基盤となっていることを学びながら、些かなりともそれを思想的に明らかにし、そして、『末燈鈔』の中で、「浄土真宗は大乗のなかの至極なり」と明言されていることの普遍的な意味を明確にしたいと、ひそかに思念している次第である。

小川一乗

夏安居「満講の辞」

この度の夏安居の本講を終えるに当たり、一言、反省と感謝の言葉を申し述べたいと思います。この度は、龍樹菩薩の『十住毘婆沙論』を試探しつつ、龍樹菩薩の仏教における「空」の思想に基づいた生死即涅槃という「即」の仏道を究明し、宗祖聖人によって確証されている「即得往生」とか「即時入必定」という仏道が、『末燈鈔』において、「浄土真宗は大乗のなかの至極なり」と宣言されている、その大乗仏教の思想的原点に基づくものであることを確認することに努めました。

従来は、『十住毘婆沙論』の研究は、専ら「易行品」に対する講究を中心としてなされてきましたが、宗祖聖人が『十住毘婆沙論』から学ばれた仏道は、「易行」という点よりも、むしろ、「即」の仏道においてのみ可能となる『十住毘婆沙論』の基本思想、すなわち、「不退転の位」「得無生法忍」「入必定」という点ではなかったか、ということを明らかにしようと試みたのが、今回の講究であったといえます。この点については、宗祖聖人の著作の随所に明示されている「即」とか「即時」という用語が、どのような文脈において見いだされるかという事に注目するとき、そのことは明確に了解することができるのであります。

それでは、龍樹菩薩においては、生死即涅槃を可能にする「空」の思想と、「念仏・見仏」という実践とが、どのような関係にあったのか、という問題が、当然の事として課題となってきますが、それについては、『十住毘婆沙論』において重視されている『般舟三昧経』の中で、「〈阿弥陀仏を代表とする〉現在の諸仏が面前にお立ちになる三昧」が説かれている、その内容として、

用念仏故　得空三昧

といわれていることに注目しなければなりません。「念仏・見仏」は何を目的として実践されたのであるかということについて、それは空三昧を得ることが目的であったという関係において、それは明示されているのであります。このことをどのように了解することができるのであろうかと言えば、龍樹菩薩が在世した時代背景を視野に入れるとき、仏像の成立を受けて、「念仏・見仏」という実践が、大乗仏教の基本思想である「生死即涅槃」を離れて、仏が対象化され実体化されてしまい、仏と人間が分離してしまうことに対する厳しい問題提起が『般舟三昧経』によってなされたということではないでしょうか。

この意味をさらに問えば、私たちは、「生死即涅槃」という「即」の仏道において、生死を離れた涅槃はなく、涅槃を離れた生死はない、という現生の身の事実においてこそ、「現生不退」と言い得るのであるということでありましょう。この意味において、「願生浄土」は願生を離れて浄土はなく、願生ということにおいて浄土たりえているのであり、また、「必至滅度」も必至を離れて滅度はなく、

必至ということにおいて滅度たりえているといわなければなりません。すなわち、願生や必至という
ことのないところに、浄土や滅度が実在しているわけではないということでありましょう。
従いまして、生死即涅槃という大乗仏教の原点を抜きにしては、宗祖聖人における即得往生・即時
入必定という「即」の仏道における現生不退はありえないということを、『十住毘婆沙論』を試探し
つつ、明らかにしたいと努めた次第です。しかしながら、「空」の思想に基づく「生死即涅槃」とい
う大乗仏教の基本思想が、「空」という言葉が宗祖聖人によって用いられていないこともあって、そ
れを了解することに抵抗を感じる受講者も多くいたようであります。誠に残念なことではありますが、
それはひとえに講者の力量不足によるものであり、さらなる研鑽に努めたいと覚悟を新たにした次第
です。

最後に、念仏による即得往生ということの教学的確認という、極めて思想的な試みに、最後まで真
剣に共に学んで下さいました受講者の諸氏に甚深の謝意を表して、今回の安居の満講といたしたいと
存じます。有り難うございました。

小川一乗

Ⅱ　浄土と往生

――『顕浄土真仏土文類』解釈――

まえがき

親鸞によって真実の仏道が開顕されている『顕浄土真実教行証文類』（『教行信証』）の「真仏土文類」（真仏土巻）を解釈《げしゃく》していく上で、まず基本的な知識および了解事項について確認をしておきたい。そしてその上で、親鸞が深く鋭く学ばれた大乗仏教の真髄を講究していきたい。

親鸞の「真仏土文類」を解釈していく上で、まず「大乗仏教の仏道体系」について考えてみたい。「大乗仏教の仏道体系」という言い方は、明治以後の仏教研究、いわゆる近代仏教学と通称されている学問研究において明確になってきたものである。

大谷大学の第二代学長となった南条文雄が、イギリスのマックス・ミューラーのもとに留学し、サンスクリット原典を読み、解読するという学問研究のあり方を学ばれて、新しい仏教研究の第一歩が日本の仏教界において踏み出された。これがいわゆる近代仏教学の嚆矢とされている。それ以後、近代仏教学は百年以上の歴史を経て今日に至っているが、その流れの中でいろいろな成果を挙げてきた。そのなかでも特に大乗仏教の仏道体系というものを明確にしたことが最も大きな基本的成果である。

この大乗仏教の仏道体系について、釈尊の成道から説法にいたる経過の中に、大乗仏教における智慧から慈悲への動向の原点を確認したのが山口益（大谷大学第十五代学長）である。その思索の中から、本書にも引用している『大乗としての浄土』などの著作が生まれているのである。

江戸時代までの仏教研究では、各宗派の教義学（ドグマ）に基づいて、いろいろな宗派仏教内での学問研究がなされてきたが、そこに一貫して底通している「大乗仏教ならばこうでなければならない」という基本姿勢が、なかなか明確にされていなかったという事情があった。いろいろな宗学における伝統教学のそれぞれのなかで研究は続けられてきたが、「仏教とは一体どういう教えなのか」といった最も基本的なことについての共通了解は確立されていなかった。中国仏教で言えば、どの経典を最勝の経典とするかという教相判釈によって、いろいろな仏教学派が成立したが、それらの根底にある「大乗仏教とは何か」ということについては、教義学を超克した思索がなされていなかった。それぞれの経典に基づく思索はあったが、最も基本的なことについての共通了解が希薄だった。日本仏教においても同様であり、八宗の教義をまとめた凝然の『八宗綱要』が有名であるが、そのようなものですら、親鸞の入滅後六年の著作とされている。近代仏教学には、その宗派の壁を取り払って「仏教とは何か」「大乗仏教の仏道体系はどのようであるか」という基本に立ち返って思索をし、確認しようという課題があったといってよいであろう。

実は、親鸞の『教行信証』における「真仏土」およびその前の「証」を管見した時に、もちろん近代仏教学の意図するところの大乗仏教の仏道体系なるものが親鸞の鎌倉時代に提示されていたわけではないにもかかわらず、『無量寿経』の「本願」のなかから大乗仏教の仏道体系を見事に看取して、それを「証」と「真仏土」で明確に示していることをあらためて確認して、仏教に対する視点の確かさに驚嘆せざるを得ない。

法然の「本願を信じ、ただ念仏せよ」という師言によって、「本願を信じよ」というただそれだけしか手がかりがなかった時代である。サンスクリット原典があるわけでもないし、チベット文献があるわけでもない時代に、「ただ本願を信じよ」というその本願をよりどころとして、見事に大乗の仏道体系を看取しているということが「証」と「真仏土」において、明確に示されていることが分かる。

こうしたことは、現在の学問状況からすれば当然のことであるが、当時の学問状況のなかにあっては、驚くべきことであろう。そういうことを思う時に、親鸞が、教主釈尊の教えを継承する者として三国にわたる七祖という伝統を明らかにされたということを鑑みると、そういうものと相通ずる親鸞の仏教に対する鋭い学び方があると思われてならない。

七祖というものを立てるその鼻祖龍樹の教えと釈尊の教え（釈尊の仏教）の関係を親鸞がどのように捉えているかということについて伺ってみたい。

『入楞伽経』のなかに、「楞伽懸記」というものがあるが、これはいわば釈尊による予告（授記）である。『入楞伽経』は古い経典に属するものだが、そのなかに新しく組み込まれた部分の個所に、龍樹が釈尊なきあと釈尊の教えを大乗仏教として説く偉大な人として現れるということが釈尊自身によって予告されていたという、授記の形式を取った偈文があるが、これが「楞伽懸記」である。これは「正信偈」の龍樹讃のところで、「龍樹大士出高於世、悉能摧破有無見、宣説大乗無上法、証歓喜地生安楽」といい、和讃では、「高僧和讃」の最初の方にある「南天竺に比丘あらん。龍樹菩薩となづくべし。有無の邪見を破すべしと、世尊はかねてときたまう。本師龍樹菩薩は、大乗無上の法をとき、歓喜地を証してぞ、ひとえに念仏すすめけり」と。これらの内容が「楞伽懸記」の内容である。

この釈尊の予告（授記）である「楞伽懸記」を一つの根拠として、龍樹を七祖の最初に立てる、ということの関係は刮目すべきことである。七祖は、龍樹から天親、曇鸞、道綽、善導、源信、法然（源空）と続くのであるが、教主釈尊の教えを大乗仏教として世に示したのが龍樹であるということを、親鸞は「楞伽懸記」を用いて示めそうとしたのである。しかも「楞伽懸記」の内容は龍樹の思想の特徴を見事に示している。まず何と言っても『十住毘婆沙論』にも明らかなように、龍樹の仏教の基本として、初歓喜地における「即得往生、住不退転」の証得に基づく念仏による往生が、そこに示されている。それでは龍樹自身は実際に釈尊の教えをどう受け取っていたのかという問題がある。

「楞伽懸記」はあくまでも、偉大な人が後に現れて、私の教えを大乗仏教として説くであろう、そしていずれ初歓喜地を証して安楽国に往生していくであろう、ということを釈尊自身が予告しているわけであるが、龍樹は釈尊をどう見ていたのか。

龍樹の主著は『根本中論偈』である。親鸞は中国仏教の伝統のなかから『大智度論』と『十住毘婆沙論』を龍樹の代表的な著作としてあげているが、近代仏教学においては『根本中論偈』が龍樹の最も大事な著作であるということが明確になった。その『根本中論偈』の「帰敬偈」のなかで、「縁起を説き給える世尊」こそが、いろいろな説法者がいるなかで、最高のさとりを開いた説法者である、と讃歎している。

龍樹は、今から千八百年くらい前の人であるが、その時代には様々な宗教家が現れて、いろいろな教えが説かれていたのであろう。龍樹はインドの伝統的なバラモン教の教えを受け継ぐ家柄に生まれた、いわゆるバラモン階級の人であった。龍樹は、いろいろな説法者の教えを聞いたうえで、「縁起を説き給える世尊」こそが最も優れた正覚者であるということで、バラモンの身を捨てて世尊に対する帰依を表明し、仏教徒となったのである。

親鸞が「楞伽懸記」の予告を手がかりとして、この釈尊から龍樹への伝統を取り出し、龍樹こそ釈尊の教えの後継者であると確定したことは、同時に龍樹自身が龍樹から釈尊へという方向性で帰依を表明したことの、逆の裏づけが、その「楞伽懸記」の内容によって証明されなければならないわけである。

その点について、まず龍樹は釈尊が説かれた「縁起」ということを、「空性」と説くと言い換えている。『根本中論偈』の、釈尊の教えはどういうものであるかという教理を検討している第二十四章

「聖諦品」のなかの第十八偈で、「縁起という仏教の基本的な道理を私たちは空性という表現で言い換えるのである」と示している。

ともかく、龍樹の仏教を明らかにしようとする時に、龍樹の仏教とはどのような教えなのか、ということであるが、これは理解されているようでなかなか理解されていないように思われる。それで実は、私はインドの仏教を専門としている立場から、龍樹の仏教の根本は一体何か、ということを明確にするために二つの手がかりを求めた。

その一つは、龍樹の著作のなかに、釈尊の直説――釈尊はこのように説かれているということ――についての記述があるのか、それはどのようなものかということ、もう一つは、龍樹自身が、教学的・教理的な三人称による説明ではなく、自分はどう思うかということを、仏教者として一人称でどのように語っているのか、「私たちは」あるいは「私は」という一人称でどのように主張しているのか、ということを調べてみた。

その結果、龍樹が一人称で自らの仏教者としての立場から語っているのは、先ほども触れたように「縁起を説き給える世尊に私は帰依する」と「縁起なるものを空性と私たちは説く」という個所である。この一人称というのは、チベット訳や漢訳では正確には分からないが、サンスクリット原典を見ると明確に分かる。そこで龍樹の真作であるとされている著作のなかで、サンスクリット原語を知ることのできる『根本中論偈』（四四九偈）において、龍樹が一人称で自らの見解を述べている偈を探してみるとわずかに六偈だけである。そのなかには、先の「帰敬偈」も入っている。

さらに、「楞伽懸記」には「有無の邪見を破す」という記述がある。「有」と考えるのも「無」と考えるのも邪見であり、有・無にこだわるのは釈尊の教えから逸脱したものであると、これも一人称で語られている。このように見てくると、「楞伽懸記」の中の偈は龍樹の仏教というものをよく了解した内容であることが分かる。その意味で、龍樹の仏教の代表的なテーマの一つが、「有無の邪見を破す」というところにあったということが、「楞伽懸記」に記述されているだけでなく、龍樹が一人称で自らの主張を述べているわずかな偈のなかにそれが含まれているということもまた、逆から、つまり龍樹の方から「楞伽懸記」の中身が確認されるわけである。

重点的に、龍樹の仏教の基本的な考え方は如何なるものかを的確に言うと、「縁起を空と説く」と「有無の邪見を破す」ということになる。「有無の邪見を破す」ということをもう少し砕いて言うと、死後に私たちは存続するかしないか、ということであり、単に物が有るとか無いとかいうことではない。死後への存在の存続が有るというのが「有」である。死後への存在の存続が無いというのが「無」である。「死んだらそれで終わり」と考えるのが「無の邪見」で、私たちの生命は永遠に続くと考えるのが「有の邪見」である。であるとしたら、これが、もう少し明確にしなければならない当面の課題の一つである。

死後に対する現代人の考え方は、大体二つに分かれるであろう。死後に何かを求める神秘主義、死んだら終わりと考える虚無主義（ニヒリズム）である。普通の人は、この二つのどちらかしかないと考えているが、実はこの二つを乗り越えていくいのちのあり方が仏教における浄土思想なのである。本書では、そのことを尋ね、了解していきたい。

以上述べたことからわかるように、誰の指示を受けたわけでもなく、「楞伽懸記」に着目した親鸞の洞察には驚くべきものがある。

次に、「縁起なるものを空性と私たちは説く」と、大乗仏教の基本思想が龍樹によって一人称で主張されているが、親鸞は「空」という言葉は用いていない。しかし、この「真仏土」の文類において、親鸞は空という思想を『涅槃経』を中心とした「涅槃」を「虚無」「虚空」という言葉によって解していることが分かる。であるから、「空」によって表されようとする思想、「縁起」という言葉によって表されようとする思想は、必ずしもその言葉を使わなくてもよいのである。親鸞は、『涅槃経』を非常に大切にされて、この「涅槃」という言葉に「空」の思想を看取しておられたということは明確である。

大乗仏教というものは、釈尊の縁起という教え、いかなる存在といえども確定的な存在は一つもなく、無量・無数といっていいほどの因縁によって、常にただいまのこの一瞬一瞬が成り立っているという、二千五百年前に説かれたこの道理を、龍樹は逆の側面から、一瞬一瞬を成り立たせているこの因縁以外に自己はなく、その因縁をすべて取り払っていったらそこには縁起することのない、私という確かな存在はなにもない、「私」は空であると。つまり、すべて因縁の上にただいまの瞬間があり得ているという釈尊の教えを反対側から言うと、空ということになるわけである。この空という言葉の原語は、後代のインドにおいて発見された数学上のゼロを表す言葉でもある。

重ねて言えば、龍樹は、釈尊がすべての存在は例外なしに無量・無数といっていいほどの因縁によってこの瞬間瞬間があり得ているという縁起の道理を説いたが、逆から言い換えて、おのれ自身が空である、おのれ自身がゼロであるという自己発見をせよ、と言っているのである。

これが龍樹の仏教の基本である。一人称で語られる主張において、自己自身がゼロであるという身の事実を発見せよ、仏教と出会って発見せよ、と龍樹は言っているのである。そして、その空とか縁起とか涅槃などといったいろいろな言葉で表現された教え・真実が、現実の私たちの身の上にどのように響いて来るのか。この響いてくるという働きを慈悲というのである。ゼロの発見も空そのものも真実であるが、その真実が私たちの上にやむにやまれぬ思い、そうせずにはおられないという精神力を奮い立たせる働きとなって展開するのが慈悲である。

そのように、智慧が慈悲へと動向し、一切衆生の救済を実現していくという、そういうあり方を簡単にいうと「大乗の仏道体系」と言うのである。真実そのものが真実そのものの世界に止まっていることなく、智慧そのものが智慧の世界に止まっていることなく、慈悲となって展開する。慈悲にもいろいろあるが、大悲（如来大悲）となって展開するということである。大悲というのは、空という智慧が最も具体的にそのものの働きとして現れてくることを言うのである。私たちにいろいろな仏法からの働きかけ、真実からの働きかけがあるが、最も根本的な働きかけ、つまり、おのれ自身がゼロであることに目覚めよ、という働きが大悲であり、大慈悲なのである。

慈悲にもいわば段階というものがある。病人に薬を与えるとか、空腹の人に食事を与えるというのは、いわゆるボランティアとか、人道としてのヒューマニズムという段階の小慈悲である。次には、仏教を勉強する心を起こさせるように働きかけるという段階の中慈悲がある。ヒューマニズムに止まっていたら、仏教とは言えないので、本当に助かるとは、本当に救われるとはどういうことか、ということが仏教には説かれているから、その仏教を勉強しなさいという慈悲である。その結果として、まさしく我が身が仏法に照らされておのれのゼロ発見をさせていく。それが大慈悲である。こうした智慧から慈悲へと展開していく段階は、龍樹によってきちんと押さえられている。

インドの大乗仏教でいうと、まず龍樹がいて、それから龍樹の教えを説明し、継承する学派が出てくる。いわゆる中観思想である。仏教概論などでインドの仏教を見ていくと、中観思想が現れ、それから唯識思想が現れ、仏性思想が現れると言うように説明されているが、このように見ていくと、中観派なり唯識派という学派・セクトがあったと思われるかも知れないが、そうではない。インドの場合、釈尊の「縁起」を「空」という表現で言い換えた、龍樹によって開顕された「空」、その「空」を人々にどのように了解させて行くか、という工夫が現れてくる。その工夫として唯識思想があり、仏性思想がある、ということなのである。そのいずれにも大乗の仏道体系というものが基本となっている。唯識で言えば、「人間とは何なのか」ということについて、人間の日常生活において不可欠な心・識というものを問題とし、それを解明しながら、最後にはゼロの発見をさせていく。仏性思想もまた、私たち迷える者にも仏性という覚れる者となる可能性が平等にあるということを問題としながら、やはりゼロの発見をさせていく。そのように、その手だてがさまざまに展開されていく。中観思想の場合も唯識思想の場合も仏性思想の場合も、すべて大乗の仏道体系を基本として展開されているのである。

しかし、六世紀～七世紀以降になってくると、それぞれがいわばセクトとして固まっていく。そして次第に形骸化していくという傾向を見せることになる。形骸化しつつ、信仰の上でインドの民俗宗教であるヒンズー教と仏教が混合され、タントラ仏教、いわゆる密教が形成されていくという歴史的経過をたどることになる。その密教が中国に伝わったときには、それが最高の仏教と受け取られることになり、密教を学んだ空海と最澄が日本仏教をリードしていくことになる。それは歴史の出会いということなのであろう。

それはともかくとして、あくまでも大乗の仏道体系において、覚りと救いが展開されていくということであり、そういう覚り・救いの関係を大乗の仏道体系として確立したのが龍樹なのである。それをより具体的に解明していったのが、唯識思想であり、仏性思想であると言えるであろう。

私たちが、何を求め、何を覚り、何を救いとしていくのか、という仏道体系が近代仏教学によって明確にされてきた。そのことを、すでに親鸞は本願を信ずるという、その本願の中身としてきちんと了解され、見出されているのである。そこに、七祖という伝統を産み出した親鸞聖人の思索力がうかがわれる。よくこの七祖の伝統を、浄土教とか浄土思想の伝統であるという言い方をする人がいるが、そうではなくて、あくまでも大乗仏教の伝統なのである。仏教にはいろいろな流れがあり、そのなかの一つとしての浄土系統の流れが七祖であるという考え方ではない。仏教の伝統が、そのまま浄土思想の伝統として展開しているというのが親鸞の選択である。

親鸞は『顕浄土真実教行証文類』と言っている。「真実」はこの教行証だけであるという選択がそこにある。そのことはこの教行証以外はすべて真実ではない。親鸞は、そのようにはっきりと判別しているのである。

ところが、私たちはいつの間にか宗派仏教のなかに入り込んでしまって、真宗の教えも、天台宗の教えも、日蓮宗の教えもそれぞれが仏教であり、その一つが真宗であると、そのような宗派仏教に甘んじている。親鸞における選択本願は絶対にそのようなものではなかったであろう。真実の教行証を明らかにし、ここにしか真実はないという、厳しい選択である。そういう意味で親鸞による七祖を、いろいろな教えがあるなかの一つの伝統であると捉えていたのでは、親鸞の真意は開顕されないであろう。これこそ仏教の、特に大乗仏教の基本であり、最も大事な本流なのである、と確信して行かなければならない。

確かに方便としていろいろな教えがあるが、これこそが真実の伝統である、ということを七祖によって表明した。しかしそのことによって当時の顕密の各宗からの弾圧を受ける。法然の「本願を信じ念仏をする、そして仏に成っていく」という教えに対して、それは仏教ではないという批判が渦巻いたなかで、それこそが真実の仏教であるということを証明しようとした大きな努力が七祖という伝統を作り上げていったのである。

その七祖の中身が、特に龍樹の中身が、単に「楞伽懸記」という『入楞伽経』の授記だけに基づいて、釈尊から龍樹へという流れを考えるのでは、少々頼りないであろう。授記、つまりそれはあくまでも預言であるが、親鸞はその預言によって釈尊から龍樹への相伝を押さえたということ、そこには、そうでなければならないという親鸞の深い洞察があったという以外にない。しかし現在の新しい学問からすれば、そのことが上述のように証明することが出来る。そういう状況になっているのである。

現代の私たちは、学問的に研究対象を押さえながら、次の段階へ進んでいくのだが、もし「楞伽懸記」の中身が近代仏教学によって明らかになった龍樹の仏教と全く異なった内容となっていたら、面倒なことになるが、しかしぴったりと一致しているのである。そういうことを考えても、親鸞の大乗仏教を見ていく視野・学びの鋭さ、深さというものを感じないではいられない。

親鸞は、「本願を信じ、ただ念仏せよ」という、ただそれだけでいいという、法然の一言に信順し、真実の仏教を求めながら、私のような者でも救われていく仏教とは何か、と自らが救われていく道を求めていく、その視点にたって本願を見定めていく。その透徹した思索力と、法然に対する一心の帰依が基本となっているのみである。

親鸞にとって『無量寿経』は所依の経典であるが、そこには四十八願が説かれている。しかし四十八願すべてを重要視しているわけではない。このなかから、『教行信証』の所依の本願として八願を選び取っている。この選び取った八願のなかに、大乗の仏道体系にとって欠くことの出来ない四願がある。その四願とは「証」における第十一願（必至滅度）と第二十二願（必至補処）、「真仏土」における第十二願（光明無量）と第十三願（寿命無量）であり、ともに「さとり」と「すくい」の関係を内実とするものである。その仏道体系の上で、第十八願（「念仏往生＝至心信楽」）が所依とされている「信巻」がある。ここに、「さとり」と「すくい」の実現こそ本願の目的であるということが示されている。この構図は見事である。

最後に、山口益『無量寿経優波提舎願生偈』講読本を基本としている『世親の浄土論』の一文を掲示して、序文の結びとする。

「仏教が歴史的・根源的な形態で実践的に体系づけられていったインドの大乗仏教においては、『凡そ仏陀の教法なるものは仏の本願の成就としてわれわれに廻向せられている事実である』ことが教えられている。そういうことが大乗の仏道体系においてわれわれの到達した点である。そういう事実が経典として典型的にわれわれに与えられているものが『大無量寿経』である。親鸞聖人の上で言えば、それは諸経和讃（浄土和讃）のなかに収められている『久遠実成阿弥陀仏、五濁の凡愚をあはれみて、釈迦牟尼仏としめしてぞ、伽耶城には応現する』と示された事実である」

以上のことを基本においてこれからの講義をすすめていくことにしたい。

小川一乗

凡例

一、聖教の引用は、『真宗聖典』（東本願寺出版部）所収についてはそれを依用し、原則として、延べ書き文を用いた。
一、「真仏土」巻の本文については、親鸞聖人全集『教行信證2』（親鸞聖人全集刊行会、昭和三六年五月三〇日刊行）によって、各段落の終りに〈本文〉として掲示した。
一、浄土三部経の中、『無量寿経』と『阿弥陀経』のサンスクリット原典からの和訳は、藤田宏達訳『梵文和訳　無量寿経・阿弥陀経』（法藏館）を用いた。
一、初期経典（『ダンマパダ』『スッタニパータ』）の和訳は、原則として『ブッダの詩Ⅰ』（原始仏教七、講談社）を依用した。
一、その他の引用文については、その都度、出典を付記した。
一、漢字は、特別な用例以外は現行字体とした。

第一部　「真仏土」解釈《げしゃく》のための序説

第一章　「真仏土」は「証の中より開く」

『顕浄土真実教行証文類』六巻の中にあって、「自教至証」において教・行・信・証の真実が開示された前四巻を受けて、真実の仏と土を顕かにしているのが第五巻「真仏土」巻である。この「真仏土」については、「証の中より開く」と講説されているように、「証」巻と直結しているのが「真仏土」である。従って、「真仏土」を講読するためには、それに先だって「証」を管見しておかなければならない。

「証」は、往相回向を示す必至滅度の願（第十一願）と、還相回向を示す必至補処の願（第二十二願）を内容としている。往相とは迷いからさとりへ、凡夫（迷者）が仏（覚者）となる動向であり、還相とはさとりから迷いへ、仏が如来となって凡夫にさとりを得さしめる動向である。先ず、往相回向について次のように開顕している。

謹んで真実証を顕さば、すなわちこれ利他円満の妙位、無上涅槃の極果なり。すなわちこれ必至滅度の願より出でたり。また証大涅槃の願と名づくるなり。しかるに煩悩成就の凡夫、生死罪濁の群萌、往相回向の心行を獲れば、即の時に大乗正定聚の数に入るなり。正定聚に住するがゆえに、必ず滅度に至る。必ず滅度に至るは、すなわちこれ常楽なり。常楽はすなわちこれ畢竟寂滅なり。寂滅はすなわちこれ無上涅槃なり。無上涅槃はすなわちこれ無為法身なり。無為法身はすなわちこれ実相なり。実相はすなわちこれ法性なり。法性はすなわちこれ真如なり。真如はすなわちこれ一如なり。しかれば弥陀如来は如より来生して、報・応化種種の身を示し現わしたまうなり。

ここにおいて、真実の証とは、必至滅度の願による無上涅槃という極果であると確認される。必至滅度の願は、次のようである。

たとい我、仏を得んに、国の中の人天、定聚に住し必ず滅度に至らずんば、正覚を取らじ。
（聖典一七頁）

この願文のサンスクリット原文は次のように和訳されている。

もしも、世尊よ、かのわたくしの仏国土に生まれるであろう生ける者たちが、すべて、大般涅槃にいたるまで、正しい位（正性）において決定した者とならないようであるならば、その間は、わたくしは無上なる正等覚をさとりません。（六〇頁）

この願文によって明らかなように、「滅度」とは「大般涅槃」、すなわち「無上涅槃」である。この点については、後に詳しく言及するであろう『浄土三経往生文類』における「大経往生」（本書二四八頁以下）に対する、親鸞の説明によっても明確であるように、本願を説く『無量寿経』における往生である「必至滅度」という願果は、必ず衆生が「真実報土」にいたり、「無上涅槃」のさとりをひらくと明快に説明されている。そのことが明らかになった時、すなわち、必至滅度という「往生回向の心行を獲れば」、私たちは「煩悩成就の凡夫、生死罪濁の群萌」であるが、そうであっても、「即の時に大乗正定聚の数に入」り、「正定聚に住するがゆえに、必ず滅度に至る」のである。そのことを『浄土三経往生文類』では「現生に正定聚のくらいに住して、かならず真実報土にいたる」と説明されている。ここに明示されているように、「滅度」とは「真実報土」であることは言うまでもない。

次に、還相回向について、

それ真宗の教行信証を案ずれば、如来の大悲回向の利益なり。かるがゆえに、もしは因もしは果、一事として阿弥陀如来の清浄願心の回向成就したまえるところにあらざることあることなし。因浄なるがゆえに、果また浄なり。知るべしとなり。

二つに還相の回向と言うは、すなわちこれ利他教化地の益なり。すなわちこれ「必至補処の願」より出でたり。また「一生補処の願」と名づく。また「還相回向の願」と名づくべきなり。

と開示され、さらに巻末は次にように結ばれている。

しかれば大聖の真言、誠に知りぬ。大涅槃を証することは、願力の回向に藉りてなり。還相の利益は、利他の正意を顕すなり。ここをもって論主（天親）は広大無碍の一心を宣布して、あまねく雑染堪忍の群萌を開化す。宗師（曇鸞）は大悲往還の回向を顕示して、ねんごろに自利利他の深義を弘宣したまえり。仰ぎて奉持すべし、特に頂戴すべしと。

ここに明らかなように、往相と還相という動向はともに、阿弥陀如来の大悲・願心により回向されて成就していること、すなわち、他力なる本願によって回向されていることが力説されている。従って、仏（覚者）が如来となって凡夫（迷者）を救済する還相という動向についても、それは本願力の回向によるものであり、そのような内容となっている必至補処の願が還相回向の願として取り上げられている。それは次のようである。

たとい我、仏を得んに、他方の仏土のもろもろの菩薩衆、我が国に来生して、究竟して必ず一生補処に至らん。その本願の自在の所化、衆生のためのゆえに、弘誓の鎧を被て、徳本を積累し、一切を度脱し、諸仏の国に遊んで、菩薩の行を修し、十方の諸仏如来を供養し、恒沙無量の衆生を開化して、無上正真の道を立てしめんをば除かん。常倫に超出し、諸地の行現前し、普賢の徳を修習せん。もし爾らずんば、正覚を取らじ。（聖典一八～一九頁）

この願文のサンスクリット原文は、次のように和訳されている。

もしも、世尊よ、わたくしが覚りを得たときに、かしこの仏国土に生まれるであろう生ける者たちが、――大いなる鎧を身にまとい、一切の世間の利益のために鎧を身にまとい、一切の世間の利益のために専心し、一切の世間〔の人々〕を般涅槃せしめるために専心し、一切の世界において菩薩の行を実践しようと欲し、一切の仏たちを恭敬しようと欲し、ガンジス河の砂に等しい生ける者たちを無上なる正等覚に安立させ、さらにその上の行に向かい、サマンタバドラ（普賢）の行に決定した、これら菩薩・大士たちの特別な諸誓願を除いて――すべて、無上なる正等覚に対して、一生だけ〔この世に〕つながれた者（一生所繋）とならないようであるならば、その間は、わたくしは無上なる正等覚をさとりません。

（第二十一願、六三頁）

この還相回向の願において、必ず仏国土への往生が定まっている菩薩たちによって利他行がなされることが内容となっている。菩薩たちの利他行としての本願力によって、私たちの還相が回向されているのである。言うまでもないが、仏国土へ往生した菩薩たちが再びこの世に還ってきて還相利他行という菩薩行を行っているということではない。菩薩自らが仏国土に往生する自利が約束されている菩薩たちの利他行なのである。これが大乗仏教における菩薩行である。

以上の如来の二種回向については、親鸞によって様々に讃えられている。例えば、『高僧和讃』の「天親讃」に、

願土にいたればすみやかに　無上涅槃を証してぞ
すなわち大悲をおこすなり　これを回向となづけたり

（聖典四九一頁）

とあり、続いての「曇鸞讃」に、

弥陀の回向成就して　往相還相ふたつなり
これらの回向によりてこそ　心行ともにえしむなれ

往相の回向ととくことは　弥陀の方便ときいたり
悲願の信行えしむれば　生死すなわち涅槃なり

還相の回向ととくことは　利他教化の果をえしめ
すなわち諸有に回入して　普賢の徳を修するなり

（聖典四九二頁）

と詠われている。また『正像末和讃』においても、

無始流転の苦をすてて　無上涅槃を期すること
如来二種の回向の　恩徳まことに謝しがたし

南無阿弥陀仏の回向の　恩徳広大不思議にて
往相回向の利益には　還相回向に回入せり

往相回向の大慈より　還相回向の大悲をう
如来の回向なかりせば　浄土の菩提はいかがせん
(聖典五〇四頁)

他力の信をえんひとは　仏恩報ぜんためにとて
如来二種の回向を　十方にひとしくひろむべし
(聖典五〇八頁)

と詠われている。

第二章　必至滅度について

第一節　本願とは何か

さて、「証」巻は、「必至滅度」という第十一願と「必至補処」という第二十二願の二願によって基礎づけられているが、言うまでもなく、これらは『無量寿経』に四十八願として説かれている本願の中から取り出された願である。ところで、これらの本願は、大乗仏教において、どのようにして成立してきたのであろうか。これらの本願を説く浄土経典は、初期の大乗仏教のときから成立しているが、それはどのような理由によって説かれるようになったのであろうか。浄土経典において、本願は菩薩の誓願として説かれ、その内容をおしなべて言えば、「自分はいつでも仏に成ることはできるが、一切衆生が仏国土に生まれて仏に成らない限りは、自らも仏に成らない」という内容のものである。このような誓願は課題によって際限なく立てることができる「不可思議の願海」であるけれども、それが具体的な内容をもって項目的に選択されているのが、経典によってその数は異なっているが、数々の本願である。

先ず、このような本願がどうして説かれるようになったのであろうか、そのことを究明するためには、大乗仏教が興起するについての思想背景を確認しなければならない。すでに周知されているように、インドにおいて成立した業報による輪廻転生という生命観は、自らの業（行為）の報いを受けて死に変わり生まれ変わりを永遠に繰り返すと説くことによって、人々に善を行わしめ悪を行わしめないという宗教的倫理として有効な役割を果たしていた。しかし一方において、ヴァルナ（varṇa・肌の色）やジャーティ（jāti・生まれ）という人種や職業（家柄）によって階級的に差別された、後にカースト制度と呼ばれるようになる「生まれの差別」を形成していた。そのような時代の中で釈尊の仏教は誕生した。当時のインドの宗教家たちは、永遠に繰り返される輪廻の世界を前提として、そこからの解脱を求めて様々な思索や実践を行っていた。それに対して、釈尊は業報輪廻によって形成されていた「生まれの差別」を直視した。周知されているように、仏伝文学において釈尊の出家の動機として語られている「四門出遊の物語」では、生・老・病・死の四苦の中から生苦を除いた老人と病人と死人との出会いによる三苦と、その三苦からの解脱を求めて出家修行する沙門との出会いが説かれている。この「四門出遊」の物語には生苦（生まれることが苦である）という生まれの差別が含まれていない。これは釈尊滅後の仏弟子たちによって作られた教理において、例えば十二支縁起説において、生まれることによって老・病・死の三苦があるという関係となり、生は苦の原因と位置づけられ、生まれることそれ自体が苦であるという生苦が因位に置かれた因果関係となっている。そのために、四苦として説かれる生苦は苦として不明確となり、時として、生苦とは「生きることの苦しみ・人生苦」であると解釈されることがある。しかし、これは輪廻転生による生苦が視野に入っていない、行き過ぎた解釈と言わなければならない。その視点から見ると、「四門出遊」の物語は、一般的な人生苦からの解脱という内容になってしまっていると言える。しかしカピラ城外において釈尊が見たものは、生まれそのものが苦であるとしか言いようのない奴隷たちや下層階級のカーストの人々であったに違いない。彼らは過去世の悪業の結果としての生まれであると軽蔑され、虐げられ、足蹴にされ、唾をはきかけられ、地を這うようにして生き、惨めに年をとり、惨めに病み、そして惨めに死んでいく。生苦そのものを生きている彼らのような生活者は城内では決して見受けられなかったのであろう。確かに城内にも奴隷たちはいたが、彼らは身ぎれいにされ、城外にいる奴隷たちそのものではなかったと言えよう。釈尊はその生老病死の四苦そのものの惨めな生き様にショックを受けたのであろう。彼らの命と自分の命との間に作り出されている差別を直視し、生きとし生けるものの命はいかなる命も平等であらねばならないという直観ともいうべき正覚に基づいて、「生まれの差別」を形成している業報輪廻の思想は命への無知が作り出した誤った説であると、それを根本から否定した。そして自らの「命は平等」という直覚を論理的に説明するための「縁起の理法」を発見したのである。

釈尊は正覚のとき、縁起の理法をもって繰り返し繰り返し観察して、すべての命は因縁所生であり因縁仮和合であるという在り方において、すべての命は平等であることを確認し、命を形成している因縁の他に輪廻に流転する自己存在（我）は何も存在しないとして無我を説いた。この縁起の理法によって、業報による輪廻転生はこの世限りであり、再び輪廻に生まれ変わる自己存在はないことを確認し、その初転法輪において、輪廻に流転して生まれ変わる生苦を前提とした死からの解放を「不死の法」の獲得として説いた。そして、死とは入滅であり涅槃寂静であると説いた。命を命たらしめていたすべての因縁が消滅して寂静となったのが死であると説いた。仏教の三法印の一つとなっているこの「涅槃寂静」（涅槃は寂静である）こそは釈尊の往生論であるといえる。言うまでもなく、人間のみが死に何らかの意味を持たせようとする。自己存在に執着する自我が自らの消滅を受け入れることを肯んぜず、必死に抵抗するのである。特に自我意識の強い現代人は死に何らかの意味を持たせた上で、死を受け入れようとする。例えば、死とは再生への出発点であるとか、臓器を提供した相手の身体の中で生き続けるのであるとか、役に立つ死でありたいとか、様々に死の意味を考えるのである。しかし、釈尊は死に何らかの意味があるわけではなく、死とは自然のことわりとしての入滅であり、涅槃に入ることであり、それは寂静であると説いた。

釈尊の入滅のときに、帝釈天が説いたと『大般涅槃経』に伝えられている「無常偈」は、このことを次のように、

諸行は無常である、是れは生じては滅するものである

生じては滅することが、滅しおわって、寂滅を楽と為す
と説いている。この偈の意味については、後にさらに究明したい。
釈尊によって、このような命への自覚が求められたのであるが、輪廻転生が常識となっていたインド社会において、より安楽な世界への転生を求めて止まない人々は、その「涅槃寂静」という命の真実がなかなか受け入れられ難かったためか、そのために、釈尊入滅以後の仏教教団も輪廻転生を前提とするような、仏教教団に対して布施を行った者は天（輪廻の世界である三界にあって最も高位の世界）に生まれることができるという生天説などを説くようになり、それを仏説として組み込んでいくようになるのである。この輪廻転生という発想こそ、自己存在に我執する自我が自らの存続を計った最たるものであり、最も完成された死への意味付けがこの輪廻転生思想であると言えよう。
多くの人々には再生への願望は根強く絶ち難いものであるという事実を切り捨てずに、それらの人々の上に、どのようにして輪廻の世界からの解放を実現するか。そこに、仏を念ずればその仏の国土に生まれることができるという仏国土への往生が説かれる必要があったのではなかろうか。仏国土に生まれさせることによって、輪廻の世界を超えると同時に涅槃・入滅を間接的に実現することになるからである。そのために、菩薩たちは「一切衆生が仏国土に生まれて仏と成らない限りは自らも仏と成らない」という誓願を立て、人々を仏国土へと導いた。ここに智慧のはたらきとしての慈悲が菩

薩の誓願として具現するが、これこそが慈悲行の究極であり、そこに親鸞は大乗の至極を見たのである。もとよりそのような誓願はどのような仏道体系に基づいて立てられているか、ということについて明確にしなければならないが、ともあれ、多くの仏とその国土が説かれたにも拘らず、それらが最終的に阿弥陀如来とその極楽世界に収斂されていくという、そこにそのことが明示されているということができる。それについては、「真仏土」を講読し解釈する中で詳説することにする。

かくして、阿弥陀如来を念ずることによって、その国土である極楽に生まれることを説く浄土経典が、菩薩の本願が成就したという内容を柱にして成立することになる。

第二節　涅槃について

涅槃寂静

前章において管見したように、真実の「証」とは、無上涅槃という極果であり、それは必至滅度の願果に因ることが示され、その無上涅槃の極果という真如から来生する阿弥陀如来によって利他教化がなされる、すなわち、本願力による還相回向のはたらきとなるのである。それでは、その「証」の基本である涅槃とは何かが、次に明らかにされなければならないであろう。

前節において、仏教の三法印の一つである「涅槃寂静」について言及したが、この涅槃についても、たいへん重要な問題であるため様々な解釈がなされている。ともかくも、釈尊の時代にさとりを得た世界を表現した語句としては、輪廻転生の世界から解放されたことを意味する「解脱」ということばがある。ヴィモークシャ（vimokṣa）とかモークシャ（mokṣa）というサンスクリットである。解脱ということばは、仏教だけではなく、ジャイナ教でも、そのほかのインドの宗教でも、さとりによる輪廻からの解放を示すことばとして使用されている。しかし、その解脱のことを、ニルヴァーナ（nirvāṇa・涅槃）ということばで強調したのが仏教の特徴である。言うまでもなく、ニルヴァーナ（涅槃）ということばは、ジャイナ教やその他のインドの宗教においても説かれているが、それを特に強調したのが仏教であると言える。

それでは、そのニルヴァーナということばが、どういう使われ方をしているかを、管見してみると、次のように言われている。

> 不生、不老、不病、不死にして、このうえない安穏なるニルヴァーナを証得した。
>
> （『聖求経』パーリ阿含経『中部』第一巻一六七頁、山口益編『仏教聖典』四五頁参照）

これは、釈尊がさとりを得たときのことを記録した中にある有名なことばである。「不生、不老、不病、不死」とは、生老病死を超えたということであり、そういう不生、不老、不病、不死にして、このうえない「安穏なるニルヴァーナ」が説かれている。

また次のように、

いかなる存在もなくなってしまって、いかなる存在を所有することもなくなった、比類なき島がいまここに存在する——このような島をば、私はニルヴァーナ（涅槃）とよぶ。そこにおいてこそ老いぼれることも死にゆくことも滅し尽きてしまっている。

（『スッタニパータ』第一〇九四偈）

と、ニルヴァーナとは、老や死などの苦からの避難所であり、不老・不死であると説かれ、また、

仏教の真理にもとづいて「さとり」の智慧ある乞食の比丘が、〔身体にひかれる〕欲求にもとづく欲望から離脱して自由になるとき、不死、安穏にして、もはや死にゆくことのないニルヴァーナ（涅槃）の真実在を証得する。

（『スッタニパータ』第二〇四偈）

とも説かれている。あるいは、また、

もし汝、こわれたる鐘のごとく、黙して自ら言わざれば、汝はすでにニルヴァーナ（涅槃）に達せるなり。汝には怒気のあることなし。

（『ダンマパダ』第一三四偈）

と、説かれている。

次のような言い方も有名である。

ともしびのニルヴァーナ（消滅）のごとくに心の解脱があった。

（『大般涅槃経』パーリ阿含経『長部』第二巻一五七頁、『テーリーガーター』第一一六偈その他）

このニルヴァーナとは消滅という意味であり、「ともしびの消滅のごとくに心の解脱があった」という意味となる。

これらの用例について、大乗仏教の思想的大成者とされている龍樹も、同じ意味にニルヴァーナということばを用いている。たとえば、

愛好の思いから愛着が生じる。それをしりぞける者は貪りを離れる。幻の人のように寂離であると見るならば、ニルヴァーナにいたる。

（『六十頌如理論』第五十六偈）

ニルヴァーナを寂離と理解している。幻の人は人として実在しないけれども、幻の人としては存在している。すべてがそのようであると見られることが、寂離であり、そのように見ることによってニルヴァーナに至る。また、

〔世尊は〕生滅を見られてニルヴァーナの道を説かれたが、空性のために説かれたのではない。

（『空性七十論』第二十三偈ａｂ）

生滅変化する流転を静めるために、ニルヴァーナが説かれたのであり、空性を明らかにするために、ニルヴァーナが説かれたのではない、というように説いている。

これらの引用を踏まえて、ニルヴァーナとはどういう意味であるかをあらためて考えてみなければならない。

普通、涅槃とは「蠟燭のともしびをふっと吹き消した状態」であると了解されている。しかし、その場合、「吹き消すこと」という意味であるのか、あるいは「吹き消した状態」という意味であるのか。どちらかと言えば、「ともしびを吹き消した状態」という語義について、「ふっと吹き消すこと」に重点が置かれ、ともしびの炎とは煩悩の炎であり、吹き消すということは煩悩を除去するということであるというように理解されているのが普通である。従って、煩悩の炎を吹き消すことが涅槃であ

るということになっている。

ところで、仏教以外のヴェーダ宗教では、ニルヴァーナとは、ブラフマンの中にアートマンが「消滅」したという意味に使われている。そうであれば、アートマン（ātman・我）の存在を認めない仏教において、そのニルヴァーナ（消滅）が強調されたということは、アートマンによる輪廻転生という生死の苦からすでに解放されているという事実がニルヴァーナという言葉で示されているということになる。従って、ニルヴァーナとは、アートマンが「消滅」した状態を指しているわけであるから、ニルヴァーナということばで説かれようとしたことは、「吹き消すこと」を強調しているのではなく、吹き消された後の「消えた状態」、「滅」のことをニルヴァーナといっているわけである。ところが、吹き消すことにウエートを置くため、ふっと炎が息で吹き消されてなくなるように、煩悩が断除されることが涅槃であると考えてしまっているのが普通である。しかし、「吹き消す」ということに意味があるのではなく、吹き消した後の「消えた状態」である「滅」ということに意味があると、藤田宏達「原始仏教における涅槃」（『印度学仏教学研究』三七巻一号）の中で、次のように説明されている。

一般に涅槃の原義を「煩悩の火を消すこと」と説明しているが、しかし実際には「吹く」という意味はなく、これをたとえば蠟燭の火を吹き消すようなイメージで解するのは不適当といわねばならない。漢訳でも nibbāna（ニルヴァーナのパーリ語形―小川註）を意訳する場合には、「滅」

「寂滅」「滅度」などを当てており、「吹く」という意味はまったく示していない。したがって、それは同じく解脱を表すnirodha（止滅）の訳語と共通している。

この説明を見るとよくわかるが、ニルヴァーナというのは、「滅度」とか「寂滅」とかいわれている在り方を意味している。それをたとえて、「蠟燭の火を吹き消した状態」といっているわけである。従って、言語的には「止滅」という意味のニローダということばと同義語であり、静けさという意味である。

すなわち、アートマンの存在を否定して、無明による輪廻転生から解放され、そこに安らぎを得た、それが涅槃である。従って、涅槃は、煩悩を除去した状態になるということではなく、自己存在の真実が明らかになり、安心して生きられる事実が明らかになったときの世界を表明したものである。死が不死となり、生が不生となった世界である。そこに安穏にして寂滅の世界があり、それが避難所、より所としての洲ともなる。

生老病死が苦悩という意味を失って、生老病死から解放された安穏な静けさ、それが涅槃である。それが不生、不老、不病、不死としての涅槃である。

現法涅槃

涅槃とは寂滅とか静けさという状態であるから、この現世において涅槃を得るということは、釈尊の仏教においては当然であったのであり、この点についても、先の藤田論文の中で、「涅槃はこの世において得られるとするのが仏教の基本的立場である。」と明言されている。ここに、「涅槃はこの世において得られる」と明言されているのは、「現在世における涅槃（dṛṣṭa-dharma-nirvāṇa）」という用例によるものであり、「現法涅槃」とか「見法涅槃」と漢訳されている。それをことばどおりに訳出すると、「認識された法としての涅槃」という意味であり、この現在世において、涅槃は認識されるものであるということである。認識された法という場合の「法」とはなにか、と言えば、釈尊にとっては、代表的にはそれは「不死の法」であり、その内実は「寂滅・安穏・避難所」などといわれているものである、と言ってよいのではなかろうか。この「現在世における涅槃」は、龍樹によっても用いられ、

無明を縁として生じているものには、正しい知識をもって観察するとき、生も滅も何らのものも認識されないであろう。

それこそが、「現在世における涅槃」であり、また、「成すべきことが成されたこと」である。

（『六十頌如理論』第十偈〜第十一偈ａｂ）

と述べられている。

従って、涅槃とは、特定の精神状態とか、煩悩が実体的に消滅した状態とか、そういう事柄ではなく、「縁起」によって如実に知見されたとき、生死が不生不死となり、自らの命の真の在り方が明らかになった、その真実に対する自覚を得たときの静けさ、安らかさ、それを「涅槃」というのである。さらにいえば、涅槃というのは、生死流転しているその生死が生死のままで流転でなくなった状態、生死しながらその生死を超えた世界の発見である。生と死の中に生きながら不生が知見され、不死が知見され、真実が明らかになった世界、それを龍樹は「空」の世界と表現しているが、それが寂滅の世界であり、涅槃の世界である。

ところが、実体的に煩悩があって、蠟燭の火を吹き消すように、その煩悩を完全に取り払ったのが涅槃である、そこに煩悩を滅尽した自体として存在するのが涅槃であると考えようとするならば、煩悩が滅尽した状態としての実在が涅槃となり、涅槃は生死と断絶した別の存在となるから、現在世とは無関係な事柄となってしまう。言い換えれば、生老病死という苦悩がそのまま実体的に考えられ、それがなくなった世界が涅槃であると考えるとき、生死にあるかぎり、涅槃は生死が虚無となった別の世界の事柄となる。すなわち、生死が終わった死後に実在する他界世界となる。そうではなく、この縁起している生死が実には、そのまま本来的には不生不死であったという知見によって得られるのが涅槃である。

二種涅槃界

ところが、釈尊入滅の後、初期の仏教が終焉を告げるころに、煩悩を取り払った状態が涅槃であると、涅槃を実体的に考える傾向が生まれ、その頃に仏教では二種の涅槃界というものを考え出すのである。二種類とは、有余依涅槃界と無余依涅槃界である。この有余依涅槃界と無余依涅槃界が、その後の仏教において説得力を持って仏教の涅槃論として定着する。

実は、この二種涅槃界については、仏教の独自の発想ではなく、インドの宗教一般でも、解脱について生前解脱と離身解脱という二種の解脱が考えられていた。生前解脱とは、この世で解脱することであり、離身解脱とは、この肉体を離れてから解脱することである。これがインドの宗教の一つの常識であった。インドの宗教一般における解脱とは、正統的には梵我一如ということである。私たちの迷いの生存の主体であるアートマン（我）がブラフマン（梵）に帰一したときに解脱がある。それを生きている間に実現するか、死んで肉体が滅んでから実現するかという二種解脱が考えられていた。生前において、すでにアートマンがブラフマンの中に没入した、深い瞑想の中で自らのアートマンがブラフマンの中に消滅してしまったという自覚が実現したときに、その人は生前解脱を得たことになる。しかしそうではなく、輪廻を繰り返す中で、身体が消滅した死後に、身体から離れたアートマンがブラフマンと一体になるというのが離身解脱である。

こういう二種類の解脱論が説かれていたことに影響されて、仏教においても二種涅槃界が説かれるようになったと考えられる。従って、二種涅槃界を説くようになったことによって仏教は、また一歩インド一般の宗教に近づいたということにもなる。

ところで、肉体を持っている間の涅槃が有余依涅槃界であり、肉体がなくなったときの涅槃が無余依涅槃界であるが、そのように二種の涅槃界が考えられるようになったのは、実は、そこに業の思想が絡んできたからである。釈尊なき後の仏弟子たちの仏教が、業報によって過去、現在、未来という三世にわたって輪廻するという業論を仏説として説くようになったことから、身体がある間の涅槃界と、身体がなくなった後の涅槃界という解釈が作り出されたといえる。

略説すれば、ただいまのこの世において仏教の教えに出会って、精神的な意味で仏教のさとりを得て解脱したとしても、この身体は、過去世の煩悩と業によって作られたものであるから、汚れたものである。従って、この身体がある間は完全な解脱は得られない。そういう意味で、身体がある間の涅槃界というのは、不完全な涅槃界ということになる。

過去世の煩悩と業の結果として、現在世のこの身体があると考える以上は、完全な涅槃界はこの現在世において実現できない。しかし、この世において仏法を通して解脱して、死んで来世において煩悩と業の残余としてのこの身体がなくなったときに完全な涅槃に至る、それが無余依涅槃ということになる。これは身体が灰になったら得られる涅槃である。過去、現在、未来という三世にわたる業報輪廻という生命観を仏説として受け入れてしまった仏弟子たちの仏教においては、そのようにしか解釈できないのである。そう解釈しないと、業報輪廻が成り立たなくなる。それ故、この無余依涅槃について、中国仏教では半ば皮肉を込めて、「灰身滅智」といわれている。肉体が灰になって、心も滅してしまうと完全な涅槃となる。そのようであれば、身も心もなくなってしまったいわゆる虚無の状態になったときが涅槃であるということになる、そのことに対する皮肉がそこに込められているのではないかと思われる。

ともかく、教理的には、過去世の煩悩と業によって作り上げられた現在世の身体があるかぎり、この世では完全な涅槃は得られないという理屈になる。それをもうすこし別な面から見ていくと、涅槃が煩悩の断除という形で強調されていって、煩悩を取り払ってしまうことが涅槃であると定義づけられていくことによって、この世で涅槃は実現されないという方向性を取っていくことにもなる。しかも、煩悩を取り払ってしまうことは、どうしても無理なわけであるから、そういう無理な、実現不可能なことが煩悩を実体視することによって説かれるようになって、その結果として、死んで、また生まれ変わって、また死んでというように輪廻転生を続けないと解脱者としての仏になれないといった論理が展開されることにもなっていった。そのように、煩悩とか涅槃を実体視することによって、仏道の実現が不可能な事柄として説かれるようになっていき、さらに、それに業の思想が結び付いて二種涅槃界という教理が作られ、それが仏教の中に定着し、その後の仏教の涅槃論として大きな影響力を持っていくことになる。

縁起と涅槃

とにかく、涅槃とは煩悩を断除することによって得られるという、「煩悩の炎を吹き消すことによって得られる」という教理的な定義づけを行うのは仏弟子たちのアビダルマ仏教においてである。釈尊の場合の涅槃とは、すでに管見したように、決してそういう意味ではなく、心の静けさ、心の平和、そういう意味で涅槃ということばが用いられている。それは解脱と同じ意味で使われているわけであり、実現不可能な、生死を否定した状態になることを涅槃と言っているわけではない。私たちの存在それ自体が縁起であり、無我であるという、そういう身の事実が明らかになったときに、いままで煩悩に振り回されていた世界から解放されて、安らかな世界へと身を置くことができる。煩悩の中に生きながら、煩悩にとらわれずに、もっと宗教的な表現をすれば、自らの存在をいただきものとして煩悩と共に生きていける世界が明らかになったということである。極言すれば、煩悩さえもいただきものとしていく世界である。煩悩はそれから逃げ回らなければならないものであり、断除しなければならないものであると思いこんでいた世界を超えて、煩悩もいただきものであり、縁起であると、そのことが明らかになったときに、私たちは煩悩を起こして生きながら、そこに平和があり安らぎのある世界を見いだすのである。そういった在り方が煩悩の滅ということの実質であり、それが寂滅ということである。釈尊が縁起という道理によって説き明かした平等なる命の真実が明らかになったときに、なにかをしなければいけないとか、なにかをしてはいけないとか、そういう束縛がなくなって、すべてが受け入れられていく世界が開かれてくる。そういう世界に目覚めたとき、私の身ががんじがらめに縛っていたものから解放される。それが解脱ということであり、解放されたという実感を寂滅という。それをニルヴァーナと表現したわけである。

私たちの存在は縁起のうえに成り立っているのであって、私をして私たらしめている因縁とは別に、「私」という何かが存在しているわけではない、それが身の事実としての涅槃の世界である。しかし私たちは、この世に生きているかぎりは縁起による仮の生死を生きている。身の事実としては自己存在はゼロ（空）であるという涅槃の世界にありながら、仮りの身として生死を生きているのである。現に生死を生きていながら、関係性を取り払ってしまえば、「私」という確かな存在はなにも存在していないということである。何らの存在としてもありえていないのに、関係性によって仮に身を置いているのが私たちの生死の世界であるから、その関係性の中に生きるということが生死を生きるということであり、その関係性の中において生死し煩悩を生きなければならない。ときには清らかな心を生じることもあり、ときには汚い心を生じることもあるが、それはすべて関係の中においてあり得ているのである。業縁のままに生きているということである。親鸞は「さるべき業縁のもよおせば、いかなるふるまいもすべし」（『歎異抄』第一三条、聖典六三四頁）と言われている。私の心がよくて善いことをしたのでもない。私の心が悪くて悪いことをしたのでもない。すべては縁起であり、すべてが縁に遇って成り立っているということである。

寂静ということ

そのように、縁起の事実に目が開かされると、私たちは自由になる。善いことをしなければならないという束縛からも自由になるし、悪いことをしてはいけないという束縛からも自由になる。そうすると人間は放逸になるのではないかと懸念することは無用である。放逸になるべき縁に出遇わないかぎり、絶対にそうはならない。それが解脱ということばで言われている世界である。そういう世界は、たぶんニルヴァーナとしか表現できないのであろう。以上のように、釈尊は心の安らぎとか静けさというものを内実とする解脱の世界をニルヴァーナ（涅槃）といっているのである。

ところで、『阿含経』において、例えば、

舎利弗よ、涅槃、涅槃というが、友よ、涅槃とは何をいうのか。貪欲の滅、瞋恚の滅、愚癡の滅、これを涅槃という。

（パーリ阿含経『相応部』第四巻二五一頁）

という偈に代表されるように、煩悩の滅が涅槃であると、随所に説かれている。これまでの論究からすれば、これは一体どのように了解されなければならないのであろうか。この涅槃と煩悩との関係について、「煩悩の炎を吹き消すこと」が涅槃であると了解しているのがアビダルマ仏教であるが、そこでは、身体（個体存在・身と心）と煩悩とを実体的な存在と設定し、身体から煩悩が除かれたとき、すなわち、身体から煩悩が排除され分離されたのが涅槃であると考えられた。その実体論に立って、身体と煩悩とを分断することによって、例えば、「客塵煩悩　本性清浄」（煩悩は遇来的な存在であり、身体は本来的には清浄である）と説くが、これが大乗仏教において昇華されて仏性思想となった。また、身体は過去世の煩悩による業（行為）の結果としての、煩悩の果報であるという業報輪廻を説くが、これが大乗仏教において昇華されて唯識思想となった。しかし、仏性思想も唯識思想も、そのルーツであるアビダルマ仏教の実体論を払拭しきることができずに、時として、仏性思想における「仏性」や、唯識思想における「アーラヤ識」が実体的に思索されてしまったという教理史を持っている。それに対して、そのアビダルマ仏教の実体論を徹底的に批判したところに確立されたのが龍樹の仏教である「空性」思想である。

この「空性」思想に基づいて、釈尊の「涅槃寂静」を了解しようとするとき、吹き消すということが重要なのではなく、吹き消された状態にたとえられる静けさ安らぎが、ニルヴァーナと言われているということになると、「煩悩の滅」とはいったいどのように了解されなければならないのか。そのことについて、いま一度確認する必要がある。それについては、滅（ニローダ）というのは「消滅」ということではなく、「コントロールすること、抑制すること」であると説明されることがある。たしかにニローダというサンスクリットの語義にはそういう意味があり、滅とはコントロールする、抑制するということであって、けっして除去するということではないということになる。このように、煩悩をコントロールするのが仏道修行である。難行苦行によって自分の欲望を抑えコントロールすることが、「煩悩の滅」であると解釈することもできる。

しかし釈尊は、そういうことは無駄であったと六年間の苦行を通して明らかにされたのである。煩悩とは、身を律する苦行とか難行とかによって抑制できるものではないかと考えて、釈尊もそれを実践したが、六年間の苦行の結果として、釈尊はそれが無駄であったとさとったのである。そうすると、釈尊が説かれた「煩悩の滅」とはどういうことになるのであろうか。そのことについて、釈尊は、苦行などによる煩悩の断除ではなく、煩悩の実態を明らかにするための瞑想（三昧、禅定）を重んじ、瞑想をさとりに至る大切な手段としている。瞑想とは「心一境性（心を一つの対象に集中すること）」がその内実であるから、精神を統一し集中力をもって煩悩とは何かを問うということである。そのことによって、煩悩の非実体性が見極められていくのである。

それについて、空・ゼロという龍樹の仏教に立つとき明らかとなる「煩悩を滅しようともせず、煩悩が現にないわけでもない」という、煩悩の在り方が確認される必要がある。煩悩を滅しようとする確かな私が独自的に存在しているのでもなく、そうかといって関係性の中で煩悩を生きている私がいないわけでもない。そのような縁起の事実が明らかになったときに、煩悩の滅がある。煩悩を滅しようともせず、だからといって煩悩がないわけではないという、縁起している自己における煩悩のあり方が明らかになったときに、煩悩を生きながら煩悩に束縛されないという状況が、煩悩の滅ということの実質となる。

『十住毘婆沙論』（非行品）の中に「空を修せば放逸ならず」と説かれているように、煩悩にとらわれないということは、なにも煩悩だけにとらわれないということではなく、「この私の生命は私の生命ではなかった」という「空」の知見がそこにあるのであるから、おのずと仏道を歩む者としての自覚が生まれてくることになるのである。その自覚において、煩悩のままで心が安らかになる。そういう状態が煩悩の滅ということばによって意味されていると了解される。釈尊は、自分の身を律して、難行苦行によって、命の瀬戸際に至るまで、煩悩を抑制しようとしたけれども、それが無駄であったと知って菩提樹の下でさとりを開いた。そのさとりとは、このような身の事実が明らかになったということである。それ故にこそ、成道のときに、「不生、不老、不病、不死にして、このうえない安穏なるニルヴァーナを証得した」と述懐されているのである。

「無常偈」

このように、涅槃ということばで説かれようとした事柄は、自己の命の真実、それは「縁起」という真実であるが、そこに目が開かされたときに、いままで不安であったり、恐ろしいと思っていた思いが解消してしまう。静かな心境になる、安らかになる。けっして煩悩がなくなったわけではないが、煩悩があるままに、しかも安らかになるという、そのような真実に目覚めた心の安らぎ、落ち着き、それを釈尊はニルヴァーナ（涅槃）と説かれたのであるが、それを論理的に表現すれば、「縁起」という真実と、その真実への目覚めとが一体となったところに表現されているのが涅槃であるといってよい。

この涅槃を考えるうえでは、先に示したように、釈尊入滅のときに説かれた「無常偈」が重要ではないかと思われる。

諸行無常（諸行は無常である）
是生滅法（是れは生じては滅するものである）
生滅滅已（生じては滅することが滅しおわって）
寂滅為楽（寂滅を楽と為す）

この「無常偈」は、たいへん重要な偈文であるため、『阿含経』の中に七回ほど見出されるが、これについて、山口益著『仏教思想入門』（一六三頁）の中で、次のように説明されている。

ここでは五蘊の中の行蘊が、「諸行」といってとりあげられて、人間の現存在のすべてが表示せられている。従って「諸行」とは、縁起せるもの、すなわち相互に関連しあい・条件づけられた状態にあるものという意味で、そういう条件づけられた状態にあるものは、条件のおかれ方でうつり変わる（無常）。条件がそなわっていなければ消え失せてゆく。これが人間存在に関する事々物々の上に定まっている自然（おのずから）な道理である。それがおのずからなまことの道理であることがわかってみれば、「ものがうつり変わり消え失せてゆく」そのままに、さからわず随順してゆくことが寂静であり、そこに安定があり、悦楽がある。

ここでいちばんわかりずらいのは、第三句目の「生滅滅已」という一句である。第一句目の「諸行無常」と第二句目の「是生滅法」というのは、すべての作られたものは無常であるということで、これはわかりやすい。因縁によって作られたものであるから、因縁の変化によってどのようにでも変わっていく。従って、そういう者は生じ滅する存在である。そしてその「生じては滅することが滅しおわって」というこの第三句目について、ここでは、「おのずからな自然の道理」というように説明されている。生じては滅するということが自然の道理であり、その自然の道理に目を開いてみれば、そこに、おのずと生じ滅していくその世界をそのまま引き受けていく知見が得られるところに、静けさ、寂静があり、その寂静は悦楽、安らぎを内容としたものである。そのことが第四句目の「寂滅為楽」である。こういうように説明されている。もうすこし解釈していえば、それはすべて縁起であって、生ずる主体もなければ、滅する主体もない。生ずる私があるわけでもなく、滅する私があるわけでもない。因縁のままに私は生じ、因縁のままに私は滅していく。そういうことが明確になったならば、私という存在は確かな存在として、実体的に存在していないということが明らかになる。そのように私というものが実在していると思っていた執われが滅して、その執われが滅しおわったときに、すべてを引き受けていける。そこに寂静がある、寂滅がある。自分がなにか残っていて、すなわち、ああしなければならない、こうしなければならないという私が残っていると、すべてを受け入れるということはできない。やはりそこでは、「私が」といって頑張らなければいけない。けれども、「私が」といって頑張る自分が因縁のままに生滅している仮の存在であるということが明らかになり、自分を実在として見る見方が滅しおわる。つまり、自己存在に対する執着とか我執とか、そういったものがなんら根拠のないものであることが明らかになった、そういう自己存在の真実が明らかになったとき、それが寂滅であり、その内実は、安楽である。それが「生滅滅已、寂滅為楽」というこの「無常偈」の第三句と第四句の意味である。

そうすると、最後の「寂滅為楽」というのがニルヴァーナであり、「涅槃寂静」に他ならない。ニルヴァーナは寂滅であって、その内実は為楽（安楽となる）である。人間として生まれた喜びだとか、ただいま自分がここに存在している、自己存在に対する安らぎであるとか、そういったものを私たちのうえに実感させる真実に出会う、そこに寂滅としての涅槃があるということができる。

このようであるとき、ここに、親鸞によって『正信念仏偈』の中にも述べられている「不断煩悩得涅槃」（煩悩を断ぜずして涅槃を得る）という大乗仏教における煩悩と涅槃との基本的な関係を伺うことができるであろう。

第三節　無上涅槃と「大経往生」

涅槃と死

ところで、涅槃という事柄は、釈尊の入滅を主題としている『大般涅槃経』が、アビダルマ仏教においても大乗仏教においても説かれているように、死の問題と無関係には語り得ないであろう。それでは仏教において死とはどのように了解されているのであろうか。現代人は、死については、実証主義の立場から自らに証明できない事柄とし、死後のことは死んだ後でないと分からない事柄として不問にし、その問題を棚上げしている。ちなみに、『広辞苑』などによると「科学」とは常識的には「経験的に実証可能な知識」によって成り立っている。そうであれば、死後は経験的に実証不可能な事柄となり、科学的に分かる事柄ではないことになるからである。このように、科学的に分かるということだけが「分かる」ということであると思い込んで、科学主義に陥っているのが現代人であるが、その現代人といえども、やはり死への恐怖や死後への不安を胸に秘めていることは言うまでもない。この死という事柄について、仏教ではどのように了解されているのであろう。死とは「入滅」であるというのが、仏教の了解である。そのことを了解するための道理が、釈尊によって発見された「縁起」であることは周知の通りである。すでに関説したように、縁起の道理とは、私たちは無量といってよいほどの多くの因縁の連帯によって成り立っているということであり、しかも、私たちは一秒過去の自分に触れることもできないし、一秒未来の自分に触れることもできない、ただ今の一瞬として存在しているこの瞬間の自分にしか触れることはできない。しかも、この一瞬の存在は数限りない条件の連帯によって存在しえているという事実が縁起の道理によって明らかにされているのである。ただ今の自分を自分たらしめている因縁の十や二十は数え上げることはできるが、その全てを数え上げることは不可能である。仏教で不可思議というのはそういうことである。神秘体験とか超能力という、人間の知性を無視した訳の解らないことを不可思議というのではない。

例えば、ガンジス河の砂が一つ一つの砂によって成り立っていることは、誰にでも分かるが、その砂のすべてを数え上げることはとてもできない。数に限りがあるわけだから、必ず数えきれるはずだが、人間の知識・分別ではとても間に合わない。人間の知識・分別の限界を超えている、人間の知識・分別の頭が下がる、そういうことを不可思議というのである。人間の知性を最初から否定しているのではなく、それを前提としながら、それが間に合わない、人間の知性の頭が下がる、それは不可思議としか言いようがないのである。そういう不可思議な因縁によってただ今の自分は生かされている、不可思議な命を生きている、そういった自己存在を感動をもって自覚し、人生の一瞬一瞬を感激をもって生きられる原動力となるもの、それが縁起という道理の持つ意味である。

ゼロの発見

もう少し付け加えると、私という存在が先ず存在していて、その私が諸々の因縁と係わりあって、その関係性の中でただ今の私が存在しているということを縁起というのではなく、諸々の因縁によって私という存在が仮そめに「私」としてただ今ありえているということが縁起ということである。諸々の因縁の外に私が存在しているということではない。私は本来ゼロであるという、ゼロの発見が縁起ということであると龍樹は説き明かしている。それを「空」という。本来的にはゼロ・空であるのに、諸々の因縁によってただ今の一瞬として存在している、このことは不可思議としか言いようがない。それが釈尊の説いた「縁起」ということの内実である。

ともかく、釈尊の仏教の基本は、縁起ということであり、それは空ということであり、それはゼロの発見である。そのゼロの発見ということに基づいて、「無我」ということが仏教の基本となっている。それはどういうことであるかといえば、これについてもすでに関説したが、無我の「我」の原語はアートマン（ātman）で、過去・現在・未来の三世に流転する輪廻転生のための、人間の六識では確認できない霊的な主体存在を意味している。身体が消滅しても、アートマンは永遠に存在する霊的実在として消滅することなく、前世の業（行為）の果報を次の後世に継続させる業報輪廻の主体である。そのアートマンの存在を当然のこととして輪廻転生を説くのがインドの宗教の基本である。それを無我として根底から否定したのが仏教である。

業報による輪廻転生にとって不可欠なアートマンの存在を無我として否定することによって、釈尊をはじめ、六師外道としてその見解が示されている沙門たちは、輪廻転生を否定し、或いは輪廻転生からの解脱を説く。これに対して、インドの宗教一般では、アートマンの存在を前提として、そのアートマンによる輪廻転生から如何にして解脱するかということを問題とする。ここに沙門たちの教えや釈尊の仏教とインドの正統的な宗教との基本的な相違がある。仏教は縁起という基本道理によって無我を説き、アートマンの存在そのものを否定することによって、輪廻転生からの解脱を説くのである。その縁起を説いた釈尊は、成道のとき以来、随所で、

これが最後〔の生〕であり、再び迷いの生存〔有・輪廻〕に生まれ変わることはない。

と説くのである。仏教の縁起・無我・空という基本思想に立てば、これは当然なことであり、もともと存在していないものが輪廻転生するはずがない。例えば、この点に関して、釈尊によって、

つねに瞬時をおかず、あるがままにいまここの存在を自覚しつつ、自我に固執する見解をうち

破って、ここなる世間的存在は「空」であると観よ。そうすれば、死を乗り越えることができるであろう。このように世間的存在を観る人を、死の王は見つけることがない。

（『スッタニパータ』第一一一九偈）

と、輪廻に転生する死からの解放が説かれている。また、次のように、

かくして過去についても、未来についても、現在についても、身体について我がものという思いがまったくないならば、何ものも存在しないからといって、悲嘆することもない。実にかれは世の存在でありながら年老いることもない。

（同九五〇偈）

とも説かれている。私たちは身体について、それは自分のものであると思いこみ、自分は本来的には存在しないといわれれば寂しいと悲嘆する。それだから老いるということが苦悩となるが、しかし、私の存在が縁起であり、もともと空であり、本来的には存在していないものであるならば、存在しないものが老いるはずもない。仏教の原理からいえばそういうことになる。

これと同じことを、大乗仏教の祖師である龍樹は、

自性（本質）として「空」であるとき、その方について、「仏陀は入滅後に存在する」とか、「存在しない」とかと考えることは、道理に合わない。

（『根本中論偈』第二十二章第十四偈）

とも述べている。これが仏教の原理である。従って、仏教では仏陀（釈尊）は死んだとはいわず、「入滅した」という。仮そめに釈尊として縁起していた存在が滅に入った。本来的にはゼロであり空である、その本来的な在り方に戻ったということで、入滅というのである。

救済原理としての「入滅」

このように、仏教は原理としては業報による実体的な輪廻転生を否定しているが、釈尊は「悪行を行えば地獄の苦しみを受ける」といったようなことを屢々説いていて、『法句経』の中には「地獄編」というまとまった一章すらある。しかし、釈尊によって輪廻転生という事柄が肯定的に説かれているわけではなく、仏教によって明らかにされた自己存在の縁起・無我・空という在り方についての無明・無知の世界での事柄としてのみ説かれている。例えば、

人々がこの世からあの世へと、繰り返し繰り返し、生まれ変わり死に変わりして輪廻して行くのは、他ならぬ無知の結果である。

なぜなら、この無知とは、愚癡の大洪水であり、そのためにこの世の人々は永却の過去以来、輪廻・流転しつづけてきたのである。しかし、智慧を備えたならば、人々は二度と生まれ変わること（再生）がない。

（『スッタニパータ』第七二九偈、第七三〇偈）

と説かれている。

このように、仏教における救済の原理は、輪廻転生からの解脱を入滅において実現することであり、その入滅のことを「入涅槃」とも言うのである。涅槃については、すでに詳しく説明したが、それを端的に言えば、縁起によってただ今存在しているのが私たちの基本的な世間の在り方であるのに対して、本来的にはゼロという出世間の在り方を涅槃というのである。従って、涅槃とは輪廻の滅であり、もっと言えば、輪廻を形成する無明・無知の滅である。

このようであるから、仏教における救済の原理は、輪廻転生からの解脱を意味する「入滅」ということである。入滅によってすべての束縛から解放される。仏教では死とは入滅であり、入滅によって輪廻転生の世界から解脱される。この入滅という事柄は、言うまでもなく、私たちの修行や精進によって実現されるようなことではない。必然的な命の事実であり、すべての命あるものにとって例外のない事実である。それ故にこそ「必至滅度」と誓願されている。「必至」（必ず至らしめる）とは私たちの自力・努力を超えた「自然のことわり」としての他力なのである。

ところが、入滅という原理は、自らの存在に執着している私たちにはなかなか受け入れ難く、自らの存在を縁起・空・無我というようには納得できない。「私は」と我執して生きている私たちは、自らの存在は確かな存在であるという思いから離れることはできない。そして再生を願うのである。

再生への願望

人間は死は再生を意味するということにおいて納得しようとした。この発想は、古代の人々においても一般的であったといえる。草木が芽を出し、花開き、実を結び、朽ちてゆくが、春になると、再び実から芽が生えるという自然の営み、そこに生命の再生ということが生活実感としてあり、自然と共に生活することの多かった古代の人々には、自らの死を生命の再生と考えることによって、死が意味を持ち、死がすくいとなっていたと考えられる。

死は生命の再生であるというこのような納得は、古代人だけでなく現代人においても、そこにおいてしか自分の死の意味を見いだせないという範囲で受け入れられている。

現代において、死は生命の再生のための要素であるとか、自己存在は全体の中で再生を繰り返す部分の単なる一つにすぎない、という了解によって死が考えられているようである。この再生に、業報という因果応報の要素が加わったのが輪廻転生ということで、そこに再生と転生との相異があるが、この再生・転生への願望をどうするかということが、仏教においても問題であったのである。

ところで、現代人の多くは、どのような意味での再生であろうとも、それへの願望すらなく、死を生の終わりとしての無と受け取っているとすれば、それは虚無でしかなく、恐怖の中での暗い死でしかなく、そこには何らの救いもない。

それはともかく、現代においても、死への恐怖からの救いとして再生が考えられているとすれば、ましていわんや、当時のインドの人々においては、より安楽な来世への再生を願って輪廻転生を受け入れることによって、死が救いとなっていたと考えられる。インドにおいても普通の人々は、入滅という救済の原理よりも、より安楽な来世への転生を望んだといえるが、しかし、輪廻転生は単なる再生ではなく、業報としての再生であるから、再生を願望しつつ、そこには恐怖も伴っていたのである。

ところで、この再生への願望について、釈尊は次のようにも説いている。

生まれ変わろうとする渇望を断ち切り、心静かな比丘は、生まれ変わり死に変わりして行く輪廻の流れを渡り、二度と生まれ変わること（再生）はない。（『スッタニパータ』第七四六偈）

はてしない輪廻の洪水であるのは、いつまでも世間的存在でありつづけようとする深層の欲求である。（同九四五偈ａ）

くり返して再生してこのまま生きていく存在であろうとする深層の欲望をこしらえないようにするがよい。（同一〇六八偈ｄ）

ここに再生を願望する人間の自己存在に対する我執・我所執が、輪廻の流転を形成していると、釈尊は明示している。

「死苦」は無い

仏教においては、生・老・病・死の四苦が基本的な苦とされているが、死が苦であるというのは、死によって将来される転生による次の生に対する畏怖・恐怖があるからである。現代人の多くは、現在世に物質的に豊かな生活を実現したために、この現在世に何時までも行き続けたいという生への執着がいよいよ増幅し、しかも死を虚無としての断絶と考えるから、死ぬという現象のみをひたすら恐怖し、それを苦と見なす。それに対して輪廻転生という生命観では現在世での死という現象に対する恐怖よりも、転生による次の生が如何なるものとなるかということへの不安が主となって、死を苦としたといえる。

その意味で、釈尊の死を死といわずに入滅と言ったのは、釈尊には輪廻転生による再生の苦をもたらす死苦はないということであり、釈尊が初転法輪において「不死の法を獲得した」と宣言したのも、同じ意味と了解される。そこのところは、現代人の抱く死への恐怖とはいささか内容が異なっている。

ともかくも、仏教の救済原理は入滅であるが、しかし一般の人々は自己存在に対する強い我執・我所執を捨て切れずに、入滅よりも、願望と恐怖が入り交じった輪廻転生による再生を求めたのである。

この再生への願望については、例えば、世親によって、

煩悩の雑染は三種である。〔有身見などの五〕見と、貪欲・瞋恚・愚癡という根本的なものと、再生（punarbhava）への願望である。（『中辺分別論釈』〈無上乗品〉）

と説明されているように、煩悩による雑染の一つとして、「再生への願望」がとりあげられている。

浄土思想の意味

このようにどうしても断ち切ることのできない再生への願望という問題を見事に解決したのが、先述したように、浄土思想であると考えられる。死して仏国土に生まれるという浄土思想は、再生を求める願望を満たし、しかも転生にともなう恐怖を抱かしめないという一石二鳥の役割を持ち、加えて仏国土に生まれさせることによって、業報輪廻による再生はなくなり、入滅という仏教の救済原理も同時に実現されるのである。仏国土に生まれるための条件が様々に説かれながら浄土思想は浄土教として展開して行くが、最終的には、仏国土への転生を願う側には何らの条件も必要としない無条件のままで、仏国土に生まれることができるということになっていく。

実は、仏国土への再生が無条件になったということは、仏国土に生まれることが目的ではなく、涅

槃寂静という入滅を実現するための手段であるという浄土思想の本意が開顕されたということである。言うまでもなく、私たちの入滅には何の条件も必要ではない。難行苦行の修行によって入滅するわけではないからである。すでに説明したように、入滅とは本願において「必至滅度」と説かれているように、「必至」（必ず至らしめる）ということであり、他力としての願力であると見定められている。ただそこには、入滅よりも再生を願望する人間の根源的な欲望があるだけである。すべてが例外なく入滅する。それが自然のことわりなのである。

浄土思想をこのような意味で了解すると、その先駆的役割を果したと考えられるものに生天説がある。古くは仏教の在家信者は出家教団に布施をなし奉仕すれば、死して天に生まれることができると説かれたり、釈尊の実母マーヤー夫人が忉利天に生まれていると説かれるようになるのが生天思想である。しかし、このように天に生まれるというのはまだ輪廻の世界内の再生であり、それが輪廻を超えた仏国土への再生になり、再生の思想が浄土思想として完結したといえる。

この浄土思想によって、安楽な世界への再生の願望を満たして死の恐怖から救済し、しかも仏教の救済の原理である入滅が、人々によってなかなか受け入れられない現実に対応して、それを仏国土に再生させることによって間接的に実現しようとしたと考えられる。

大経往生

しかし、死後の未来世に極楽という他界世界としての仏国土があって、そこは美しく平和な理想の世界であり、そこに再生するという物語的な救済の幻想を、現代人は抱けなくなっている。このような実体的な未来世界は、中国や日本の浄土教において物語られていたが、現代に生きる私たちが、このような実体的な未来世界への再生を信じるに足る真実としてそのまま受け入れることは不可能である。

しかし、これは何も現代になってこのような未来世界を幻想することが不可能とされたのでなく、この点について、親鸞が、その最晩年に顕智に語ったと言われる、いわゆる「自然法爾章」の中には、次のようにある。

ちかいのようは、無上仏ならしめんとちかいたまえるなり。無上仏ともうすは、かたちもなくまします。かたちもましまさぬゆえに、自然とはもうすなり。かたちましますとしめすときは、無上涅槃とはもうさず。かたちもましまさぬようをしらせんとて、はじめに弥陀仏とぞききならいてそうろう。弥陀仏は、自然のようをしらせんりょうなり。（聖典五一一頁）

ここに、極楽世界に生まれさせようとする阿弥陀如来の本願とは、「自然のようをしらせんりょう」

であり、それは色や形を持たない無上仏にならしめるための誓願であると言い切っている。ここに親鸞がいう「自然のよう」とは、入滅という救済原理であり、そのことを知らせるための「りょう」とは「料」ということ、それは手段とか材料という意味である。このように、入滅という仏教の救済原理を知らせる材料（方便）として極楽世界に生まれさせ、そこにおいて無上仏に成らしめようとするのが阿弥陀如来の本願であり、それは他力である。人間の側の計らいは何の必要もないということである。そのことを「自然・ありのまま」と言うのである。阿弥陀如来は色も形もない無上仏であると、ありのままに知見するとき、同時に、極楽世界もまた色も形もない無上涅槃として知見される。このことを知らせるための方便として阿弥陀如来の極楽への往生が説かれたのである。従って、阿弥陀如来の極楽世界に生まれさせようとする本願とは、自己存在はゼロであったというゼロの発見を促すはたらきである。これこそ本願の内実であり、涅槃寂静という釈尊の往生観を実現しようとするはたらきなのである。

この親鸞の一文は、それまでのような死後に理想の世界を求めた浄土観から、仏教の救済原理を実現するための浄土観へと、浄土経典本来の浄土思想を回復し、浄土と本願との関係を再確認したものといえる。

従って、阿弥陀如来の極楽世界に生まれさせることを説く浄土経典は、再生への願望を断ち切ることが容易ではない人々に対して、阿弥陀如来の名を称えることによって、その仏国土に生まれさせようとする、阿弥陀如来の極楽世界への往生を勧め、そのことによって、仏教の涅槃寂静としての入滅という救済原理をそこで実現させるためであった。このことについては、『教行信証』の「方便化身土」において『無量寿経』の四十八願の中の第十九願「修諸功徳」と第二十願「植諸徳本」を所依として、方便化土への往生が説かれている。ここでは真実報土ではなく、あくまでも方便化土が説示されているのである。その中で第二十願において「我が名号を聞きて、念を我が国に係《か》けて、もろもろの徳本を植えて、心を至し回向して我が国に生まれんと欲《おも》わん」と誓願されている、そのことが重なってくる。従って、阿弥陀如来の極楽に生れさせるという念仏往生の願が誓われるのは、阿弥陀如来の世界においてのみ無上仏・無上涅槃という真実報土が実現されていくという仏教における救済原理がその目的として確認されているからである。

この点について、親鸞は、阿弥陀如来を念じて、その国に往生することによって、「涅槃・入滅」という救済原理が結果として実現されるというこの筋道について、それこそ真実の往生であることを、「証」の劈頭において、それは「無上涅槃の極果」であり、「必至滅度の願より出でたり」と顕かに示されている。それこそが真実報土（真実が本願によって報われた世界）であると、親鸞は『浄土三経往生文類』の中で解説している。そこでは『無量寿経』と『観無量寿経』と『阿弥陀経』に説かれている往生の相異について特徴的に解説されているが、その中で最も基本的で大事な『無量寿経』に説かれる往生について、次のように明確に解説している。

大経往生というは、如来選択の本願、不可思議の願海、これを他力ともうすなり。これすなわち念仏往生の願因によりて、必至滅度の願果をうるなり。現生に正定聚のくらいに住して、かならず真実報土にいたる。これは阿弥陀如来の往相回向の真因なるがゆえに、無上涅槃のさとりをひらく。これを『大経』の宗致とす。このゆえに大経往生ともうす。また難思議往生ともうすなり。

（聖典四六八頁）

親鸞は、この一文において、本願に基づいた念仏と滅度（無上涅槃）の関係を説明しているが、その内容は極めて明快である。従って、重ねて説明するまでもないが、その骨子を辿れば、次のように解説することができる。

広大な本願の海の中から、阿弥陀如来によって選択された本願である四十八願は、私たちの願いに先だった阿弥陀如来の本願であり、私たちの計らいを超えているから他力というのである。その本願の中の第十八願である念仏往生の願（阿弥陀如来を念ずれば、その国に生まれることができるという誓い）が因となって、第十一願である必至滅度の願（必ず完全な涅槃に至らしめるという誓い）という果が得られるのである。この因果がただ今の身の上に明確になっていれば、間違いなく真実の報土に至るであろう。この二つの本願は、阿弥陀如来によってさし向けられた、私たちを仏に成らしめるための真の理由であるから、これによって、完全な涅槃とは何かが明らかになるのである。このことを最も大事な事柄として説いているのが『無量寿経』である。このような内容によって『無量寿経』に説かれる往生というのである。また、人間の知性や分別では間に合わない他力としての往生というのである。

このことについて、親鸞は『正信念仏偈』において、

成等覚証大涅槃　必至滅度願成就
（等覚を成り、大涅槃を証することは、必至滅度の願成就なり）（聖典二〇四頁）

とも述べている。

また『浄土和讃』においても、

真実信心うるひとは　すなわち定聚のかずにいる
不退のくらいにいりぬれば　かならず滅度にいたらしむ（聖典四八四頁）

と詠われている。

ここに親鸞は、念仏往生と必至滅度との二願に基づいて、阿弥陀如来の国に往生するということは、「涅槃・入滅」がそこにおいて実現されることであると明示している。断るまでもなく、必至滅度と

は入滅と同じことである。しかしながら、阿弥陀如来の本願においては、入滅とは一切衆生を入滅せしめるという誓願となっているのであるから、それは「必ず至らしめる」という必至滅度という表現となる。入滅は必至である。必至は他力である。言うまでもなく、入滅は私たちの努力や計らいによって実現するものではない。自力無効であり、他力である。この必至という他力については、『正信偈』において「必至無量光明土」とも言われている。無量光明土に往生するということは本願による他力であるから、必至なのである。また、この「大経往生」の文においても「かならず真実報土にいたる」と、これも「必至真実報土」ということである。そうであるから、その「涅槃・入滅」が実現される世界こそが真実報土であり、その真実報土の内実は無上涅槃・滅度であると的確に解明されている。

蛇足ながら、この大経往生の一文において明らかなように、念仏往生の願が因となって必至滅度の願が果として成就すると解説されている、その念仏往生の願とは、周知されているように、『教行信証』の「信」において「至心信楽の願」と表示され、「信」の基本となっている願である。ここに「信」が因となって「証」がその果であるという関係が明らかである。すなわち、本願への信心に基づいて証得があるという関係である。

第二部　「真仏土」解釈

第一章　標挙文と光寿無量

第一節　滅度は真仏土

『浄土三経往生文類』では、「念仏往生の願因によりて、必至滅度の願果をうる」と説かれ、そこにおいて、「無上涅槃のさとりをひらく」と顕かにされている。すなわち、滅度（完全なる涅槃・寂滅）とは、無上仏・無上涅槃が実現される真仏土（真仏と真土）にほかならない。そのことを意味して、「証」巻において、必至滅度の願による酬報は「無上涅槃の極果」であると顕かにされている。阿弥陀如来は、この無上涅槃の極果である「如より来生して、報・応化種種の身を示し現わしたまう」のである。「如より来生する」真仏とその土を顕かにしている「真仏土」巻は、次のように開顕されている。

謹んで真仏土を案ずれば、仏はすなわちこれ不可思議光如来なり、土はまたこれ無量光明土なり。しかればすなわち大悲の誓願に酬報するがゆえに、真の報仏土と曰うなり。すでにして願います、すなわち光明・寿命の願これなり。

ここにおいて、先ず、真仏とは不可思議光如来であり、真土とは無量光明土であり、それは阿弥陀如来の大悲の誓願に酬報したものであり、それが真実の報仏土であると表明されている。仏名の「不可思議光」とは、原語はacintya-prabha（アチンティヤ・プラバ）であり、言うまでもなく、阿弥陀如来の異名である。『無量寿経』では「難思光」と訳出されているが、『如来会』では「不可思議光」と訳出されている。

また、仏土の名の「無量光明」とは、原語amitābha（アミターバ）であり、それは正しく阿弥陀如来の名である。従って、『平等覚経』に「安楽国の世界に到るべし。無量光明土に至りて」云々と説かれ、『真言経』には「阿弥陀仏の清浄報土」と説かれているから、「無量光明土」とは「阿弥陀如来の世界」という意味である。周知の通り、真仏である阿弥陀如来の国土の名は「極楽(sukhāvatī・スカーヴァティー)」であり、『平等覚経』に見られる「安楽国」が固有名詞としての仏土の名である。それが無量光明土と表示されている。従って、真仏土とは如来の光明の中に摂取されていく光の世界である。ここに仏土が特に無量光明土と言われていることについて意味深く了解されるのである。

阿弥陀如来というのは、いうまでもなく大乗仏教における最も重要な仏名であるが、その「阿弥陀」と漢訳されている仏名について、浄土経典には、アミターバ（無量光）と、アミターユス（無量寿）という二通りの仏名が混在している。サンスクリット原典におけるアミターバと、アミターユスという仏名は、原典が西域地方に伝播したとき、その方言の発音において、共に「アミダ」と聞きとられたと言われている。つまり、アミダ（阿弥陀）という言葉の中に、アミターバもアミターユスも含まれているということである。このことについては、藤田宏達の論考によって究明されている。

また、このような真仏と真土としての真仏土とは、阿弥陀如来の大悲の誓願に酬報した「真の報仏土」であると押さえられている。この真の報仏土というのは、キリスト教でいう神の国であるとか、理想の世界である天国であるとか、どこかに他界として実在する世界ではない。如来大悲の誓願に報いたのが真仏土であり、大悲の誓願と無関係に別に真仏土があるのではない。大悲の誓願に乗託された真実が報われているのが真仏土としての「真実報土」である。

この真実報土が説かれている「真仏土」に続いて、同じく、如来大悲の誓願に酬報された方便化土が「方便化身土」に説かれるが、そこでは第十九願と第二十願という二願が所依とされている。それは大悲の誓願に報いてあらわされていることにおいて真仏土と同じであるが、真仏土が如来（仏）という覚者の覚りの世界における仏土であるのに対して、方便化土は、機に対応し、また私たちの思いや意志に対応してあらわれる仏土である。私たちは、いずれ命を終えていくべき世界についていろいろと考え、いろいろな願いや幻想を抱く。たとえば『阿弥陀経』に「倶会一処」（ともに一処で会う）

ということが説かれているが、命を終えて、先立った親に会うとか、親と同じ世界に行くということをそこに幻想する。あるいは安楽な世界に生まれたいとも思う。情の世界においては、それはそれでいいが、しかし「倶会一処」と説かれていることの意味は、死んで親に会えるというようなことではなく、命あるものはすべて例外なく同じ世界に入滅していく、必至の世界は一つであることを示しているのである。真仏土とは、無上涅槃の世界、光の世界であり、それが「かならず真実報土にいたる」ということである。それに対して、方便化土とは、あくまでも私たちの思いに対応してあらわれる世界なのである。

〔本　文〕

光明无量之願　　壽命无量之願

顯淨土眞佛土文類五

愚禿釋親鸞集

謹《ウヤマフ》按《テレ》二眞佛土一《ヲ》者《ハ》則是不可思議光如來《ナリ》土者《ハ》亦是无量光明土也、然《レハ》則《チ》酬《シ》《コタフ》二報《ユ》《スルカ》大悲誓願《ノ》一《ニ》故《ニ》曰《フナリ》二眞《ノ》報佛土一既《ニシテ》《テ》而有《イマス》二願一即・光明壽命之願是也、

第二節　光寿無量

次に、この真仏土は、「大悲の誓願に酬報するがゆえに、真の報仏土と曰うなり。すでにして願い

ます、すなわち光明・寿命の願これなり」と顕かにされている。ここに、光明無量の願（第十二願）と寿命無量の願（第十三願）の二願に酬報しているのが真仏土であると示されている。ちなみに、阿弥陀如来は、法身と報身と応（化）身という三種仏身説の上では、報身であるとされている。その意味は、法身が報身となって一切衆生を救済せずにはおかないという必然的動向のうえで、阿弥陀如来は法身ではなく報身でなければならないからである。すなわち、法性法身が方便法身として展開する動向において阿弥陀如来は報身としての報仏である。このことからも、法性法身として示される真実（智慧）が阿弥陀如来の本願（慈悲）となって必然的に展開されるのであるから、その動向において真実が報われている真の報仏土とはまさしく本願によって実現されているのであり、それ以外ではありえない。従って、この光寿無量の二願とは如来の智慧と慈悲とが本願において提示されたものである。しかもその智慧という「さとり」もその智慧のはたらきである慈悲という「すくい」もともに如来の光明の中に摂取され一味となった世界である。四十八願において仏土に関する願としては、「国土清浄の願」（第三十一願）と「宝香合成の願」（第三十二願）もあるが、それらをここに挙げることなく、ただ光寿無量の二願をもって真仏土とした所以もここにあると言えよう。

かくして、『正像末和讃』において、親鸞は、

超世無上に摂取し　選択五劫思惟して

光明壽命の誓願を　大悲の本としたまえり（聖典五〇二頁）

と詠まれているのである。

さて、光寿無量の二願は次のようである。

『大経』に言わく、設い我仏を得たらんに、光明よく限量ありて、下百千億那由他の諸仏の国を照らさざるに至らば、正覚を取らじ、と。

また願に言わく、設い我仏を得たらんに、寿命よく限量ありて、下百千億那由他の劫に至らば、正覚を取らじ、と。

この原漢文と、サンスクリット原典からの和訳を示すと次のようである。

設我得佛、光明有能限量、下至不照百千億那由他　諸佛國者、不取正覺。（聖典一七頁）

もしも、世尊よ、わたくしが無上なる正等覚をさとったときに、かの仏国土において、たとえ十万・百万・千万の仏国土の量によってでも、わたくしの光明が限られるようであるならば、その間は、わたくしは無上なる正等覚をさとりません。

（第十三願、六〇頁）

設我得佛、壽命有能限量、下至百千億那由他劫者、不取正覺。

（聖典一七頁）

もしも、世尊よ、わたくしが覚りを得たときに、たとえ十万・百万・千万劫の数をもってしても、〔わたくしの〕寿命の量が限界に達するものとなるようであるならば、その間は、わたくしは無上なる正等覚をさとりません。

（第十五願、六一頁）

これら二願によって酬報されたのが真の報仏土であるが、それでは、真の報仏土としてのこの二願はどのような関係にあるのであろうか。そのことについては、すでに山口益著『大乗としての浄土』（理想社）において明確に論究され、つとに思想的な事柄として究明されている。すなわち、すでに周知されているように、阿弥陀如来という仏名の「阿弥陀」とは、まさにamitābha（光明無量・アミターバ）とamitāyus（寿命無量・アミターユス）という二つの名前を含有し、しかも、その両名が一つの経典に用いられている場合でも、それらが厳密に区別されて用いられているわけではない。このように鳥が両翼を持っているように、その両名が渾然一体となっているのが、阿弥陀如来という仏名であるといえよう。この光明無量と寿命無量という仏名こそが本願の内容を如実に表明しているのである。このアミターバとアミターユスについては、例えば、『阿弥陀経』において、次のように説かれている。

舎利弗、汝が意において云何。かの仏を何のゆえぞ阿弥陀と号する。舎利弗、かの仏の光明、無量にして、十方の国を照らすに、障碍するところなし。このゆえに号して阿弥陀とす。また舎利弗、かの仏の寿命およびその人民も、無量無辺阿僧祇劫なり、かるがゆえに阿弥陀と名づく。

（舎利弗、於汝意云何。彼佛何故　號阿彌陀。舎利弗、彼佛光明無量、照十方國、無所障礙、是故號爲阿彌陀。又舎利弗、彼佛壽命　及其人民、無量無邊　阿僧祇劫、故名阿彌陀。）

（聖典一二八頁）

このサンスクリット原典からの和訳は次のようである。

シャーリプトラよ、これをどう思うか――どういう理由で、かの如来はアミターバ（無量の光をもつ者）と名づけられるのであろうか。まことに、シャーリプトラよ、かの如来の光は、一切の仏国土において、さまたげられることがない。こういう理由で、かの如来はアミターバと名づけられるのである。

（一六三頁）

シャーリプトラよ、これをどう思うか――どういう理由で、かの如来はアミターユス（無量の寿命をもつ者―小川註）と名づけられるのであろうか。まことに、シャーリプトラよ、かの如来と、かの人々の寿命の量は無量である。こういう理由で、かの如来はアミターユスと名づけられるのである。

（一六二頁）

まず、これら漢訳とサンスクリット原文を比べると明らかなように、サンスクリット原文におけるアミターバもアミターユスも、共に「阿弥陀」と漢訳で音写されていることが確認される、このことによっても、これらの仏名の発言が類似していたことが伺える。

ともかくも、このように、光明が無量であり、寿命が無量であるということを内容としているのが阿弥陀如来であるが、その光明とは智慧を意味し寿命とは慈悲を意味していること、そして、それら智慧と慈悲とはどのような関係にあるかということについては、あらためて説明する必要はないであろう。すなわち、大乗仏教における仏道体系としての智慧から慈悲へという動向が無量なはたらきを以てはたらき続けること、そのことがそのまま仏名となっているのである。それでは、智慧から慈悲への動向における智慧（prajñā・プラジュニャー）とは如何なる智慧であろうか。それについては、大乗仏教において智慧といえば、それは必ず般若波羅蜜多（prajñā-pāramitā・プラジュニャーパーラミター）のことである。prajñā とは、大乗仏教以前の既成仏教であるアビダルマ仏教においては、「善悪、正邪などを簡択する」はたらきとしての智慧であったが、大乗仏教になると、それに「至高性」

という意味の pāramitā が付けられ、prajñā-pāramitā（般若波羅蜜多）となり、「智慧の至高性・完成された智慧」という用語として用いられるようになった。従って、大乗仏教において prajñā といえば必ず prajñā-pāramitā（般若波羅蜜多）を指すと見なされるべきである。たとえ pāramitā（波羅蜜多）の語が付けられることなく、単独で prajñā（般若）と説かれている場合でも、それは pāramitā が省略されて用いられているのであって、必ず般若波羅蜜多のことである。このことを先ず確認しておかなければならない。

それでは、大乗仏教における般若波羅蜜多とはどのような智慧であろうか。それは菩薩の十地における第六地において獲得される智慧であり、縁起の道理によって「一切は空である」と、一切の事物の本質を見通す智慧である。すなわち、般若波羅蜜多という智慧は「一切は空である」と見通すはたらきであり、それ以外のはたらきはしないのである。このことは非常に大事な確認である。何故ならば、私たちが智慧といえば、対象を認識して知るはたらきとか、ものを考えるはたらきとかを指すのであるが、そのような智慧を意味する言語は prajñā ではなく、jñāna（ジュニャーナ）に代表されるそれ以外の言語である。jñāna とは認識作用のことであるが、その認識作用が六つに分担されているのが、六識（眼、耳、鼻、舌、身、意）としての識（vijñāna・ヴィジュニャーナ）である。大乗仏教の唯識思想になると更に潜在意識のようなアーラヤ識などが加えられることになるが、ともかくも、眼識はものを見るという認識作用をするが、決して音を聞くという認識作用はしない。耳識は音を聞くという認識作用をするが、決してものを見るという認識作用はしない。そのように識にはそれぞれの役割分担がある。この諸々の識による認識作用が普通に考えられている知識としての智（jñāna）であるが、これにはランクがある。それを仏道の上でいえば、仏の認識作用と菩薩の認識作用と普通の人間の認識作用との三ランクである。最高のランクであるのが仏の認識作用であり、すなわち、仏智（buddha-jñāna）である。この仏智の基本が般若波羅蜜多である。「一切は空である」と見通す般若波羅蜜多なる智慧が基本となって仏智が展開するのであり、般若波羅蜜多を抜きにした仏智はありえない。時として、阿弥陀如来は無碍光如来とも称せられているが、それは仏名の中の智慧の面である無量光が特に強調され、仏名となっている名称である。この無碍光という仏名は「一切は空である」と見通す智慧を表すものとして最も相応しい呼称といえる。何故ならば、普通の光は、ここに確かな存在として存在していると自らの存在に固執している私たちの存在によって碍げられるが、その私たちの存在が碍げとならないから、無碍光なのである。すなわち、私たちは自己存在に固執しているが、そこに固執されている自己が「一切は空である」と見通す智慧によって消滅せしめられていくからである。

この般若波羅蜜多なる智慧が慈悲としてはたらきでるのが、大乗仏教の仏道体系としての智慧から慈悲への動向である。動向とは智慧が智慧に止まらずに慈悲へと展開していくということであり、そのことによって智慧自身が完成するのである。それを言い換えれば、智慧自らが慈悲へと展開せずにはいられないという智慧自身の意思力であり、それが本願である。その意味で阿弥陀如来は報身であると、先に関説したように仏身論の上で位置づけられ、法身が報身として展開する動向においてそれは確定されている。すなわち、法身が一切衆生を救済せずにはおかないという意思力となって展開することであるから、報身とは法身の意思力であり、報身である阿弥陀如来は本願そのものである。従って、本願とは智慧から慈悲への動向において、再生への願望を断ち切れない人びとを滅度（無上涅槃）へと導き至らしめようとする誓願（必至滅度の願）が基本となっているのであり、「一切は空である」と見通す知見がすべての人々の上に実現されることを願って止まないはたらきであるといえよう。時として、阿弥陀如来は無量寿如来と称せられているが、それはこのような慈悲・本願の果てしない無量なはたらきの面が特に強調されて、仏名となっている名称である。

以上のように、阿弥陀如来という仏名自体が「一切は空である」と見通す智慧が慈悲として展開する本願を内容としているが、このことが大乗仏教における阿弥陀如来の内実であり、その阿弥陀如来を念ずる念仏とは、そのことへの知見を実現するためのものであることについては、例えば、阿弥陀如来を憶念する念仏が主題となっている『般舟三昧経』において、阿弥陀如来を憶念することによって、阿弥陀如来を認識の対象として見ない「一切は空である」という般舟三昧が実現されると強調されている。次のようである。

かれが如来を念ずるということは如来を念じないということであり、如来を見たてまつるということは如来を何か実体のあるもののように捉えることの無いことなのである。このように空の三昧に入ることこそが「いま現に阿弥陀仏がまのあたりにお立ちになる三昧」（般舟三昧）を得ることなのである。

（山口益編『仏教聖典』五六九頁参照）

また『般舟三昧経』（漢訳三巻本）では、ここのところが、

念仏を用いるが故に、空の三昧を得る。（用念仏故　得空三昧）

（大正一三　九〇五頁中）

と簡潔に説かれている。

同様に『観無量寿経』においても、

仏身および二菩薩を見たてまつることを得て、心に歓喜を生ず。未曾有なりと歎ず。廓然として大きに悟りて、無生忍を得。

（聖典一二一頁）

と説かれている。さらに、続いて「諸仏現前三昧を得ん」と説かれている。この「諸仏現前三昧」と

は直前に掲示されている「般舟三昧」のことである。このように、阿弥陀如来を見ることを得るということは無生法忍を得ることであると、「見仏得忍」が説かれている。すなわち、心静かに、阿弥陀如来を憶念するということはどのようなことであるのかと問う三昧（般舟三昧）において、無生法忍が得られるのである。言うまでもなく、無生法忍とは「一切は空である」と見通す知見にほかならない。この見仏得忍としての無生法忍はまさしく「必至滅度」という知見にほかならないが、この無生法忍に関しては、大悲の誓願に酬報するものとして、その第三十四願において、次のように説かれている。

たとい我、仏を得んに、十方無量不可思議の諸仏世界の衆生の類、我が名字を聞きて、菩薩の無生法忍、もろもろの深総持を得ずんば、正覚を取らじ。

※ただし、サンスクリット原典では「無生法忍」という語句はなく、相当部分は「生を終えてから覚りの座の極致にいたるまで」となっている。

このように、阿弥陀如来の本願は、「一切は空である」と見通す智慧の自己実現のはたらきであり、それが実現された世界が極楽である。極楽の原語は sukhāvatī（安楽のあるところ）という意味であるが、そこにおいては、「諸々の苦は有ること無く、ただ諸々の楽のみを受ける」（無有衆苦　但受諸樂）

から極楽と名付けられると『阿弥陀経』に説かれている。そのことも、「一切は空である」と見通す智慧によって実現された世界であるからこそ、そのように説かれ得るのであると了解される。すなわち、『般若波羅蜜多心経』に般若波羅蜜多によって、五蘊（個体存在）は皆な空であると照見することによって一切の苦からの解放があると説かれ、『十住毘婆沙論』「易行品」にも「かの国土に生まれるならば、「私は」と執着することなく、「私のもの」と執着することなく、彼と此の分別心を生じない。その故に、稽首礼する」と述べられているように、「一切は空である」という知見の下では、苦は自らの根拠を失い、分別心による如何なる苦もありえない。「安楽のあるところ」という国土名はそのことを示している。以上のように、阿弥陀如来という仏名もその世界である極楽という国土名も、「一切は空である」という大乗仏教の般若波羅蜜多という智慧が実現されていることを内実としている名称であることが確認される。ここに「証」に顕かにされている無上涅槃の極果から展開される大悲の動向としての「真の報仏土」が「真仏土」において顕かにされている。

〔本　文〕

『大經《ニ》』言《ク》設・我・得《ラムニ》二佛《ヲ》一光明有《テ》二能《ク》限量一下《モ》至《ラ》四不《ルニ》三照《ラ》二百千億那由他《ノ》・諸佛《ノ》國《ヲ》一者《ハ》不《シト》三取二正覺《ヲ》一又願《ニ》言《ク》設我得《ムニ》二佛《ヲ》一壽命有《テ》二能《ク》限量一下《モ》至《ラ》二百千億那由他《ノ》劫《ニ》一者《ハ》不《シト》三取《ラ》二正覺《ヲ》一

第三節　願成就文

続いて、光寿無量の二願の成就文が掲示されるが、願成就文とは、法蔵菩薩の願いが願いのままに成就して「願」が「願力」となったことを説く釈尊の言葉である。その助願として、光明無量の願成就文に関しては、『如来会』と『平等覚経』と『過度人道経』が引かれ、また、寿命無量の願成就文に関しては、『真言経』が引かれている。次に、成就文のみを提示するが、その内容についての一々の語義を説明することは省略する。後に「無碍光」について説明するところで、参照することにする。

ここには、光明無量についても寿命無量についても二つの願に基いて、法蔵菩薩が光明無量の「不可思議光如来」となり、その浄土である「無量光明土」を現わし、念仏の行者が真仏土の光明の世界に摂《おさ》め取られて浄土へ往生することを讃嘆している経文である。それを讃歎して、その聞益が説かれている。まず光明無量の願成就文は、次のように引用されている。以下のように、内容は四つに区切られよう。

願成就の文に言わく、⑴仏阿難に告げたまわく、「無量寿仏の威神光明、最尊第一にして、諸仏の光明の及ぶことあたわざるところなり。乃至

(2)このゆえに無量寿仏は、無量光仏・無辺光仏・無碍光仏・無対光仏・炎王光仏・清浄光仏・歓喜光仏・智慧光仏・不断光仏・難思光仏・無称光仏・超日月光仏と号す。

(3)それ衆生ありて、この光に遇う者は、三垢消滅し、身意柔軟なり。歓喜踊躍し、善心生ず。もし三塗懃苦の処にありて、この光明を見ば、みな休息を得て、また苦悩なけん。寿終えての後、みな解脱を蒙る。無量寿仏の光明顕赫にして、十方諸仏の国土を照耀して、聞こえざることなし。ただ我いまその光明を称するにあらず、一切諸仏・声聞・縁覚・もろもろの菩薩衆、ことごとく共に嘆誉すること、またかくのごとし。もし衆生ありて、その光明威神功徳を聞きて、日夜に称説し、心を至して断えざれば、意の所願に随いて、その国に生まるることを得て、もろもろの菩薩・声聞大衆のために、共にその功徳を嘆誉し称せられん。それしこうして後、仏道を得る時に至りて、普く十方の諸仏菩薩のために、その光明を嘆ぜられんこと、また今のごときならん」となり。

(4)仏の言わく、「我無量寿仏の光明威神、巍巍殊妙なるを説かんに、昼夜一劫すとも、尚未だ尽くすことあたわじ」と。

この願成就文に関して、原漢文とサンスクリット原典との間に相異があるので、原漢文と原典和訳を示すと、次のようである。

(1) 佛告阿難。無量壽佛 威神光明、最尊第一、諸佛光明 所不能及。或有佛光 照百佛世界。或千佛世界。取要言之、乃照東方 恆沙佛刹。南西北方 四維上下、亦復如是。或有佛光 照于七尺。或照一由旬 二三四五由旬。如是轉倍、乃至照於一佛刹土。（聖典三〇頁）

また、かの〔如来の〕光明は無量であり、〈〔その光明は〕これほどの仏国土、これほど百の仏国土、これほど千の仏国土、これほど十万の仏国土、これほど千万の仏国土、これほど百・千万の仏国土、これほど千・千万の仏国土、これほど十万・千万の仏国土、これほど十万・百万・千万の仏国土を満たしている〉といって、その量や際限を知ることは容易ではない。しかし、アーナンダよ、略していうならば、東方において、ガンジス河の砂に等しい十万・百万・千万の仏国土が、かの世尊アミターバ如来の、かの光明によって、常に満たされている。同様に、南・西・北方、下方、上方、〔四〕維の一々の方角において、あまねく、ガンジス河の砂に等しい十万・百万・千万の仏国土が、かの世尊アミターバ如来の、かの光明によって、常に満たされている。ただし、前世の誓願の加護によって、一ヴィヤーマ（尋）の光明、一・二・三・四・五・十・二十・三十・四十ヨージャナの光明、百ヨージャナの光明、千ヨージャナの光明、十万ヨージャナの光明、ないし十万・百万・千万ヨージャナの多くの光明をもって、〔この〕世間にいたるまで満たしている仏・世尊たちを除く。アーナンダよ、かのアミターバ如来の光明の量を理解しうる

ような譬喩を示すことはできない。（八二一～八三頁）

(2) 是故無量壽佛、號無量光佛　無邊光佛　無礙光佛　無對光佛　焔王光佛　清淨光佛　歡喜光佛　智慧光佛　不斷光佛　難思光佛　無稱光佛　超日月光佛。（聖典三〇頁）

アーナンダよ、こういうわけで、かの如来は、（一）アミターバ（無量の光をもつ者）と呼ばれる。〔また〕（二）アミタ・プラバ（無量の光明をもつ者）、（三）アミタ・プラバーサ（無量の光輝をもつ者）、（四）アサマープタ・プラバ（終わることがない光明をもつ者）、（五）アサンガ・プラバ（とらわれのない光明をもつ者）、（六）アプラティハタ・プラバ（さまたげられない光明をもつ者）、（七）ニティヨートスリシュタ・プラバ（常に放たれた光明をもつ者）、（八）ディヴィヤマニ・プラバ（天の宝珠の光明をもつ者）、（九）アプラティハタ・ラシュミ・ラージャ・プラバ（さまたげられない光線の王の光明をもつ者）、（一〇）ランジャニーヤ・プラバ（喜ばれるべき光明をもつ者）、（一一）プレーマニーヤ・プラバ（愛されるべき光明をもつ者）、（一二）プラモーダニーヤ・プラバ（歓喜されるべき光明をもつ者）、（一三）プラフラーダニーヤ・プラバ（愉悦されるべき光明をもつ者）、（一四）ウッローカニーヤ・プラバ（瞻仰されるべき光明をもつ者）、（一五）ニバンダニーヤ・プラバ（連縛されるべき光明をもつ者）、（一六）アチンティヤ・プラバ（不可思議な光明をもつ者）、（一七）アトゥリヤ・プラバ（無比の光明をもつ者）、（一八）アビブーヤ・ナレーンドラースレーンドラ・プラバ（人王・阿修羅王に打ち勝つ光明をもつ者）、（一九）アビブーヤ・チャンドラ・スーリャ・ジフミーカラナ・プラバ（月と太陽に打ち勝ってくもらせる光明をもつ者）、（二〇）アビブーヤ・ローカパーラ・シャクラ・ブラフマ・シュッダーヴァーサ・マヘーシュヴァラ・サルヴァデーヴァ・ジフミーカラナ・プラバ（世界守護神・帝釈天・梵天・浄居天・大自在天・一切の神々に打ち勝ってくもらせる光明をもつ者）、（二一）サルヴァ・プラバー・パーラガタ（一切の光明の彼岸に達した者）と呼ばれる

（八三～八四頁）

このように、サンスクリット原典では、二十一光の仏名が数えられるが、漢訳における十二光の仏名をもって「真仏土」における不可思議光如来が説明されている。ちなみに、願成就文に続いて引用されている『如来会』には十五光の仏名が数えられる。十二光の仏名については『正信偈』において親鸞聖人は、

あまねく、無量・無辺光、無碍・無対・光炎王、清浄・歓喜・智慧光、不断・難思・無称光、超日月光を放って、塵刹を照らす。一切の群生、光照を蒙る。

（聖典二〇四頁）

と称えている。

(3)　其有衆生、遇斯光者、三垢消滅、身意柔輭、歡喜踊躍、善心生焉。若在三塗　勤苦之處、見此光明、皆得休息、無復苦惱。壽終之後、皆蒙解脱。無量壽佛　光明顯赫、照耀十方　諸佛國土、莫不聞焉。不但我今　稱其光明。一切諸佛　聲聞縁覺　諸菩薩衆、咸共歎譽、亦復如是。若有衆生、聞其光明　威神功德、日夜稱脱、至心不斷、隨意所願、得生其國、爲諸菩薩　聲聞大衆、所共歎譽　稱其功德。至其然後　得佛道時、普爲十方　諸佛菩薩、歎其光明、亦如今也。

(聖典三〇〜三一頁)

また、かの〔如来の〕その光明は無垢であり、広大であり、身体の安楽を生じさせ、心の歓悦をもたらし、神々・阿修羅・龍・夜叉・ガンダルヴァ・ガルダ・マホーラガ・キンナタ・人・非人たちの喜びと歓喜と安楽をもたらし、また他の無限・無際限の諸仏国土においても、善い意向をもつ者たちの賢善・軽妙・了解・聡明・覚智・歓喜をもたらすのである。(八四〜八五頁)

(4)　佛言我說　無量壽佛　光明威神　巍巍殊妙、晝夜一劫、尙未能盡。

(聖典三一頁)

また、アーナンダよ、こういうわけで、如来(釈尊)が、満〔一〕劫の間、かのアミターバ如来の名をあげることによって、〔その〕光明について語ろうとしても、その光明の功徳の際限を知ることはできない。しかも、如来（釈尊）の自信（無所畏）は断絶することがないであろう。それはなぜであるか。アーナンダよ、かの世尊〔アミターバ如来〕の光明の功徳の力と、如来（釈尊）の無上なる智慧の弁才とは、両方ともに無量・無数・不可思議・無際限だからである。

（八五頁）

続いての寿命無量の願成就文は、次のように引用されている。

仏阿難に語りたまわく、「無量寿仏は、寿命長久にして勝計すべからず。汝むしろ知らんや。たとい十方世界の無量の衆生、みな人身を得て、ことごとく声聞・縁覚を成就せしめて、すべて共に集会して、思いを禅らにし、心を一つにして、その智力を竭して、百千万劫において、ことごとく共に推算して、その寿命の長遠の数を計えんに、窮尽してその限極を知ることあたわじ」

抄出

と。

これについても、原漢文とサンスクリット原典の和訳を示すと、次のようである。

佛語阿難。無量壽佛　壽命長久、不可稱計。汝寧知乎。假使十方世界　無量衆生、皆得人身、悉令成就　聲聞縁覺、都共集會、禪思一心、竭其智力、於百千万劫、悉共推算、計其壽命　長遠之數、不能窮盡　知其限極。

（聖典三一〜三二頁）

また、アーナンダよ、かの世尊アミターバ如来の寿命の量は無量であり、〈〔その寿命の量は〕これほどの劫、あるいはこれほど百の劫、あるいはこれほど千の劫、あるいはこれほど十万の劫、あるいはこれほど千万の劫、あるいはこれほど百・千万の劫、あるいはこれほど千・千万の劫、あるいはこれほど十万・千万の劫、あるいはこれほど十万・百万・千万の劫である〉といって、その量を知ることは容易ではない。そういうことで、アーナンダよ、かの世尊の寿命の量はまさしく無量であり、無際限である。それゆえに、かの如来はアミターユス（無量の壽命をもつ者）と呼ばれる。

（八八頁）

〔本　文〕

願成就《ノ》文《ニ》言《ク》佛告《ハク》㆓阿難《ニ》㆒无量壽佛《ノ》・威神光明最尊第一《ニシテ》諸佛《ノ》光明《ノ》所《ナリ》㆕不《ル》㆔能㆓及《コト》㆒乃至是《ノ》故《ニ》无量壽佛《ハ》号《ス》㆘无量光佛・无邊光佛・无㝵光佛・无對光佛・炎王光佛・清淨光佛・歡喜光佛・智慧光佛・不斷光佛・難思光佛・无稱光佛・超日月光佛《ト》㆖其《レ》有《テ》㆓衆生㆒遇《マウアフ》㆓斯《ノ》光《ニ》㆒者《ノハ》三垢消滅《シ》・身意柔濡《ナリ》歡喜踊躍《シ》善心生《ス》焉《エン》《コヽニ》若在《シテ》㆓三

塗勲苦之處《ニ》見《ハ》二此光明《ヲ》一皆得《テ》二休息《ヤミヤム》《ヲ》一無《ケム》二復苦惱一壽《チ》終《ヘテ》之後皆蒙《ル》二解脫《ヲ》一无量壽佛《ノ》光明顯赫《カヽヤク》《ニシテ》照二耀《カヽヤク》《シテ》十方諸佛《ノ》國土《ヲ》一莫《シ》三不《ルコト》二聞《ヘ》一焉不《ス》三但我《レ》今《マ》稱《スルニ》二其《ノ》光明《ヲ》一一切諸佛聲聞緣覺《ノ》諸菩薩衆咸《コト〱》《ク》共《ニ》嘆譽《ホメホム》《スルコト》亦復如《シ》三是《ノ》一若有《テ》二衆生一聞《テ》二其《ノ》光明威神功德《ヲ》一日夜《ニ》稱說《シ》至《シテ》二心一不《レハ》二斷《ヘ》一隨《テ》二意《ノ》所願《ニ》一得《テ》三生《ヲ》二其《ノ》國《ニ》一爲《ニ》二諸《ノ》菩薩聲聞大衆《ノ》一所《ラレム》四共《ニ》嘆二譽《シ》稱《セ》三其《ノ》功德《ヲ》一至《テ》四其《レ》然《シテ》後《チ》得《ル》二佛道《ヲ》一時《ニ》三普《ク》爲《ニ》二十方《ノ》諸佛菩薩《ノ》嘆《セラレムコト》二其《ノ》光明《ヲ》一亦如《キナラムト》二今《ノ》一也、佛《ノ》言《ハク》我《レ》說《カムニ》二无量壽佛《ノ》光明威神巍巍《ヨシ》殊《スクレ》妙《ナルヲ》一晝夜一劫《ストモ》尚《ナホ》未《タ》三能《ハ》二盡《コト》一佛語《ハク》二阿難《ニ》一无量壽佛《ハ》・壽命長久《ニシテ》・不三可二勝計《ス》一汝《チ》寧《シロ》知《ラム》乎《ヤ》假一使・十方世界《ノ》无量《ノ》衆生皆得《テ》二人身《ヲ》一悉《ク》令《メテ》三成《セ》二就聲聞緣覺《ヲ》一都《スヘテ》共《ニ》集會《シテ》禪《モハラニシ》二思《ヲ》一一《ニシテ》二心《ヲ》一竭《ツクシテ》二其《ノ》智力《ヲ》一於《テ》二百千萬劫《ニ》一悉《ク》共《ニ》推《オシテ》筭《カソフ》《サンシテカソエムニ》計二其《ノ》壽命長遠之數《ヲ》一不《シト》四能《ハ》三窮《キワメ》盡《ツクス》《シテ》知《コト》二其《ノ》限《カキリ》極《ヲ》一（抄出）

第二章　光寿無量としての阿弥陀如来

第一節　阿弥陀如来の内実

すでに明らかにしたように、光明である智慧から寿命である慈悲へという動向において、智慧が無量であるということは、一切衆生が救済されなければならないという慈悲によってあり得ているのであり、その慈悲こそは阿弥陀如来の寿命であり、阿弥陀如来の智慧がはたらく場を担っているのである。従って、光明無量は寿命無量なくしてありえず、寿命無量は光明無量なくしてありえない。光明無量と寿命無量とが不二一体となった光寿無量という阿弥陀如来そのものが、本願が酬報された「真仏土」としての「真の報仏土」である。それは真実が報われた仏身と仏国土である。すなわち、阿弥陀如来は仏身であると同時に、その仏身がはたらく場としての仏国土をも意味し、真仏と真土を包摂している、それが阿弥陀如来の内実である。

このようなことを内容としている『無量寿経』の「願成就文」について、『無量寿経』の異訳における相当文や、同じ意義を述べる他の経典が、次に列挙されているが、それらについての言及は省略し、その〔本文〕のみを次に掲示する。

〔本　文〕

『无量壽如來會』言阿難以二是義一故无量壽佛復有二異名一謂无量光无邊光无著光无㝵光光照王端《タン》嚴光愛光喜光可觀光不可思議光无等不可稱量光暎《エイ》蔽《ヘイ》日光暎蔽月光掩《アン》奪《タチ》日月光彼之光明清淨廣大《ナホシ》普《アマネク》令下衆生身心悅《エチ》樂《ヨロコフ》上復令三一切餘佛刹中天龍夜叉阿修羅等皆得二歡《クワン》悅《エチ》一上巳

『无量清淨平等覺經』言速疾超便可三到二安樂國之世界一至二无量光明土一供二養於无數佛一上巳

『佛說諸佛阿彌陀三耶三佛薩樓佛檀過度人道經』友謙《ウケン》譯言佛言阿彌陀佛光明最尊第一无二比一諸佛光明皆所三不二及一也、八方上下无央《アウ》數諸佛中有三佛頂中光明照二七丈一有三佛頂中光明照二一里一乃至有三佛頂中光明照二二百萬佛國一佛言諸八方上下无央數佛頂中光明所二炎照一皆如二是一也、阿彌陀佛頂中光明所二炎照一千萬佛國所下以諸佛光明所二照一有中近遠上者何本其前世宿命求二道一爲二菩薩一照二所願一功德各自《オノツカラ》有二大小一至四其然・後・作二佛一時三各自《ミツカラ》得二之一是故令三光明轉不二同等一諸佛威神同等耳自在意所欲作爲不二豫《スアラカシメ》計一阿彌陀佛光明所二照一最大諸佛光明皆・所四不三能二及一也、佛稱二譽《ホム》阿彌陀佛光明極善一阿彌陀佛光明極善善中明好其快無二比一絕殊《タエスクル》无極也、阿彌陀佛光明清潔《イサキヨシ》无二瑕穢一无二缺《クエチ》咸《ケン》一也、阿彌陀佛光明殊好勝三於二日月之明一百千億萬倍・諸佛光明中之極明也、光明中之極好也、光明中之極雄傑《オウケチ》也、光明中之快《クエ》善也諸佛中之王也

光明ノ中之極尊也、　光明ノ中之最明无極也、炎《ホノヲ》二照《カヽヤキ》スルニ諸ノ无數天下ノ幽《エウ》冥《カソカニクラシ》之處ヲ一皆常ニ大明ナリ、諸有人民ノ蜎《ムクメキ》飛蠕《ネム》動《ムクメク》之類莫キ四不ルコト三見二阿彌陀佛ノ光明ヲ一也、見ツル者ノ莫ケム四不セ二慈心歡喜一者ノ三世間諸有ノ婬泆《インイチ》《ヨクナリ》瞋怒《イカル》愚ヌ癡《オロカナリ》ノ者ノ見ツリテ二阿彌陀佛ノ光明ヲ一莫キ四不ルハ三作サ二善ヲ一也、諸ノ在テ下泥《テイ》梨《リ》禽《キム》狩《シュ》《カクヰナリトリケタモノナリ》辟荔考掠《ヘキレイカウリヤウ》《チウシヤウナリ》勤《ツトム》苦之處ニ上見ツレハ二阿彌陀佛ノ光明ヲ一至テ皆休止《ヤミヤンテ》シテ不レトモ三得エ二復治コトヲ一死シテ後莫キ六不ル四得三解二脫《マヌカル》《ヌクトモ》スルコトヲ憂《ウレヘ》苦ヲ一者ノハ五也、阿彌陀佛ノ光明名トミナトハキカシメタマフ聞下八方上下无窮《キワメ》无極无央數ノ諸佛ノ國ニ上諸天人民莫シ三不ルハ（コト）二聞知セ一聞知セム者ノ莫キ三不ルハ二度脫《ヌク》セ一也、佛ノ言ハク不ル三獨リ我レ稱譽《ホメホム》セ二阿彌陀佛ノ光明ヲ一也、八方上下无央數ノ佛辟《ヒカム》支佛菩薩阿羅漢所ロ二稱譽スル一皆如シ二是ノ一佛ノ言ハク其レ有テ二人民善男子善女人一聞テ二阿彌陀佛ノ声《ミナ》ヲ一稱二譽ヨシテ光明ヲ一朝暮ニ常ニ稱二譽シテ其ノ光好ヲ一至二心シテヲ一不レハ二斷絶セ一在テ二心ノ所願ニ一往二生スト阿彌陀佛國ニ一上巳

『不空羂索《クエンシヤク》神變眞言經』ニ言ク汝ノ當生處ハ是阿彌陀佛ノ清淨報土ナリ蓮華ヨリ化生シテ常ニ見ツル二諸佛ヲ一證セム二諸法忍ヲ一壽命无百千劫數ナラム直ニ至ル二阿耨多羅三藐三菩提ニ一不ス二復タ退轉セ一我常ニ祐《イウ（トモ）》《タスク》護《マモル》ユスト上巳

第二節　『涅槃経』文証

一　悉有仏性

「涅槃経」文証の涅槃とは、涅槃から顕現された如来、如より来生せる如来の在り方を課題とするもので、証から真仏土へという智慧（さとり）から慈悲（すくい）という動向と同じ関係にある。

仏教の基本は「世間虚仮　唯仏是真」につきる。聖徳太子の亡き後、后の橘大郎女《たちばなのおおいらつめ》が太子を偲んで「天寿国繡帳《しゅうちょう》」を作った。これは以前、「天寿国曼荼羅」と言われていたものであるが、この天寿国とは何かというと、最近の考古学者の研究によって、中国では阿弥陀如来の世界、つまり浄土、極楽世界のことを指す、ということが明らかになっている。最近、繡帳の復元研究が行なわれ、図像研究の上からも天寿国の描写が当時の中国の浄土教の影響を受けており、極楽浄土を示しているという説が大きく支持され、太子が極楽浄土への往生を願っていたと考えられている。

その繡帳の上に亀の甲を縫い出して、その中に、赤糸でこの「世間虚仮　唯仏是真」の八文字が四文字ずつ刺繡されている。これが仏教の基本であることについては、親鸞によって七祖の鼻祖とされている龍樹によっても、

「およそ偽りの性質のあるものは虚妄である」と世尊は説かれた。しかも、全ての諸行は偽りの性質のあるものである。それ故、それら（諸行）は虚妄である。
もしも「およそ偽りの性質のあるものは虚妄である」ならば、そこにおいて何が偽られているのか。実に、このことが世尊によって説かれているのは、空［という真実］を明らかにせんがためである。
（『根本中論偈』第十三章第一偈〜第二偈）

と、『根本中論偈』において、それが釈尊の直説であることが明示されている。『涅槃経』は、この「世間虚仮」と「唯仏是真」との対話が説かれている経典であるといえる。

ところで、この大乗『涅槃経』が説かれなければならなかった大事な理由は、「三宝に帰依する」ことを基本としている仏教にとって、その最も大事な仏宝としての釈尊が八十歳で入滅したことにより、仏宝とは何か、仏身とは何か、涅槃とは何かということを、改めて確認するためであったといえる。その問いの中から、法身常住と悉有仏性を主題として説いているのが『涅槃経』である。

虚仮なる世間に生きた肉身としての釈尊の入滅という事実を直視し、それを問うことによって、真実なる法身としての釈尊を明らかにしようとしている。すなわち、無常・苦・無我・不浄なる世間は虚仮であり、常・楽・我・浄なる仏（出世間）のみが真実であるという、世間法と出世間法との問答によって、そのことを説こうとしているのが『涅槃経』である。世間は無常・苦・無我・不浄と洞察されたからこそ、「世間虚仮」と説かれ、その世間を出離した出世間が「唯仏是真」と説かれているのである。

従って、『涅槃経』には、法身常住が説かれ、常・楽・我・浄の仏性が説かれているが、それは、その前提として、無常・苦・無我・不浄と説かれる世間法があるからである。その世間法を虚仮と見定め、世間法による「すくい」は、決して「真実のすくい」とはなりえず、「真実のさとり」によってこそ「真実のすくい」が実現されるということが説かれているのである。このように、『涅槃経』の主題は、「法身常住」であり、そのことを知らしめるのが「悉有仏性」である。そこには「法身常住としての仏性」が説かれている。親鸞は、その「仏性」という課題のためにここに『涅槃経』よりの多くの文証を列挙している。

まず、法身常住としての「仏性」について、大乗仏教においてそれがどのように了解されているのであろうか。それについて、少しく言及しておくことにする。いうまでもなく、仏性思想の本意は、「悉有仏性」を説くことであり、それは、智慧と、そのはたらきとしての慈悲との二つの事実を表明しようとしているものであるといってよい。それは、とりもなおさず、大乗仏教における仏道体系としての〝智慧から慈悲への動向〟とは、智慧にとどまらずに慈悲として世間にはたらきでることによってはじめて智慧の真義は完成されたものとなる、という意味であり、そういう意味において、智慧と慈悲との関係を規定するのが大乗仏教の仏道体系であるということについては、すでに必要に応じて言及した通りである。このような智慧と慈悲との関係について再度略説するならば、智慧が智慧自らの真義を完成するということは、智慧のままに凝滞せずして智慧が限りなき迷いの世界を対象として迷いの生存である世間へはたらき出るということである。それは智慧が迷いの世界を対象として智慧自らを訓練し修習するということで、それによって智慧はいよいよ増上し、迷いの世界は空ぜられ、その穢濁が浄化せられる。生存の穢濁が浄化せられるということは、その世間の中で苦悩する私たちが慈悲を蒙るということで、智慧が増上すればする程、迷いの生存の中で苦悩する私たちが慈悲を必要とすることがいよいよ深厚なものとなっていく。ここに、智慧が慈悲として私たちのためにはたらき出て、そのはたらきが限りなくはたらき続けていくあり方について、智慧の真義は完成されたものとなっていく。逆説的にいえば、迷いの生存の中で生きている私たちに対する慈悲として世間にはたらきでないような智慧は、智慧としての意味を持たないということである。このように、智慧が慈悲として世間にはたらき出てきたことによって、智慧と世間とのかかわり合いが可能となっている。釈尊を始めとする諸仏諸師も諸仏典もすべてが智慧の慈悲としての顕現にほかならない。

私たちは、常に智慧のはたらき（慈悲）とのかかわり合いを持っている。何故ならば、はたらく対象のないはたらきは現実にありえないからである。もしはたらく対象のないはたらきがあるとすれば、それは全くの観念の遊戯にしかすぎない。私たちという対象（世間・衆生）のないとき、智慧は智慧にとどまり、智慧の慈悲としてのはたらきは不可能となる。従って、智慧は常に慈悲としてはたらいていなければ、智慧としての意味を有しないものとなる。ということは、私たちが常に智慧のはたらき（慈悲）において、慈悲にはたらきかけられているという事実に覚醒せしめられねばならない、ということである。

このような本意において、仏性思想が「悉有仏性」を唱導していることを確認するために、さらに、仏性思想における「悉有仏性」の意味を、『究竟一乗宝性論』（以下『宝性論』と略称）に基づいて確認しておかなければならない。『宝性論』では「悉有仏性」の意味が三義として説明されている。

そのことの第一点は、仏性思想は「空」の真実という基盤の上で悉有仏性を唱導していると説明されていることである。そのことの表明が、悉有仏性ということの第二義として『宝性論』に説示されている「真如は平等である（真如平等）」ということである。すでに明らかなように、真如平等とは、仏と人間とは平等であるということであり、そのことは、一切は縁起にして空性であるという根源的な事実において成立し得ているということである。換言すれば、私たちの存在は私たちの分別（想念）を超えて存在しているという事実である。例えば、正法を誹謗し仏法を敵視する一闡提（icchantika・イッチャンティカ）とはまさしく人間の側の事実というべきである。しかし、それはあくまでも、人間の側の事実であって、決して人間にとっての身の真実ではない。人間の真実とは唯一であって、それは真如平等と表現されている事柄以外にはありえないのである。すなわち、大乗仏教における一乗思想の意味は、まさしくこの人間の身の真実の表明に他ならない。大乗仏教とは、仏教が一切衆生のものであるということの表明であるが、しかも、この一乗思想は私たちの分別（想念）の中からは決して生まれてこない。それは、私たちの分別（想念）を超えた私たちの存在そのものの真実、すなわち、真如平等という根源的事実においてのみ可能な思想である。大乗仏教が三乗を否定して一乗思想に立ったということは、三乗の中の一つである菩薩乗に立ったということではあるが、しかし、そのことは、単に三乗の中から一乗が選ばれたということではない。「究竟一乗」なのである。すなわち、三乗とは、あくまでも、人間の側の事実としての私たちの分別（想念）が生みだした能力とか、性格とか、努力とかといったさまざまな事柄によって区別された差別以外の何ものでもないのに対して、一乗とは、それら人間の側の事実としての差別を超えた人間存在それ自体の根源的事実への目覚めの表明である。従って、菩薩乗とはこの普遍的な人間の真実への目覚めを基本としているのであり、「一切衆生を救済せずにおかない」という菩薩精神もこの根源的事実においてありえているのである。

この根源的事実においてこそ、一切衆生は悉有仏性であるというのであるから、「悉有仏性」とは、単なる理想的な事柄、或いは理論上の事柄としてではなく、まさしくの人間にとっての足下の真実の表明であるといわなければならないことが知られるのである。以上のような意味で、「真如平等」は、人間の真実としての「悉有仏性」の表明であると確認することができる。

次に、第二点は、悉有仏性を唱導するにあたって、『宝性論』は「悉有仏性」の第一義として「法身が遍満している（法身遍満）」と、それを表明していることである。その内容は、上記の「真如平等」という根源的な事実の上に立って、如来の法身が一切衆生にその目覚めを促してやまないはたらき（説法）をはたらき続けるそのはたらきの常恒性・普遍性という宗教的な事実の表明である。すなわち、法身遍満とは、法身のはたらきが遍満しているということであり、それは「法界の等流としてのはたらきである如来の聖教によって、一切衆生に対する説法がなされ、私たちは何時いかなるときでもその説法のただ中にいる」ということである。説法こそはまさしく如来法身の慈悲の顕われであるから、智慧のはたらきとしての慈悲によって、常に私たちははたらきかけられているという事実を指して、法身のはたらきとしての説法が遍満し流布している。すなわち、法身遍満と表明しているのである。この智慧のはたらきとしての慈悲が常に不断に私たち一切衆生の存在する限り、はたらき続けていくというダイナミックな実践道のあり方が、大乗『涅槃経』において、「法身常住」と説かれ、その法身の属性としての常楽我浄の四波羅蜜多が表明され、その中で、法身のはたらきは常住であると主張されているのである。いうまでもなく、法身常住とは、無住処涅槃のことであり、それは、まさしく法身遍満ということに他ならない。

かくして、この法身遍満とは、一切衆生に対する正覚者としての仏にとっての真実であるということの宗教的な事実の表明である。すなわち、如来法身の大悲のはたらきの常恒性・無量性を指して、悉有仏性と表現しているのである。このように、大乗仏教とは、真如平等という根源的事実に基づき、如来法身の大悲説法のはたらきこそをその本題としているのであり、この大悲説法という宗教的事実の表明こそが大乗仏教の具体的な内容となっている。ともあれ、如来法身の大悲のはたらきの常恒性・無量性を内容とする「法身遍満」は、仏の真実としての「悉有仏性」の表明であると確認することができる。

かくして、仏性思想は、智慧から慈悲への動向における根源的事実と宗教的事実との二事実に基づいて、悉有仏性を唱導している『宝性論』に導かれて、この二事実が明らかとなるとき、「悉有仏性」の第三義としての「仏の種姓を有す（有仏種姓）」という自覚が実現するのである。この「有仏種姓」とは、悉有仏性の第一義としての宗教的事実（法身遍満・慈悲の事実）と第二義としての根源的事実（真如平等・智慧の事実）との二事実に促されて、自らを仏の家族・仏子と確信する中で仏道を歩まんとする自覚的事実の表明である。従って、そこには「仏性」を実体視する何らの根拠も存在しないのであるが、大乗仏教の仏道体系の中で綜合的にそのことを理解しないとき、「有仏種姓」という表現は、ともすると、「仏性」を仏種姓という何らかの実体として想定するという誤解を招くことにもなっていたようである。

さて、以上の如く、『宝性論』において、仏性思想は、智慧から慈悲への動向という大乗仏教の仏道体系における智慧の普遍性（真如平等）という根源的事実と慈悲の常恒性（法身遍満）という宗教的事実と、それらの事実に基づいて仏道を歩まんとする自覚的事実との三事実を指して悉有仏性と表明しているのである。それらの中にあって、如来法身の智慧が慈悲として必然的にはたらき出なければならない如来法身の行願によって、一切衆生がはたらきかけられているという宗教的事実は、まさしく、如来の「本願」の事実を表明しているものである。

かくして、大悲利他の行願である如来の〝本願〟とは、如来の智慧のはたらき（慈悲）の具体的な発現である。思うに、〝智慧の慈悲〟によってはたらきかけられ、〝智慧の行願〟によって願われている事実が、〝悉有仏性〟と顕示されたところに仏性思想が、また〝本願〟として顕示されたところに本願（浄土）思想が、各々歴史的な事実となって現われたのである。

以上のように、悉有仏性という思想においても本願の事実が表明されていなければならないというべきであろう。何となれば、そのことが、悉有仏性を表明した仏性思想が、大乗仏教の思想であることの証明であるというべきであるからである。「悉有仏性」を大前提として一切衆生の成仏を願ってやまない仏性思想が、一切衆生の成仏が実現しない限り自らも成仏しないという「大悲闡提」のあり方をもって、本願思想と重なっていくのはきわめて必然であるからである。ここに他力本願に対する「信心としての仏性」が親鸞によって課題とされ、以下にそのことの文証が掲げられているのである。

二　『涅槃経』と「仏性」——法身常住としての仏性——

かくして、仏性思想の「悉有仏性」とは、真如平等としての仏性であり、法身遍満としての仏性であり、有仏種姓としての仏性である。同様に、浄土思想においては、光明無量としての仏性であり、寿命無量としての仏性であり、この光寿無量の二願に対する信心としての仏性である。そして、『涅槃経』においては、「法身常住」としての仏性が説かれているのである。

『涅槃経』は、三帰依における最も重要な仏宝としての釈尊の入滅を課題として、無常身である肉身の釈尊は入滅して存在しなくなるが、釈尊をこの無常な世間において釈尊たらしめた法身としての釈尊は常住であるという仏性を説いている。この世における釈尊の入滅は無常なる世間的な涅槃であり真の涅槃ではなく、出世間としての真の涅槃は法身常住であると説く『涅槃経』から多くの文証が引用されている。以下、『涅槃経』からの十三の文証について、管見するに当り、それらの引文については、例えば、山辺習学・赤沼智善共著『教行信證講義』「真仏土巻」（法蔵館）では、次のように、その旨意を示している。

第一　四相品文——寿命無量 ┐
第二　四依品文——光明無量 ┘——（光寿二無量の報身なることを示す）

第三　聖行品文——常徳
第四　梵行品文——常徳——後半我徳
第五　徳王品文——楽徳
第六　徳王品文——浄徳
第七　徳王品文——浄徳
（浄楽我浄の四徳の妙果なるを示す）——表詮。積極的に仏身の内容を示す

第八　迦葉品文——未来得見仏性
第九　迦葉品文——衆生根性不決定
第十　梵行品文——上の文の第一義とあるを助顕する也
第十一　迦葉品文——衆生不解我意
第十二　迦葉品文——十住菩薩少見仏性
第十三　師子吼品文—眼見聞見
——遮詮。消極的に仏身の尊貴を示す。

ここに示されている旨意については、それを一応の参考としつつ、いまはそこに内包されている重要な課題にいて解釈していくこととする。

まず、「四相品」からは、如来は解脱から来生すると説いている部分を示すと、次の如くである。

また解脱は、名づけて虚無と曰う。虚無すなわちこれ解脱なり。解脱すなわちこれ如来なり。如来すなわちこれ虚無なり。非作の所作なり。乃至　真解脱は不生不滅なり。このゆえに解脱すなわちこれ如来なり。如来また爾なり。不生不滅・不老不死・不破不壊にして、有為の法にあらず。この義をもってのゆえに、名づけて如来入大涅槃と曰う。

と。ここに、法身常住の内容が、解脱、虚無（空性）、如来、不生不滅として説かれ、それこそが真の涅槃としての大涅槃・無上涅槃であり、それが「如来入大涅槃」であると説かれている。

次は「四衣品」に、光明は智慧であることについて、

また曰く光明は不羸劣《ふるいれつ》に名づく。不羸劣《ふるいれつ》とは、名づけて如来と曰う。また光明は名づけて智慧とす、と。

と示されているが、不羸劣《ふるいれつ》とは光の衰えがないことを意味し、衰えのない智慧の働きのことを如来と言っている。般若の智慧の徳性として、「光明＝如来＝智慧」が説かれている。

次に、「聖行品」では、如来としての仏性が、

一切有為はみなこれ無常なり。虚空は無為なり、このゆえに常とす。仏性は無為なり、このゆえに常とす。虚空はすなわちこれ仏性なり、仏性はすなわちこれ如来なり、如来はすなわちこれ無為なり、無為はすなわちこれ常なり、

と説かれている。「法身常住」と「悉有仏性」を説く『涅槃経』における「常」とは、「虚空」(「空」のこと)＝「無為」なる法身のことであるが、その法身が如より来生して、如来としてはたらき、一切衆生救済として展開される。それが「大悲無倦常照我」である。それが『涅槃経』に説かれる「如来としての仏性である。

以上のように、「如来は大涅槃に入る」と説かれ、「仏性はすなわち如来である」と説かれているが、法身常住とは、如来のはたらきの常恒性、大悲の常恒性を意味している。そのことはすでに提示した『宝性論』における「法身遍満」としての宗教的事実に同じである。このことによって、私たちに仏性(仏と成る可能性)が確認されるのである。これに基づいて、親鸞は、『浄土和讃』(弥陀和讃)の中で、阿弥陀如来の徳を讃えて、

如来すなわち涅槃なり　涅槃を仏性となづけたり
凡地にしてはさとられず　安養にいたりて証すべし

信心よろこぶそのひとを　如来とひとしとときたまう
大信心は仏性なり　仏性すなわち如来なり
（聖典四八七頁）

と詠まれている。ここに、私の中に磨かなければならない「仏性」と表現される何かが存在しているわけではない。如来から回向された信心こそが私たちの仏性であると、信心仏性、すなわち他力本願への信心が仏性（仏と成る可能性）であることが、「大信心は仏性なり」と讃嘆されている。続いて、道や菩提や涅槃について無常と常の二種があると説いている「梵行品」と、大涅槃とは何かを説いている「徳王品」を引いているが、そこにおいても、「如来はこれ凡夫・声聞・縁覚・菩薩にあらず、これを仏性と名づく」と説かれている。続いて、仏性は常であり、虚空のごとくであると説く「迦葉品」を引いているが、その中で、

「世尊、仏の所説の義のごとし。かくのごときの者、なにがゆえぞ説きて、『一切衆生悉有仏性』と言えるや」と。「善男子、衆生の仏性は現在に無なりといえども、無と言うべからず。虚空の

ごとし。性は無なりといえども、現在に無と言うことを得ず。一切衆生また無常なりといえども、しかもこれ仏性は常住にして変なし。このゆえに我この『経』の中において、『衆生の仏性は非内非外にして、なお虚空のごとし』と説きたまう。非内非外にして、それ虚空のごとくして有なり。内外は虚空なれども、名づけて一とし常とせず。また一切処有と言うことを得ず。虚空はまた非内非外なりといえども、しかれどももろもろの衆生ことごとくみなこれあり。衆生の仏性もまたかくのごとし。汝言うところの一闡提の輩のごとし」

と説かれている。仏性とは法身常住を意味し、その法身とはこの無常なる衆生の世界「世間虚仮」の事柄ではない。しかしながら、衆生の世界内の事柄ではないが、衆生の世界とは別な外の世界の事柄でもない。衆生にとっての虚空の如く、一切衆生に悉く仏性は有るのである。仏法を誹謗し、五逆の大罪を犯し、自らの業の因果を求めない一闡提であっても、それは同様であると説かれている。また同品に、

善男子、常に一切衆生悉有仏性と宣説する、これを随自意説と名づく。一切衆生不断不滅にして、乃至阿耨多羅三藐三菩提を得る、これを随自意説と名づく。

一切衆生はことごとく仏性あれども、煩悩覆えるがゆえに見ることを得ることあたわずと。我が

説、かくのごとし。

と説かれている。ここに「一切衆生悉有仏性」と説かれているのは「随自意説（覚者自らの覚りのままの説法）」であり、その覚りにおいて、一切衆生は本来的に断たれる存在でもなく滅する存在でもなく、それ自体としては空・ゼロであるという真実において無上なる正等覚を得るのである。このことは一切衆生において明らかであり、悉く仏性を有しているのであるが、煩悩によって覚りの智慧が覆われているために、その真実を覚ることができないのである。そのために随他意説（衆生の側にあわせた説法）がなされるのであると説かれている。

続いて「師子吼品」から、

また言わく、一切覚者を名づけて仏性とす。十住の菩薩は名づけて一切覚とすることを得ざるがゆえに、このゆえに見るといえども明了ならず。善男子、見に二種あり。一つには眼見、二つには聞見なり。諸仏世尊は眼に仏性を見そなわす、掌の中において阿摩勒菓を観ずるがごとし。十住の菩薩、仏性を聞見すれども、ことさら了了ならず。十住の菩薩、ただ能く自ら定んで阿耨多羅三藐三菩提を得ることを知りて、一切衆生はことごとく仏性ありと知ることあたわず。善男子、また眼見あり。諸仏如来なり。十住の菩薩は仏性を眼見し、また聞見することあり。一切衆生乃至九地までに仏性を聞見す。菩薩もし一切衆生ことごとく仏性ありと聞けども、心に信を生ぜざれば聞見と名づけずと。

にはじまる一文を引いている。ここに、「一切覚者を名づけて仏性とす」と示し、諸仏世尊は仏性を眼見するが、菩薩は覚者の説法を聞いて、それを聞見するのであり、一切衆生もまた同じであると説かれているのを確認している。ここに私たちは覚者の眼見（目の前に確認された真実）に導かれて、それを聞見することによって仏性を見ることができるのである。そして、「菩薩もし一切衆生ことごとく仏性ありと聞けども、心に信を生ぜざれば聞見と名づけず」としている。一切覚者である仏世尊以外は、悉有仏性という「随自意説」に対して心に信を生ぜざれば「仏性」を聞見することはできないと説き、眼見と聞見との区別が続いて説かれ、『涅槃経』からの引文を終えている。言うまでもなく、煩悩成就の一切衆生においては、聞見をこえることはできない。

〔本文〕

『涅槃經』言又解脱《サトリサトル》者《ハ》名《テ》曰《フ》二虚无《ト》一虚无即是解脱《ナリ》 解脱即是如來《ナリ》 如來即是虚无《ナリ》 非作《ノ》所作《ナリ》 乃至眞解脱者《ハ》不生不滅《ナリ》 是《ノ》故《ニ》解脱即是如來《ナリ》 如來亦尒《カナリ》 不生・不滅・不老・不死・不破《ヤフレ》不壞《ヤフル》《ニシテ》 非《ス》二有爲《ノ》法《ニ》一以《テノ》二是《ノ》義《ヲ》一故《ニ》名《テ》曰《フ》二如來入大涅槃《ト》一乃至

又解脱者《ハ》名《ク》二无上上《ト》一乃至无上上者《ハ》即眞解脱《ナリ》 眞解脱者《ハ》即是如來《ナリ》 乃至若得《エ》四成《ルコトヲ》三於二阿耨多羅三藐三菩

提《ヲ》一已《テ》无愛 无疑《ナリ》 无愛无疑《ハ》卽眞解脫《ナリ》 眞脫者《ハ》卽是如來《ナリ》 乃至 如來者《ハ》卽是涅槃《ナリ》 涅槃者《ハ》卽是无盡《ナリ》 无盡者《ハ》卽是佛性《ナリ》 佛性者《ハ》卽是決定《ナリ》 決定者《ハ》卽是阿耨多羅三藐三菩提《ナリト》 迦葉菩薩白《シテ》二佛《ニ》一言《サク》・世尊若《シ》涅槃《ト》佛性《ト》決定《ト》如來《ト》是一義名《ナラハ》 云何《ソ》說《テ》言《タマヘルヤト》三 有二三歸依一 佛告《ハク》二迦葉《ニ》一 善男子一切衆生怖二畏《キスルカ》生死《ヲ》一故《ニ》求《ム》二三歸《ヲ》一 以《ノ》二三歸《ヲ》一故《ニ》則・知《ルナリト》二佛性《ト》決定《ト》涅槃《トヲ》一 善男子有《リ》二法名《ノ》一義異《ナル》一 有《リ》二法名義俱異《ナル》一 名一義異者《トハ》佛常法常比丘僧《トハ》常《ナリ》 涅槃虛空皆《ナ》亦是常《レナリ》 是《ヲ》名《ク》二名一義異《ト》一 名義俱異者《トハ》佛《ヲ》名《テ》爲《ス》二覺《ト》一 法《ヲ》名《ク》二不覺《ト》一 僧《ヲ》名《ク》二和合《ト》一 涅槃《ヲ》・名《ク》二解脫《ト》一 虛空《ヲ》名《ク》二非善《ト》一 亦名《ク》二无导《ト》一 是《ヲ》爲《ス》二名義俱異《ト》一 善男子三歸依者《トハ》亦-復如《シト》二是《ノ》一 略出

又・言《ハク》 光明者《ハ》名《ク》二不 羸《ルイ》 劣《レチニ》一 不羸劣者《トハ》名《テ》曰《フ》二如來《ト》一 又光明者《ハ》名《テ》爲《スト》二智慧《ト》一 已上

又言《ハク》 善男子・**一切有-爲《ハ》皆是无常《ナリ》 虛空《ハ》无爲《ナリ》 是《ノ》故《ニ》爲《ス》二常《ト》一 佛性《ハ》无爲《ナリ》 是《ノ》故《ニ》爲《ス》二常《ト》一 虛空者《ハ》卽是佛性《ナリ》・佛性者《ハ》卽是如來《ナリ》 如來者《ハ》卽是无爲《ナリ》 无爲者《ハ》卽是常《ナリ》** 常者《ハ》卽是法《ナリ》 法者卽是僧《ナリ》 僧卽无爲《ナリ》 无爲者《ハ》卽是常《ナリ》 乃至 善男子譬《ハ》如《シ》下從二牛《シ》一出《ス》二乳《ヲ》一 從二乳一出《ス》二酪《ヲ》一 從二酪一出《ス》二生蘇《ヲ》一 從二生蘇一出《ス》二熟蘇《ヲ》一 從二熟蘇一出《ス》二醍醐《ヲ》一 醍醐最上《ナリ》 若《シ》有《ル》二服一者 衆病皆除《コル》 所有《アラユル》諸《ノ》藥《ノ》悉《トク》入《ルカ》中其《ノ》中《ニ》上 善男子佛《モ》亦如《シ》二是《ノ》一 從二佛一出《ス》二十二部經《ヲ》一 從二十二部經一出《ス》二修多羅《ヲ》一 從二修多羅一出《ス》二方等經《ヲ》一 從二方等經一出《ス》二般若波羅蜜《ヲ》一 從二般若波羅蜜一出《ス》二大涅槃《ヲ》 猶如《シ》二醍醐《ノ》一 言二醍醐一者《ハ》喩二於佛性《ニ》一 佛性者《ハ》・卽是如來《ナリ》 善男子如《ノ》二是《ノ》一義《ノ》故《ニ》說《テ》言《ヘリト》二 如來所有《ノ》功德无量无邊不可稱計《ト》一 抄出

又言《ク》善男子道《ニ》有《リ》二二種一 一者《ハ》常二者无常《ナリ》 菩薩之相《ニ》亦有二二種一 一者常二者无常《ナリ》 涅槃亦《モ》尒《ナリ》 外道《ノ》道《ヲ》名《テ》爲《ス》二无常《ト》一 內道《ノ》道者《ハ》名《テ》二之《ヲ》一爲《ス》二常《ト》一 聲聞緣覺所有《ノ》菩提《ヲ》名《テ》爲《ス》二无常《ト》一 菩薩諸佛《ノ》所有《ノ》菩提《ヲ》名《テ》二之《ヲ》一爲《ス》二常《ト》一 外《ノ》

解脱者名為二无常一内解脱者名二之一為二常一善男子道與二菩提及一以涅槃一悉名為二常一一切衆生・常為二
无量煩悩一所二覆一无二慧眼一故不四能三得二見(ルニ)一而。諸衆生為五欲四見三修二戒定慧一以二修行一故・見二道菩提
及一以涅槃一是名二菩薩得道菩提(イフ)涅槃一道之性相實不生滅 以二是義一故・不三可二投《トル》持一乃至道者雖三无二色
像一可㈡見一稱量(ニ)可二知而 實有二用一乃至如二衆生心一雖下非二是色一非㈡長一非㈡拉非㈡ 麁《アラシ》一非㈡ 細《コマカナリ》一非㈡縛《シハル》一
非㈡解一非中見上法而 亦・是有 出抄

又言善男子有二大樂一故名二大涅槃一涅槃无樂 以二四樂一故名二大涅槃一何等・為㈡四一一者斷二諸樂一故
不三斷二樂一者則名為二苦一若有二苦一者不三名二大樂一以三斷二樂一故則无三有二苦一无苦无樂乃名二大樂一涅槃
之性无苦无樂 是故涅槃名為二大樂一以二是義一故名二大涅槃一復次善男子樂有二二種一一者凡夫二者諸
佛・凡夫之樂无常敗《ヤフレ》壞《ヤフル》 是故无樂 諸佛常樂・无三有二變《カハリ》易《カハル》一故名二大樂一復次善男子有二三種受一一者苦
受二者樂受三者不苦不樂受《ウクル》 不苦不樂是亦為二苦一涅槃雖三同二不苦不樂一然 名二大樂一以二大樂一故名二
大涅槃一二者大寂靜故名為二大樂一涅槃之性是大寂靜・何以故遠二離一切憒《クワイ》閙《ネウ》法一故以二大寂一
故名二大涅槃一三者一切智故名為二大樂一非二一切智一不三名二大樂一諸佛如來・一切智故名為二大樂一以二
大樂一故名二大涅槃一四者身不壞故名為二大樂一身若可二壞一則不三名二樂一如來之身金剛・无二壞一非二煩惱
身无常之身一故名二大樂一以二大樂一故名二大涅槃一上已

又言不可稱量不可思議 故得三名為二 大涅槃一以二純《モハラ》淨一故名二大涅槃一云何純淨 淨有二四種一何
等 為㈡四一一者二十五有名為二不淨一能永斷 故得三名・為二 淨一淨卽涅槃 如㈡是一涅槃亦得三名二有而

是涅槃一實非二是有一諸佛如來隨二世俗一故說二涅槃有一譬如下世人非二父一言三父一非三母一言二母一實非二父母一而言中父母上涅槃亦尒隨二世俗一故說言二諸佛有大涅槃一一者業清淨故・一切凡夫業不清淨故无二涅槃一諸佛如來業清淨故・故・名二大淨一以二大淨一故名二大涅槃一三者身清淨故身若无常則名二不淨一如來身常故名二大淨一以二大淨一故名二大涅槃一四者心清淨故心若有漏名曰二不淨一佛心无漏故名二大淨一以二大淨一故・名二大涅槃一善男子是名二善男子善女人一抄出

又言善男子諸佛如來煩惱不二起一是・名二涅槃一所有智慧於二法一无㝵是爲二如來一**如來非二是凡夫聲聞緣覺菩薩一是名二佛性一**如來身心智慧徧二滿无量无邊阿僧祇土一无三所二鄣㝵一是名二虛空一如來常住无三有二變易一名曰二實相一以二是義一故如來實不二畢竟涅槃一是名二菩薩一上已

又言迦葉菩薩言世尊佛性者常猶如二虛空一何故如來・說言二未來一如來若言三一闡提輩无二善法一者・一闡提輩於二其同學同師父母親族妻子一豈當四不三生二愛念心一邪如其生者非二是善一乎・佛言善哉善哉善男子快發二斯問一佛性者猶如二虛空一非二過去一非二未來一非二現在一一切衆生有二三種身一所謂過去未來現在衆生未來具二足莊嚴清淨之身一而得三見二佛性一是故我言二佛性未來一善男子或爲二衆生一或時說三因一爲二果一或時說三果一爲二因一是故經中說二命一爲二食一見三色一名二觸一未來身淨故說二佛**性一世尊如二佛所說義一如三是一者何故說言二一切衆生悉有佛性一善男子衆生佛性雖二現在无一不四可三言二无一如二虛空一性雖二无一現在不四得三言二无一一切衆生雖二復无常一而是佛性常住无二變一是故我於二此經中一說二衆生佛性非内非外一猶如二虛空一非内非外如二其虛空一有内外者虛空不下名爲二一一爲中**

常《ト》上亦不《ス》四得《エ》三言《コトヲ》二 一切處有《ト》一虚空雖《モ》二復非内非外《ナリト》一 而《トモ》諸《ノ》衆生悉皆有《リ》二之《コレ》一衆生《ノ》佛性亦《モ》復如《シ》二是《ノ》一如《シ》下汝所《ノ》二言《フ》一一闡提《ノ》輩《ノ》上若《シ》有《レトモ》下身業口業意業取業求業後業解業如二是一等業《ラノ》上悉《ク》是邪業《ナリ》 何以《ヲ》故《ノ》不《ニ》三求《ルカ》二因果《ヲ》一故《ナリト》 善男子如《シ》二訶梨勒果《ノ》根莖枝葉華實悉苦《クニカキカ》二一闡提業《ノ》亦《モ》復如《シ》二是《ノ》一上已

又言《ハク》 善男子如來《ハ》具二足《シタマヘリ》 知諸根力《ヲ》一是《ノ》故《ニ》善《ク》解《リ》二分三別《シテ》 衆生《ノ》上中下根《ヲ》一能《ク》知《シメシテ》二 是《ノ》人《ヲ》一轉《シテ》二下《ヲ》一作《ナス》二中《ト》一能《ク》知《シメシテ》二 是《ノ》人《ヲ》一轉《シテ》二中《ヲ》一作《ス》二上《ト》一能《ク》知《シテ》二是《ノ》人《ヲ》一轉《シテ》二上《ヲ》一作《ス》二中《ト》一能《ク》知《シテ》二是《ノ》人《ヲ》一轉《シテ》二中《ヲ》一作《ス》二下《ト》一是《ノ》故《ニ》當《ニ》二知《ル》一衆生《ノ》根性《ニ》无《シ》三有《コト》二決定一以《ノ》三无《ヲ》二定一故《ニ》或《ハ》斷《ス》二善根《ヲ》一斷已《シテ》還《テ》生《ス》若《シ》諸《ノ》衆生《ノ》根性定《ナラハ》 者終《ニ》不《ラム》二先《キニ》斷《シテ》 斷已《シテ》復《タ》生《セ》一亦不《スト》下下應《ラ》下說《ク》中 一闡提輩《ノラ》墮《シテ》三於二地獄《ニ》一壽命一劫《ナリト》上 善男子是《ノ》故《ニ》如來說《キタマヘリ》四 一切《ノ》法《ハ》无《シト》三有《コト》二定相一迦葉菩薩白《シテ》二佛《ニ》一言《ク》世尊如來《ハ》具二足《シテ》 知諸根力《ヲ》一定《テ》知《シメサム》四 善星當《ニ》三斷《ス》二善根《ヲ》一以《テ》二何因《ノ》縁《ヲ》一聽《シタマフト》二 其《ノ》出家《ヲ》一佛言《ノタマハク》 善男子我於《テ》二往昔《シャクノ》《ムカシ》 初《ソノカミニ》一出家《ノ》時《キ》吾《カ》弟難陀 從《シタカフ》二弟阿難提婆達多子羅睺羅《ニ》一如《キ》二是《ノ》一等輩《ノトモカラ》 皆悉《ク》隨《テ》二我《ニ》一出《テ》二家《ヲ》一修《シキ》二道《ヲ》一我《レ》若《シ》不《スハ》三聽《ユルサ》二善星《カ》出家《ヲ》一其《ノ》人次《ニ》當《ニ》四得《ウ》三紹《ツクコトヲ》二王位《ヲ》一其《ノ》力自在《ニシテ》 當《ニ》三壞《ス》二佛法《ヲ》一以《テ》二是《ノ》因縁《ヲ》一我便《レ》聽《ス》下其《ノ》出《テ》二家《ヲ》一修《スルコトヲ》中 道《ヲ》上善男子善星比丘若《シ》不《スハ》二出家《セ》一亦斷《セム》二善根《ヲ》一於《テ》二無量世《ニ》一都《テ》无《ケム》二利益一今出家已《シテ》雖《モ》三斷《スト》二善根《ヲ》一能《ク》受二持《シテ》 戒《ヲ》一供二養《シ》恭三敬《セム》 耆《キ》舊《キウ》長宿有德之人《ヲ》一修二習《セム》 初禪乃至四禪《ヲ》一是《ヲ》名《ク》二善因《ト》一如是善因能《ク》生《ム》二善法《ヲ》一善法既《ニ》生《セハ》 能《ク》修二習《セム》 道《ヲ》一既《ニ》修二習《セハ》 道《ヲ》一當《ニ》三得《ウ》二阿耨多羅三藐三菩提《ヲ》一是《ノ》故《ニ》我《レ》聽《ス》二善星《カ》出家《ヲ》一善男子若《シ》我不《レスハ》下聽《ルシ》二善星比丘出家《ヲ》一受《ウケ》中戒《ヲ》上則不《ラムト》下下得《エ》下稱《シテ》二我《ヲ》一爲《スルコトヲ》中 如來具足十力《ト》上乃至 善男子如來善《ク》知《シメス》下衆生如《キ》二是一上中下《ノ》根《ト》上是《ノ》故《ニ》稱《セム》二佛《ハ》具知根力《ト》一迦葉菩薩白《シテ》二佛《ニ》一言《ク》世尊如來《ハ》具二足《シタマヘリ》 是知根力《ヲ》一是《ノ》故《ニ》能《ク》知《シメシテ》二一切衆生上中下根《ノ》利鈍差別《ヲ》一隨《カヒ》二人《ニ》一隨《カヒ》二意《ニ》一隨《フカ》二時《ニ》一故《ニ》名《ケタテマツル》二 如來知諸根力《ト》一乃至 或《ハ》有《アリト》四說《テ》言《コト》三犯四重禁作五逆罪一闡

提等皆有ナト二佛性一乃至如來世尊爲ノ二國土ノ一故ニ爲ノ二時節ノ一故ニ爲ノ二他語ノ一故ニ爲ノ二人ノ一故ニ爲ノ二衆根ノ一故ニ於テ二一法ノ中ニ一作ス二二種ノ說ヲ一於テ二一名ノ法ニ一說ク二无量ノ名ヲ一於テ二一義ノ中ニ一說ク二无量ノ名ヲ一於テ二无量ノ義ニ一說ク二无量ノ名ヲ一云何カ一名ニ說クヤ二无量ノ名ヲ一猶シ如二涅槃ノ一亦名ク三涅槃ト一亦名ク三无生ト一亦名ク二无出ト一亦名ク三无作ト一亦名ク二无爲ト一亦名ク二歸依《タノムヨルトモ》ト一亦名ク二窟《クツ》《アナ》宅ト一亦名ク三解脫ト一亦名ク三光明ト一亦名ク三燈明ト一亦名ク三彼岸ト一亦名ク三无畏《イ》《(アン)オソレ》ト一亦名ク三无退《シリソク》ト一亦名ク三安處ト一亦名ク二寂《シツカニ》靜《シツカナリ》ト一亦名ク三无相ト一亦名ク三无二ト一亦名ク三一行ト一亦名ク三淸涼《リヤウ》《スヽシ》ト一亦名ク三无闇《アム》《ヤミ》ト一亦名ク三无㝵《サハル》ト一亦名ク三无靜ト一亦名ク三无濁ト一亦名ク三廣大ト一亦名ク三甘露ト一亦名ク二吉祥《アキラカナリ》ト一是ヲ名ク三一名ニ作《ツクル》ト二无量ノ名ヲ一云何一義ニ說クヤ二无量ノ名ヲ一猶シ如二帝釋ノ一乃至云何於テ二无量ノ義ニ一說クヤト二无量ノ名ヲ一如シ二佛如來ノ名《ミナ》ノ一爲ス二如來ノ義異名異ト一亦名ク三阿羅訶《カ》ト一義異名異ナリ・亦名ク二三藐三佛陀ト一義異名異ナリ 亦名ク二船《フネ》師ト一亦名ク三導師ト一亦名ク三正覺ト一亦名ク二明行足ト一亦名ク二大師子王ト一亦名ク二沙門ト一亦名ク二婆羅門ト一亦名ク二寂靜ト一亦名ク三施《アタフ》主ト一亦名ク二到彼岸ト一亦名ク二大醫王ト一亦名ク二大象王ト一亦名ク二大龍王ト一亦名ク三施眼ト一亦名ク二大力士ト一亦名ク三大无畏ト一亦名ク三寶聚《トモカラ》ト一亦名ク二商《シヤウ》《アキナイ》主ト一亦名ク二得解脫ト一亦名ク二大丈夫ト一亦名ク二天人師ト一亦名ク二大分陀利ト一亦名ク二獨《ヒトリ》无等侶《リヨ》《ロトモ》《トモカラ》一亦名ク二大福田ト一亦名ク二大智《サトル》海ト一亦名ク二无相ト一亦名ク二具足八智ト一如キ二是ノ一切義異名異ナリト 善男子是ヲ名ク三无量義ノ中ニ說ト二无量ノ名ヲ一復有リ三一義ニ說コト二无量ノ名ヲ一所謂ユルハ如シ二陰ノ一亦名テ爲ス二陰ト一亦名ク二顚倒《タフレタフル》ト一亦名テ爲ス二諦《タイ》《アキラカナリ》ト一亦名テ爲ス二四念處ト一亦名ク二四食ト一亦名ク二四識《シル》住處ト一亦名テ爲ス三有ト一亦名テ爲ス二道ト一亦名テ爲ス二時ト一亦名テ爲ス二衆生ト一亦名テ爲ス二世ト一亦名ク二第一義ト一亦名ク二三修《ツクロウ》ト一謂ハク身戒《イマシム》心ナリ 亦名ク二因果ト一亦名ク二煩惱ト一亦名ク二解脫ト一亦名ク二十二因緣ト一亦名ク二聲聞辟《アヤマル》支佛ト一佛ヲ亦《マタ》名ク二地獄餓鬼畜生人天ト一亦名ク二過去現在未來ト一是ヲ名ク三一義ニ說ト二无量ノ名ヲ一善男子・如來世尊ノ爲ニ二衆生ノ一故ニ・廣ノ中ニ說ク二略ヲ一略ノ中ニ說ク二廣ヲ一第一義諦《アキラカナリ》ヲ說テ爲ス二世諦ト一說テ二世諦ノ法ヲ一爲ス二第一義諦ト一略出

又言《ハク》　迦葉復言《ク》。世尊第一義諦《ヲ》亦。名《テ》爲二道《ト》一亦。名《ク》二菩提《ト》一亦。名《ク》二涅槃《クト》一至乃

又言《ク》善男子我以《レ》・經中《ノ》説《ニ》二如來身《ヲ》一凡《ヨソ》有二二種一一者生身二者法身　言《ナリ》二生身《ト》一者《ハ》即是方便應化之身《ナリ》・如《ノ》二是《ノ》一身者可《ハシ》四得《ウ》三言《コトヲ》二　是生老病死長短黑白是此是彼是學无學《ト》一我諸弟子聞《ノ》二是説《ヲ》一已《テ》不《レハ》三解《トラ》二我意《カヲ》一唱《ナヘテ》言《ハク》　如來定説《テカムト》二佛身《ハレ》是有爲《ノ》法《ナリト》一法身《ハ》即是常樂我淨《ナリ》　永《ク》離《（レタマヘリ）レタマヘレハ》二一切生老病死非白非黑非長非拉非此非彼非學非无學《ヲ》一若佛出《シノ》世及《ヒ》不出世《ニ》常《ニスシテ》不《セ》二動《ケム》一无《コト》三有《カヘ》二變易《カウル》一善男子我諸弟子聞《カノ》二是説《キノヲ》一已《テ》不《レハ》三解《ラ》二我意《カヲ》一唱《テ》言《ハク》　如來定説《テタマヘリト》二佛　身《ハレ》是无爲《ノ》法《ナリト》一

又言《ク》如《シ》二我所説《カノ》十二部經《ノハ》一或隨自意説或隨他意説《ハ》或隨自他意説《ナリ》至乃　善男子如《キ》二我所説《カノ》一十住菩薩少《シキ》見《ル》二佛性《ヲ》一是名《ヲク》二隨他意説《ト》一何以《ヲノ》故《ニ》名《クルヤ》二少見《ト》一十住菩薩《ノハ》得《タリ》二首楞嚴等三昧《ノ》三千法門《ヲ》一是故聲聞《ノニ》　自《ミツカラ》　知《テ》當《ニ》三得《ウ》二阿耨多羅三藐三菩提《ヲ》一不《ス》四見《ミ》三一切衆生定得《テムコトヲ》二阿耨多羅三藐三菩提《ヲ》一是故《ノニ》我説《クナリ》三十住菩薩《ノ》少分見《トクトモ》二佛性《ヲ》一善男子常《ニセン》宣《ノフ》二説《スル》　一切衆生悉有佛性《ト》一是名《ヲク》二隨自意説《ト》一一切衆生不斷不滅《ニシテ》　乃至得《ル》二阿耨多羅三藐三菩提《ヲ》一是名《ヲク》二隨自意説《ト》一一切衆生悉有《ハ》二佛性《レトモ》一煩惱覆《オ、エルカ》　故《ニ》不《スト》四能《コト》三得《コトヲ》二見《カ》一　我説如《シ》二是《ノ》一汝《カ》説亦尒《ナリト》是名《ヲク》二隨自他意説《ト》一善男子如來或時爲《ハノ》三一法《ノ》一故説《クト》二无量法《ヲ》一出抄

又言《ク》一切覺者名《テ》爲《ス》二佛性《ト》一十住菩薩《ノハ》不《ルカ》四得《エ》三名《テ》爲《スルコトヲ》二　一切覺《ト》一故是故雖《モ》二見《ト》一而不《ス》二明了《ナラ》一善男子見有《リ》二二種一一者眼見二者聞見《ナリ》　諸佛世尊眼見《ハニミソナワス》二　佛性《ヲ》一如《シテ》三於《テ》下掌中《ウチニ》上　觀《スルカ》二阿摩勒菓《ヲ》一十住菩薩《ノ》聞《スレトモ》二見　佛性《ヲ》一故《コトサラ》　不《ス》二了了《ナラ》一十住菩薩《ノ》唯能自《ク》知《シリ》三定得《テコトヲ》二阿耨多羅三藐三菩提《ヲ》一而不《テス》五能《ハ》四知《コト》三一切衆生悉有《ハクト》二佛性《ヲ》一善男子復有《リ》二眼見《ナリ》一諸佛如來　十住菩薩《ノハ》　眼《シ》二見佛性《ヲ》一復有《リ》二聞見《スルコト》一一切衆生乃至九地《マテニ》　聞《ス》二見佛性《ヲ》一菩薩若《シ》

聞《キケトモ》三一切衆生悉《ク》有《ト》二佛性一心《ニ》不《レハ》三生二信《ヲ》二不《スト》三名《ケ》二聞見《ト》一乃至

師子吼菩薩摩訶薩言《サク》 世尊一切衆生《ハ》不五能《ス》四得《ハ》三知《コト》二如來《コトヲ》心《ノ》相《ヲ》一當《ニ》下云何《カ》觀而《シテ》得中知上邪《ヤ》善男子一切衆生實《ハ》不《ニ》四能《ス》三知《ハ》二如來《コト》心《ノ》相《ヲ》一若欲《シオモハ》三觀察而《シテ》得二知《ムト》一者《コトヲ》有《ハリ》二二因縁《ノ》一一者・眼見二者聞見《ナリ》 若見《ミタテマツラムハ》二如來所有《ノ》身業《ヲ》一當《ニ》二知《ル》一是《シ》則《レチ》爲《スル》二如來《ト》一也、是名《ヲク》二眼見《ト》一若觀《シセム》二如來所有《ノ》口業《ヲ》一當《ニ》二知《ル》一是則爲二如來《ト》一也是名《ヲク》二聞見《ト》一若見《シマツルコト》二色貌《ヲ》二一切衆生无《ノナケムトモニヒトシキ》二與等 者《ノ》一當《ニ》二知《ル》一是則爲二如來《ト》一也、是名《ヲク》二眼見《ト》一若聞《キカム》二音聲微妙最勝《ナルヲ》一不《シ》三同《シカラ》二衆生所有《ノ》音聲《ニハ》一當《ニ》二知《ル》一是則爲二如來《ト》一也是名《ヲク》二聞見《ト》一若見《シミタテマツラムニ》二 如 來所作《ノ》神通《ヲ》一爲《セム》三爲《メトヤ》二衆生《ノ》一爲《セム》三爲《メトヤ》二利養《ノ》一若爲《シメニシテ》二衆生《ノ》一不《ス》三爲《ニ》二利養《ノ》一當《ニ》二知《ル》一是則爲二如來《ト》一也、是名《ヲク》二眼見《ト》一若觀《シスルニ》二如來《ヲ》一以《テ》二他心智《ヲ》一觀《ミソナハス》二衆生《ヲ》一時爲《ニ》二利養《ノ》一説《トキニ》爲二衆生《ノ》一説《トカム》 若爲《シニシテ》二衆生《ノ》一不《ラム》三爲《ニセ》二利養《ノ》一當《ニ》二知《ル》一是則爲二如來《ト》二也是名《ヲク》二聞見《ト》一出略

第三節　曇鸞大師の釈文

一　『浄土論』と『註論』

勝過三界道

以上のような引文の流れの中で、世親の『浄土論』の劈頭に「世尊、我一心に尽十方の無碍光如来に帰命したてまつりて、安楽国に生まれんと願ず。」という帰敬偈が示されている。この帰敬偈の内

容については、一九六二年の夏安居本講において、山口益講師の講録『無量寿経優婆提舎願生偈』に詳細に解説されているが、それが『世親の浄土論』として公刊されている。そこにおいて、次のように解説されている。

「我」なる第一人称代名詞は、原文の上には、語尾変化の上で表示せられているのであって、原偈の語の上に別におかれているのではない。浄土論の帰敬偈においても、恐らくそれは他の帰敬偈の場合と同じであったのであろうと類推せられうる。尤もそのように原語の上に「我」の語がなくとも、意味においては、「我」の語があるのと同じことになってくるのであるから、論註の上で智度論を用いて、「我」の語の詮議をしたということ、それは、註釈としての行き届いた仕方であるとおもわれる。しかし上来の如く、浄土論の原文の形態が類例せられうる現在としては、まさしく「我」の語のありえないであろう浄土論において、まさしく「我」の語がおかれている智度論の文を依用して「我」の語の詮議がなされていることは、若干、即しない感じがしないでもない。シナの註釈の上には、力の入り具合の上に少しく異におもわれるような跡が、他の場合にも度々見出されるようにおもう。（五二一〜五二二頁）

ここでは、原文には「我」に相当する言葉があわるけではなく、動詞の語尾変化によって一人称であることが示されているのである。「アートマン（我）」を示すような明確な意味をもったものが意図されているのではないことを、事例によって示されている、

次に「一心」は、論註に、

天親菩薩自督の詞である。という意味《こころ》は、無碍光如来を念じたてまつって安楽に生ぜんと願うことが、心々相続して、他想の間雑することがないということである。

と註解せられて、真宗教学の上では、専らその指示に従って一心が考えられていることはいうまでもない。しかし、一心が、インド大乗仏教における伝統としての形は、先に易行品の上に見出され、易行道の本質として注意せられた、仏の名を聞く「聞名」と、それによってわれわれの心が清浄にせられる「一心・恭敬心・信心清浄」と、それが「憶念・称名・敬礼」となるという、一線の上の、その一心ということでなければならない。曇鸞も、十住毘婆裟論の難易二道の、その易行道をもって浄土論を註解する指標として出発したのであるから、いまの一心も、その易行道のそれを継承するものであって爾るべきであろう。　（五三頁）

易行道における「一心」というのは阿弥陀如来の名を聞いて不退に至るということである。その不退に至る一心とは、大乗仏教の仏道体系の上からいえば、龍樹の『十住毘婆沙論』における「一心」

というのが基本的な了解である。

難易二道とあるが、『十住毘婆沙論』には難行という言葉はあるが、難行道という用語はない。つまり龍樹は大乗仏教の本質としての易行道を説いているのであって、仏道とは難しいものではなく、信心清浄であればいいと言い切っているのである。阿弥陀如来の名を聞いて、信心を起こせばすみやかに不退に住するのであり、それが易行道であると説かれている。

さてその一心は、いわれる如く「恭敬心」でもあり、「信心清浄」でもあるが、とくに『十住毘婆娑論』の上では、その「信心清浄」は、「信楽空法」であり、その清浄という citta-prasāda、信楽である adhimukti, adhyāśaya（堅固深心）などは何れもシノニムに用いられるもので、しかも、その心境は、

若人種善根　疑則華不開　信心清浄者　華開則見仏

ともいわれて、仏を見る見ない、すなわち道を成就する成就しないの契機となれるものである。そして内容的には、その心境は、能所二空、すなわち、親鸞の和讃でいえば、

こころもことばもたへたれば　不可思議尊を帰命せよ

といわれる底のものであって、その心境こそが、「自浄其意　是諸仏教」ともいわれて、古くから仏道の本質とせられるものであることは曾て述べたところである。（五四頁）

仏教でいう清浄とは、私たちの煩悩や執着などの、人間としてのあらゆるはからいが、すべて打ち破られた状態をいうのであり、それは「空」ということに他ならない。

また「疑則華不開」という言葉があるが、これは『十住毘婆沙論』の「弥陀章」にある「信疑得失の訓」と同じ意味で、わかり易く言えば信ずれば得をするが疑えば損をするということである。

また、「自浄其意　是諸仏教」というのは、『ダンマパダ』に説かれ、その前半は「諸悪莫作　衆善奉行」という二句である。過去の七仏もすべてこのように説いていたと言われていて、通称「七仏通誡偈」と言われている。

その意味は「悪を行なわず、善を行ない、自らの心を浄めることが、過去の諸仏たちの教えである」ということである。「悪をなさず善を行なう」というのはヒューマニズムから言っても当然のことであるように思われるが、しかし現実はなかなかその通りにはいかない。問題が起こり容易には解決しないという事態に出会ったときに自分の心が問題となってくる。つまり、当然のことのように言われている前半の二句の中に、「人間の心とは何か」という問いかけが含まれている。

「浄める」というのは自らの心が徹底的に見つめられて、心に渦巻いている自我とか我執とかいろいろな思いが「空」として浄められる。これが仏教の基本であることを意味して、過去の諸仏の通誡とされているのであり、これが大乗仏教の伝統なのである。

その信楽空法は、菩薩道の往相的側面にあっては、菩薩入初地の心地とせられるものであるが、菩薩道の還相門においては、空性真如が、凡夫の世界へ顕現してゆく無住処涅槃なる本願が成就し（教法となっ）て、凡夫の無始時来の我執我所執なる自力執心が打破せられ、凡夫的な有が空真如の無的な境地に触れて有が無となるときである。そして同時にそのときは、空性真如の空無なる徳が、自力執心の有的な凡夫性の中に顕われてそれを打破するときである。それは全く相違した二つの方向の事柄が同時に行われて、その二つの事柄が出会うという一つの契機《モメント》である。それは有が空無への（迷いの世界から覚りの世界への）行程と、空無が有への（覚りの世界から迷いの世界への）行程との出会う契機である。ただし空性真如の立場からの行程は必然的なもの（necessary consequence）であるが、凡夫的な有が空無への行程は、凡夫の思量・はからいを許さない偶然的―親鸞がたまたまといわれる―な行程として与えられた行程であって、今、その二つの行程が出会う契機《モメント》であるから、それは宗祖における「信楽開発の時剋の極促」であり、蓮如上人のいわれる「一念弥陀に帰命せんとおもふこころの一念をこるきざみ」であって、それは、凡夫易行の立場においての一心と呼ばれる他はない。

そういう一念・一心は、本願の成就によって凡夫が大悲せられ、仏自らは、それによって仏が「如来した（tathāgata）」ことになって、本願が成就して仏凡一体となる契機である。ここに菩薩の還相門が凡夫の往相門として転換し展開する。凡夫の往相門とはいうが、それは菩薩の還相なる回

向によって与えられたものであるから、凡夫にとっては、凡夫の往相として回向せられたものである。親鸞の和讃に、

往相の回向ととくことは、彌陀の方便ときいたり

悲願の信行えしむれば、生死すなはち涅槃なり

として、その境地が示される。「生死すなはち涅槃なり」とは、我執我所執の雑染・苦悩がそのまま寂滅して不退転地をえた一念の契機であることを表わす。

「帰命尽十方無碍光如来」の語について。直前にいうような、そういう心地が成就せられるについては、寿命無量なる本願の大悲によって果遂せられる他ないのであるけれども、まさしく凡夫の上に無始時来の我執我所執が打破せられたということは、尽十方無碍光という、光明無量の本願の智慧の威力の爾らしむるところであるから、先の論註の語に、〝無碍光如来を念じたてまつって〞といい、論偈に、「帰命尽十方無碍光如来」という。その一心の帰するところは、智慧を性格とする無碍光如来の名で示されねばならないのである。親鸞の和讃ではそのことが、

無碍光如來の名号と　かの光明智相とは

無明長夜の闇を破し　衆生の志願をみてたまふ

と讃じられる。無始時来の我執我所執による雑染・苦悩が破折せられるから、それを衆生の志願が満足されるという。そういう凡夫の志願が満足されるという感情を具体的に表示するものは、雑

染・苦悩とは反対の、清浄・安楽の国土への往生が期せられてゆくことであるから、無碍光如来に帰命することは、そのまま安楽国に生ぜんと志願することになる。

「願生安楽国」の語について。さて龍樹の易行道では、その易行が不退転に住せしむるという点に主なる意味がおかれていることが注意せられる。そのことは、親鸞の高僧和讃の初めの龍樹菩薩に関する十首の上にも見られることである。そしてその不退転に住するということには、「必ず滅度に到らしむる」ということが必然的に見込まれている。そのことは、龍樹の根本中論の教学の上で明瞭に語られている。ということは、不退転に住することは、先に易行の下でいった無生法忍を獲得するということであり、法の不生を体認することは、われわれの戯論が寂滅することであり、戯論が寂滅して愛憎違順の煩悩が燃え上がらなくなるということは、われわれの生死流転が止滅することで、それは、われわれが涅槃・滅度を得ることに他ならぬからである。

しかるにいまは、その滅度に至ること、涅槃を証することが、「安楽浄土に往生する」というリアルな内容を具えた形態で示されている。（五四〜五七頁）

これまでの解釈においても明らかなように、「光明無量の本願、寿命無量の弘誓をあらわしたまえる御かたちを、世親菩薩は尽十方無碍光如来と名づけたてまつりたまえり」（『唯信鈔文意』大谷大学蔵浅野氏旧蔵本、聖典五五四頁・一〇七四頁）という一文にも符合するのである。かくして、このような帰敬偈に表白されている「願生浄土」の根源的な課題において、「かの世界の相を観ずるに、三界の道に勝過せり。究意して虚空のごとし、広大にして辺際なし」と説かれている一文が、「真仏土」に引用されている。その意図は、ここの安楽国とは、勝過三界道であり、虚空の如くであると顕示されているからである。

このことについて、次のように、『註論』を続いて引用している。

『註論』に曰わく、「荘厳清浄功徳成就」とは、「偈」に「観彼世界相　勝過三界道故」と言えり。これいかんが不思議なるや。凡夫人、煩悩成就せるありて、またかの浄土に生まるることを得んに、三界の繫業畢竟じて牽《ひ》かず。すなわちこれ煩悩を断ぜずして涅槃分を得。いずくんぞ思議すべきや、と。

仏国土の十七種荘厳功徳成就の第一の清浄功徳をもって曇鸞は総相としているが、この「清浄」こそがすなわち勝過三界道である。不断煩悩得涅槃としての勝過三界道である。

ここに、「煩悩を断ぜずして涅槃分を得」と述べられているが、この点について、親鸞は『正信念仏偈』において、

能発一念喜愛心　不断煩悩得涅槃
（聖典二〇四頁）

と詠われ、さらにその「曇鸞讃」においては、

或染凡夫信心発　証知生死即涅槃
（聖典二〇六頁）

と詠われている。親鸞にとっては、「一念喜愛心」とか「信心」は、本願によって回向された、本願を信じる心である。その信心によって証知せしめられている煩脳（生死）と涅槃とのこのような即の論理こそ、大乗仏教において顕かにされた真実であり、大乗仏教の真実はこの一点にある。この点について、大乗仏教の祖師とされている龍樹は、次のように説いている。

無明を縁として生じているものには、正しい知識を持って観察するとき、生も滅も何らのものも認識されないであろう。

それこそが「現在世における涅槃」であり、また、「成すべきことが成されたこと」である。
（『六十頌如理論』第十～十一偈ａｂ）

ここに、「無明を縁として生じているもの」とは、まさしく「煩悩成就の凡夫人」である。煩悩によって作為された三界道に生きる者の生も滅も、すべては虚妄であったと、本願によって覚醒せしめられて生きるとき、「勝過三界道」としての念仏道を歩む者となる。それが「現在世における涅槃」であり、親鸞による「現生において正定聚に住す」ということである。

ところで、「生死即涅槃」と「不断煩悩得涅槃」という真実について、菩薩は大悲をもって成仏せず、衆生の救済のために生死の世界に止まるという「無住処涅槃」を意味する菩薩精神を表したものであるという理解もある。しかし、無住処涅槃という菩薩道は、ここに示した生死（煩悩）と涅槃との関係が明らかになっていることにおいて意味を持つのである。もし煩悩と涅槃が即の関係にあることを覚醒せず、煩悩と涅槃とを断絶した状態と了解しているままであるならば、積極的な菩薩精神は成り立たないだけでなく、菩薩道そのものが不成立となるからである。

正道大慈悲――三縁の慈悲――

『浄土論』の「正道の大慈悲は出世の善根より生ず」の一文を釈して、次のように述べられている。

大慈悲はこれ仏道の正因なるがゆえに、「正道大慈悲」と言えり。慈悲に三縁あり。一つには衆生縁、これ小悲なり。二つには法縁、これ中悲なり。三つには無縁、これ大悲なり。大悲はすなわちこれ出世の善なり。安楽浄土はこの大悲より生ぜるがゆえなればなり。かるがゆえにこの大悲を謂いて浄土の根とす。ゆえに出世善根生と曰うなり、と。

ここに十七種荘厳の第三「性功徳荘厳」についての偈に対する『浄土論註』が引かれ、安楽浄土は無縁の慈悲としての大悲より生じると明示されている。ここに述べられている「三縁の慈悲」について、さらに詳しく確認するならば、それは四無量心の解説として述べられているものである。その代表として、龍樹の『大智度論』のなかにそれを求めるならば、次のようである。

（1）『無尽意菩薩問』の中に説く。慈に三種あり。一つには衆生縁、二つには法縁、三つには無縁なり。（大正二五　二〇九頁上）

（2）『無尽意菩薩問』の中に説くが如し。慈に三種あり。衆生縁と法縁と無縁なり。論者言わく。衆生縁はこれ有漏なり。無縁はこれ無漏なり。法縁は或いは有漏或いは無漏なり。是の如く種々あるを、略して四無量心と説く。（大正二五　二一一頁下）

（3）『無尽意経』の中に説くが如し。三種の慈悲あり。衆生縁と法縁と無縁なり。（大正二五　二五七頁中）

（4）慈悲心に三種あり。衆生縁と法縁と無縁なり。凡夫人は衆生縁なり。声聞と辟支仏、及び菩薩は初めは衆生縁にして後は法縁なり。諸仏は畢竟じて空なるを善く修するが故に、名づけて無縁と為す。

（大正二五　三五〇頁中）

（5）一切衆生のなかに慈悲を具足する智者あり。悲に三種あり。衆生縁と法縁と無縁なり。此の中、無縁の大悲を説くを名づけて具足とす。いわく、法性は空なり、乃至、実相もまた空なり。是を無縁の大悲と名づく。菩薩は、深く実相に入り、然る後に悲をもって衆生を念ず。

（大正二五　四一七頁中）

（6）大悲は『阿差末経』の中に説くが如し。三種の悲あり。衆生縁と法縁と無縁なり。無縁の悲は、畢竟空より生ず。

（大正二五　四四二頁上）

『大智度論』のこれらの六つの用例の第一の特色は、「三縁」についての典拠を専ら『無尽意菩薩経』（＝『無尽意菩薩問』、『無尽意経』、『阿差末経』。「阿差末」とは「無尽意」のサンスクリット akṣayamati・アクシャヤマティの音写語である）に依っていることである。この経典は、チベット訳一本と漢訳二本として現存している。

それでは、この経典において「三縁」はどのように説かれているであろうか。チベット訳と漢訳二本とによって、それを和訳すると、次のようである。

大徳舎利弗よ、慈はこれら三つである。三つとは何か、と言わば、すなわち、衆生を所縁とする慈と法を所縁とする慈と所縁なき慈とである。その中、衆生を所縁とする慈は初発心の菩薩たちの〔慈〕である。法を所縁とする慈は〔菩薩〕行に入った菩薩たちの〔慈〕である。所縁なき慈は無生法忍を得た菩薩たちの〔慈〕である。大徳舎利弗よ、これら菩薩たちの慈は尽きることがないといわれる。

大徳舎利弗よ、さらにまた、菩薩たちの大悲もまた尽きることはない（不可尽）。それはどうしてか、といわば、先となるが故である。大徳舎利弗よ、すなわちたとえば、出入息が大人の命根の先となる如くである。同じく、大乗を正しく成就せんがために菩薩の大悲が先となる（大悲為本）のである。云々。

（『北京版西蔵大蔵経』第三四巻一三七頁b）

なお、大乗経典の中で、この「三縁」について詳しい説明をしているのは『涅槃経』である。参考までにそれを『国訳一切経』（涅槃部Ⅰ）に基づいて示すと、次のようである。

「また次に善男子よ、また梵行あり。慈・悲・喜・捨を謂う」。迦葉菩薩は、仏に白して言わく、「世尊、もし多く慈を修すればよく瞋恚を断じ、悲心を修する者もまた、瞋恚を断ず。云何ぞしかも四無量心と言う。義を推して言えば、則ち三あるべし。世尊、慈に三縁あり。一つには衆生を縁じ、二つには法を縁じ、三つには則ち無縁なり。悲・喜・捨の心も、また是の如し。もし是の義に従わば、ただ三あるべく、四あるべからず。衆生縁とは、五陰（身体）を縁じて、それに楽を与えんと願ず、これを衆生縁と名づく。法縁とは諸の衆生の所須（必要とするところ）の物を縁じて、これを施与す、これを法縁と名づく。無縁とは如来を縁ず、これを無縁と名づく。慈とは、多く貧窮の衆生を縁ず。如来大師は永く貧窮を離れて、第一の楽を受く。もし衆生を縁ずれば、即ち仏を縁ぜず、法もまた是の如し。是の義を以ての故に、如来を縁ずる者を、名づけて無縁と曰う。世尊、慈の一切衆生を縁ずる所は、父母・妻子・親属を見ず、一切の法のみな縁より生ずるを見る、これを法縁と名づく。無縁とは法相および衆生相に住せざる、これを無縁と名づく。悲・喜・捨の心も、また是の如し。」と。

（三一二頁～三一三頁）

以上に掲示した『大智度論』と『無尽意菩薩経』と、それに加えて大乗の『涅槃経』における「三縁」の内容を整理してみると、大きく二類に分けられるであろう。

その第一類としては、三縁である衆生と法と無縁という対象（所縁）に対応する能縁を示すものと、第二類としては、まさしく対象としての三縁を示すものとである。

第一類は、『無尽意菩薩経』、『大智度論』の（4）に、それぞれ示されている。すなわち、

○衆生を所縁とする能縁→凡夫人、声聞・独覚、初発心の菩薩（始）。

○法を所縁とする能縁→菩薩行に入った菩薩、声聞・独覚、菩薩（終）。
○所縁なき能縁→無生法忍を得た菩薩、諸仏。

第二類は『大智度論』の（4）と（5）と（6）、『涅槃経』に、それぞれ示されている。すなわち、

○所縁なる衆生→一切衆生（父母妻子親属）。
○所縁なる法→諸法（一切法従縁生）。
○無縁→空性（修行畢竟空、法性空乃至実相亦空、従畢竟空生）、如来。

この他、この二類のいずれに分けるべきか判断しがいたものとしては、『大智度論』の（2）に示されている有漏と無漏との区別があるが、第一類に入るものとしてよいかも知れない。

この中、無縁の大悲について、大悲が空思想（畢竟空・本性空性）との関係で説かれているが、この点について、『大智度論』では、さらに次のように明示されている。

いわく、一切衆生を救度するをいう。世間の憂悩を離れしむ。大悲の心の故に、一切衆生を離れず。菩薩は常に大悲および畢竟空を離るべからず。畢竟じて空なるを念じ、世間の諸煩悩を破し、涅槃を示す。しかして大悲はこれを引き、善法の中に還入せしむ。以て衆生を利益せり。

（大正二五　四四一頁下）

以上の確認によって明らかなように、『無尽意菩薩経』は大悲の「不可尽」を説き、「以大悲為本・以哀為本」を強調し、その「無尽意」という菩薩の名は「衆生尽きざれば菩薩の意も尽くることなし」という意味である。このように大悲の根源は空性であるという、そのことへの覚醒が「無縁の大悲」となってはたらくのである。逆に言えば、空性という事実への覚醒なくして大悲は顕かにならないということである。すなわち、「一切衆生が成仏しない限り自らも成仏しない」という大悲は、先に「悉有仏性」の説明において明らかにした真如平等という根源性（空性）においてこそ成り立つのである。例えば、この菩薩の菩提心について、チャンドラキールティ（Candrakirti・月称、インド中観論師、七世紀）は『入中論』第一章において『聖法集経』を引用して説明しているが、それを要約して示すと、次の如くである。

一切諸法の法性である空性という真実を了解して、〝その法性が一切衆生によっても了解されるべきである〟との他の人々の利益（正覚）のために、完全な正覚を得んとする正覚に対する心が菩薩の上に生じる、それが菩薩の菩提心である。

この「無縁の慈悲」について、『観無量寿経』は次のように説いている。

仏心というは大慈悲これなり。無縁の慈［悲］をもって、もろもろの衆生を摂す。

（聖典一〇六頁）

ここに、仏心という大慈悲は、空性においてはたらく無縁の慈悲であることが明示されている。従って、『歎異抄』第四条に顕かにされている「浄土の慈悲」が大慈悲であるということは、いうまでもなく、それは無縁の慈悲にほかならない。また、「恩徳讃」などに、「如来大悲の恩徳」と讃えられているその「如来の大悲」とは無縁の慈悲のことである（詳しくは、拙著『空性思想の研究Ⅱ』〈文栄堂〉「第七章　空性と大悲」〈文栄堂〉を参照のこと）。

如来の本願力――不虚作住持功徳成就――

続いて、『註論』を引いて、「法蔵菩薩の本願力および龍樹菩薩の所讃」について、「本願の不可思議の神力をもって、摂して彼に生ぜしむるに、必ず当にまた神力をもってそれをして無上道心を生ぜしむべし」と述べている。ここに意味されている内容については、すでに第一部において、浄土思想に盛り込まれている手段と目的として論述したところである。その本願の不可思議の神力については、同じく『註論』によって、『浄土論』に説かれる仏国土についての十七種荘厳功徳力が不可思議であることを、五種の不可思議として顕かにしている。さらに、『浄土論』に説かれる八種の仏荘厳功徳成就の最後の「不虚作住持功徳成就」について、次のように、『註論』を引いている。

　また云わく、「何者か荘厳不虚作住持功徳成就。「偈」に「仏の本願力を観ずるに、遇うて空しく過ぐる者なし、よく速やかに功徳の大宝海を満足せしむる」がゆえにと言えり」（論）。「不虚作住持功徳成就」は、蓋しこれ阿弥陀如来の本願力なり。乃至　言うところの不虚作住持は、本法蔵菩薩の四十八願と、今日の阿弥陀如来の自在神力とに依ってなり。願もって力を成ず、力もって願に就く。願徒然ならず、力虚設ならず。力・願あい府うて畢竟じて差わず。かるがゆえに成就と曰う、と。抄出

この「不虚作住持功徳成就」についても、山口益著『世親の浄土論』の中で、次のように説明されている。

不虚作住持功徳について。

次に仏荘厳功徳の中で、世親の註解が施されているものは、第八、「不虚作住持功徳」である。その語は原語では、amṛṣā-kara-adhiṣṭhāna と還元せらるべきであろう。「虚作」の「虚」（mṛsā）は、中論観行品第十三の第一偈に出される語であって、虚誑（羅什）・虚妄（波羅頗伽羅蜜多羅）と漢訳せられ、それが、われわれの世界の諸存在である諸行（saṁskārāḥ）の性格を表示する語とせられている。それは中論では、空性・真如に背違するものであり、それによってわれわれは妄取せられ劫奪せられ（moṣa）て、支離滅裂（pralāpa）となっているのであるという。空性真如に背違するのであるから、その虚誑・虚妄を、もとの形で捉えるならば、結局それは、われわれが物に実体ありとして我執我所執する分別見の故に愛憎違順の迷乱の中にある姿を示すに他ならない。しかるにいまは、そういう虚誑・虚妄を作す（mṛṣā-√kṛ; to feign）ということの否定である不虚作（amṛṣā-kara）であるから、もとの形でいえば、それは我執し我所執する分別見の否定である平等智を本質とするということになる。

次に「住持」を adhiṣṭhāna で理解することは、摂大乗論十八円満の第一〇、「住持円満」の、その「住持」をここに用いたのであるが、十地経の上でも、その adhiṣṭhāna の語は「住持」と訳せられている。その語の諸用例の枚挙せられたのを注目すると、ここの場合では「fixed deter＝mination, 決意」、「vow, 誓」なる一類と、「super natural power, 神力」なる一類とが考慮せられてよいと思う。そして後者には「puṇya-vipāka-adhiṣṭhāna-adhiṣṭhita; 福徳の異熟の神力によって、その力の下におかれた」という用例が見出される。この用例は、こういう場合には、adhiṣṭhāna の語が、「adhiṣṭhāna-adhiṣṭhita; 神力によってその力の下におかれた」というように用いられることを示している。それでまず先の第二類によって、不虚作住持 amṛṣā-kara-adhiṣṭhāna なる語は、「平等智の神力」といってもよいし、また直前の用例を応用して、「平等智の神力によってその力の下におかれている」という意味に解することもできる。いまいう「神力によって、その力の下におかれている」という「住持」の意味が、先の十七種荘厳功徳の第一二、「荘厳主功徳成就」の「正覚阿弥陀　法王善住持」に、「正覚阿弥陀法王の善く住持したもうところなり（adhiṣṭhita）」というその住持と同じ意味であろうことは、論註に注意せられるところである。そして、その adhiṣṭhāna は、先に枚挙した用例の第一類の示す「決意」であり、「誓」でもあるのであるから、「力によってその力の下におかれている」というときには、それが平等智の決意を示しているのであり、平等智によってそのようにならねばならぬように誓われている意味がそこにあるのであるから、それは、「遇無空過者、空しく過ぐるものなし」と表明せられるわけである。いまの「adhiṣṭhāna」の語は、よく「加持力」とか「威神力」とか訳解せられるのであるが、加持力とか威神力などいう神秘的な余韻を漂わす意味を用いなくとも、先に「誓、vow」と意味せられているものをもって、それを「無住処涅槃の行としての本願力」と解することができるであろう。そうすれば、そこには、「仏の本願力を観ずるに、その本願力に遇えば空しく過ぐるものはないのである」との意味がおのずからに表われてくる。ここの「観ずる」が、「観察 vipaśyanā」の「観」であろうことは固よりであるが、その vipaśyanā なる語の動詞の活用形 vipaśyati には、to see in detail, to learn, to know などの用例があるから、その「観仏本願力　遇無空過者」の二句の言葉を、浄土教的な心情で語るとすれば、歎異抄の、

彌陀の五劫思惟の願をよくよく案ずれば、ひとへに親鸞一人がためなりけり。

といわれるときの「よくよく案ずれば」であろう。そして「観仏本願力　遇無空過者」云々の偈は、宗祖の和讃に示される如く、

本願力にあひぬれば　むなしくすぐるひとぞなき

云々というのが、その偈の要項であろう。そのようにして、「不虚作住持」なる題目が、すでにその偈の内容をよく方向づけているとおもう。

そして、その偈に「本願力に遇へば空しく過ぐる者なし」といっていることを具体的に示すならば、それは註解の

即見彼仏未証浄心菩薩畢竟得㆓証平等法身㆒与㆓上地諸菩薩㆒畢竟同得㆓寂滅平等㆒故。

である。ここに「見仏」という。「仏を見る」という法門は、すでに指示せられる如く、般舟三昧経の思想であって、龍樹では、その般舟三昧（sammukha-avasthita-samādhi）とは、「清浄なる鏡に自らの面像を見るが如く、清澄なる水中にその身相を見るが如く、無分別智法身が曇りなく智見せられた般若波羅蜜多・無二智の境地」を示すこととなっている。しかし、それは、原始仏教経典に屢々見られる「縁起を見る者は法を見る」といい、また「法を見る者は仏を見る」と

いい、大乗経典ではそれが一連に「若有人見十二縁者、即是見法。見法者　即是見仏」といわれるその「見仏」思想の伝統であることはもとよりである。そこでは縁起法が正見せられることをいうのであるから、直前にいう如く、それは無分別法身が智見せられた般若波羅蜜多のことであるのである。

（一二五～一二九頁）

さらに、この内容については、山口益著『大乗としての浄土』においても端的明快に説明されているので、その部分も、次に紹介しておきたい。

次に採り挙げられるのは、いま「衆生虚誑」云々といった「虚誑」の語と関連のある「不虚作住持功徳」なる一項である。それは仏荘厳八種功徳の最後におかれている。「不虚作」の「虚(mṛṣā)」は、「虚妄・虚誑」ともいわれて、仏教では空性真如に背違した状態を示すので、我執我所執する分別戯論の迷乱の一つの現われをいうことに他ならない。いまは、そういう虚妄・虚誑を作すことの否定としての「不虚作」であるから、それは、我執し我所執する分別戯論の否定である無分別智に基礎をおく清浄世間智としての平等智ということである。その「不虚作の住持」という「住持（adhiṣṭhāna）」の語には、「誓」という意味、並びに「神力（supernatural power）」という意味などの用いられ方があり、特にその後者には、「神力によってその力の下におかれている」という用例がある。そこで、「不虚作住持」とは、「平等智によって、そのようにならねばならぬようにおかれている。そのようにならねばならぬように誓われている」ということであって、それが浄土論の本文では、

　仏の本願力を観ずるに、その本願力に遇えば空しく過ぐる者はない。よく速やかに功徳の大宝海を満足せしむ。

「およそ偽りの性質のあるものは虚妄である」と、世尊は語られた。しかも、すべての諸行は偽りの性質のあるものである。それ故、それら（諸行）は虚妄である。（観行品 saṃskāra〈形成作用〉）

もしも「およそ偽りの性質のあるものは虚妄である」ならば、そこにおいて何が偽られているのか。実に、このことが世尊によって語られているのは、空性を明らかにせんがためである。〔XIII-1〜2〕

と示されている。「遇えばむなしく過ぐる者はない」といっているところに、不虚作に住持する平等智の意味がよく表示せられていることがわかるであろう。「よく速やかに功徳の大宝海を満足せしむ」との意味は、浄土論の註解では、「寂滅平等を得る」とか、「平等法身を証得する」と

か解釈せられているが、それは、「本願力によって凡夫衆生の戯論を寂滅せしめ、空性真如を証得せしめる」ということで、そこに平等智の実践が究竟せられていく「畢竟平等」の姿をよく表示しているとおもう。

（九六〜九八頁）

このことについて、親鸞は『高僧和讃』の「天親讃」において、

本願力にあいぬれば　むなしくすぐるひとぞなき
功徳の宝海みちみちて　煩悩の濁水へだてなし

（聖典四九〇頁）

と詠まれているが、この中の最後の一句である「煩悩の濁水へだてなし」という了解は、親鸞の自らの煩悩への目覚めがこの偈の内実を深めているものといえよう。

〔本　文〕

『浄土論』曰世尊我《レ》一心《ニ》歸命《シタテマツリテ》　盡十方《ノ》无㝵光如來《ニ》願《ス》生《ト》安樂國《ニ》観《スルニ》彼《ノ》世界《ノ》相《ヲ》勝過《セリ》　三界《ノ》道《ニ》究竟《シテ》　如《シ》虚空《ノ》廣大《ニシテ》　无《シトノタマヘリ》　邊際已上

『註論』《ニ》曰《ク》莊嚴清淨功德成就者《ハ》偈言《ニノタマヘリ》二觀彼世界相勝過三界道故《ト》一此《レ》云何《カ》不思議《ナルヤ》　有《テ》二凡夫人煩惱成就《セル》一亦得《ニ》三生《ヲ》二彼《ノ》淨土《ニ》一三界《ノ》繫業畢竟《シテ》不《ス》二牽《ケン》《ヒカ》一則《チ》是不《スシテ》三斷《セ》二煩惱《ヲ》一得《ウ》二涅槃分《ヲ》一焉《イツクンソ》　可《キヤト》二思議《ス》一

又云二**正道《ノ》大慈悲《ハ》出世《ノ》善根《ヨリ》　生《ストノタマヘリ》**　此二句《ハ》名《ク》二莊嚴性功德成就《ト》一　乃至　性《ハ》是本義言《ノナリイフコ、ロハコレ》　此淨土《ハ》隨二順《シテ》法性《ニ》一不《ス》三乖《ソムカ》二法本《ニ》一事同《シ》二華嚴經《ノ》寶王如來《ノ》性起《ノ》義《ニ》一又言《イフコ、ロハ》　積習《シテ》《ツムナラウ》成《ス》二性《ヲ》一指《ス》《ユヒ》二法藏菩薩《ヲ》一集《メテ》二諸波羅蜜《ヲ》一積《ツム》習《シテ》所《ナリ》二成《セル》一亦言《ト》二性《ハ》一者・是・聖種性《ナリハシメニ》序法藏菩薩於《シテ》二世自在王佛所《ノミモトニ》一悟《トル》二无生忍《ヲ》一尒時位《ヲ》名《ク》二聖種性《ト》一於二是《ノ》性《ノ》中《ニ》一發《シテ》二四十八大願《ヲ》一修二起《シタマヘリ》　此《ノ》土《ヲ》一卽曰《フ》二安樂淨土《ト》一是《レ》彼《ノ》因《ノ》所得《ナリ》・果《ノ》中《ニ》說《ク》二因《ヲ》一故《ヘニ》　名《テ》爲《ス》二性《ト》一又言二性《ト》一者《ハ》是必然義《ノナリ》・不改《アラタマル》義《カイノナリ》・如《シト》下海性《ノ》一味《ニシテ》・衆流入者《ルノ》必爲《ナテ》二一味《ト》一海味《ノ》・不《ルカ》中隨《テ》二彼《ニ》一改《タマラ》上也、又・如《シ》下人身性《ノ》不淨《ナルカ》　故種種《ニ》妙好《ノヨキコト》色香美《ミ》《ヨシ》味《ミ》入《リヌレハ》二　身《ニ》一皆爲《ナルカ》中不淨《ト》上安樂淨土《ハ》諸往生者《ノヒトシ》无二不淨色《ノ》一无《シ》二不淨心《ノ》一畢竟《シテ》　皆得《エシム》二清淨平等无爲法身《ヲ》一以二安樂國土《ノ》清淨性成就《シタマヘルヲ》一　故《ヘナリ》正道《ノ》大道大慈悲《ハ》出世《ノ》善根《ヨリ》　生《ストイフハ》　者平等《ノ》大道也、平等《ノ》道《ヲ》所三以名《ユヘテスル》爲二正道《ト》一者《ハ》平等《ハ》是諸法《ノ》體相《ナリ》・以《ノ》二諸法平等《ナルヲ》一　故《ニ》發心等《ヒトシ》　發心等《シキカ》　故《ニ》道等《ヒトシ》・等《シキカ》　故《ニ》大慈悲等《ヒトシ》　**大慈悲《ハ》是佛道《ノ》正因《ナルカ》　故言《ニノタマヘリ》二正道大慈悲《ト》一慈悲有《ニリ》二三緣一　一者衆生緣是小悲《ナリ》　二者法緣是中悲《ナリ》三者无緣是大悲《ナリ》　大悲《ハ》卽是出世善《ノ》也、　安樂淨土《ハ》從二此《ノ》大悲一生《セルカヘナレハナリ》　故**　故《ニ》謂《ヒテ》二此《ノ》大悲《ヲ》一爲《ス》二淨土之根《ト》一**故《ニ》曰《フナリト》二　出世善根生《ト》一**

又云問曰尋《タツヌルニ》二法藏菩薩《ノ》本願力及龍樹菩薩《ノ》所讚《ヲ》一皆似《ニタリ》下以《テ》二彼《ノ》國《ニ》聲聞衆多《ナルヲ》一爲《スルニ》中奇《アヤシム》《キト》《ヨシ》上　此《レ》有《ルヤ》二何《ノ》義一答曰聲聞《ハ》以《テ》二實際《キワ》《ヲ》一爲《ス》二證《ト》一計《ルニ》不《ス》四應《ラ》三更《ラニ》　能《ク》生《ス》二佛道《ノ》根芽《ケヲ》《クキ》一而《ルヲ》　佛以《テ》二本願《ノ》不可思議《ノ》神力《ヲ》一攝《シテ》　令《ルニ》三生《セ》二彼《コニ》一必當《ニ》下復・以《テ》二神力《ヲ》一生《ラシム》中其《ヲシテ》　无上道心《ヲ》上譬《ハ》如《シ》下鴆鳥《チムテウ》入《レハ》二水《ニ》一魚蚌《カイ》咸《トク》　死《ス》犀牛觸《フルレハ》二　之《ニ》一死《スル》　者《ノ》皆活《ヨミカヘルカ》上　如《キ》二此《ノ》一不《スシ》三

應《ラ》生《ス》而《シテ》生《セシム》 所以《コノユヘニ》可《シ》奇《トス》然《ニ》五不思議《ノ》中《ニ》佛法最不可思議《ナリ》・佛能《ク》使《メタマフ》聲聞《ヲシテ》復生《セ》无上道心《ヲ》眞《トニ》不可思議之至也、又云不可思議力者《ハ》捴《スヘテ》指《ス》彼《ノ》佛國土《ノ》十七種莊嚴功德力不可得思議《ナルコトヲ》也、諸經《ニ》說《テ》言《ク》有《リ》五種不可思議一者衆生多少不可思議二者業力不可思議三者龍力不可思議四者禪定力不可思議五者佛法力不可思議《ナリ》 此《ノ》中《ニ》佛土不可思議《ニ》有《リ》二種力《ノ》一者業力謂《ク》法藏菩薩《ノ》出世《ノ》善根《ト》大願業力《ノ》所成《ナリ》二者正覺《ノ》阿彌陀法王《ノ》善《ク》住持力《ヲシテ》 所《ナリ》攝《シタマフ》

又云示現《ストイフ》 自利利他《ヲ》者《ハ》略《シテ》說《キツ》彼《ノ》阿彌陀佛《ノ》國土《ノ》十七種《ノ》莊嚴功德成就《ヲ》示現《シタマヘルカ》 如來《ノ》自身利益大功德力成就《ト》利益他功德成就《トヲ》故《ニトノタマヘリ》 言略《ト》者《ハ》彰《アラハス》彼《ノ》淨土《ノ》功德无量《ニシテ》 非《ルコトヲ》唯十七種《ノミニ》也、夫《レ》須彌《ヲ》之《ヲ》入《レ》芥子《ニ》毛孔《ニ》之納《ヲム》大海《ヲ》豈《ニ》山海之神《ナラムヤ》 乎毛芥之力《ナラムヤ》 乎能神者《ノヒトノ》 神之耳《ナラクノミト》・

又云何者《ニノカ》 莊嚴不虛作住持功德成就偈言《ニノタマヘリ》 觀《ニ》佛本願力《ヲ》遇《マウアフテ》 无空過《クル》者《ノ》能令《ムルカスカニ》 速 滿足功德大寶海《ヲ》故《ニト》不虛作住持功德成就者《ハ》蓋《ケタシ》・是阿彌陀如來《ノ》本願力也、乃至 所《ノ》言《フ》不虛作住持者《ハ》依《テナリ》 本法藏《ト》菩薩《ノ》四十八願《ト》今日《ノ》阿彌陀如來《ノ》自在神力《トニ》願以《テ》・成《ス》力《ヲ》力以《テ》・就《ク》願《ニ》願不《ス》徒《イタツラニ》 然《ナラ》力不《ス》虛設《マウク》《ナラ》力願相府《アイカナ》

畢《フテ》竟《シテ》 不《ス》差《タカハ》故《ニ》曰《フト》成就《ト》出抄

二 『讃阿弥陀仏偈』――特に無碍光「十二光仏の本」（宗祖）について――

次に、『讃阿弥陀仏偈』が引かれている。そこにおいて、阿弥陀仏の名としての無量光・無辺光・無碍光・無対光・光炎王・清浄光・歓喜光・智慧光・不断光・難思光・無称光・超日月光の十二光仏

が讃歎され、「不可思議光に南無し、一心に帰命し稽首し礼したてまつる」と、不可思議光如来に対する帰衣が述べられている。これらは、先の「願成就文」において示されている十二光仏であるが、その光名について、次のように掲示されている。

成仏より已来十劫を歴たまえり。寿命まさに量あることなけん。法身の光輪法界に遍じて、世の盲冥を照らす。かるがゆえに頂礼したてまつる。智慧の光明量るべからず。かるがゆえに仏をまた無量光と号す。有量の諸相、光暁を蒙る。このゆえに真実明を稽首したてまつる。解脱の光輪限斉なし。かるがゆえに仏をまた無辺光と号す。光触を蒙る者、有無を離る。このゆえに平等覚を稽首したてまつる。光雲のごとくにして、無碍なること虚空のごとし。かるがゆえに仏をまた無碍光と号す。一切の有碍、光沢を蒙る。このゆえに難思議を頂礼したてまつる。清浄の光明、対あることなし。かるがゆえに仏をまた無対光と号す。この光に遇う者は業繫除こる、このゆえに畢竟依を稽首したてまつる。仏光照耀して最第一なり。かるがゆえに仏をまた光炎王と号す。三塗の黒闇、光啓を蒙る。このゆえに大応供を頂礼したてまつる。道光明朗にして、色超絶したまえり。かるがゆえに仏をまた清浄光と号す。一たび光照を蒙るに、罪垢除こる、みな解脱を得しむ。かるがゆえに頂礼したてまつる。慈光遐に被らしめ安楽を施す。かるがゆえに仏をまた歓喜光と号す。光の至るところの処に法喜を得しむ。大安慰を稽首し触礼したてまつる。仏光よく無明の闇を破す。かるがゆえに仏をまた智慧光と号す。一切諸仏三乗衆、ことごとく共に嘆誉す、かるがゆえに稽首したてまつる。光明一切の時、普く照らす、かるがゆえに仏をまた不断光と号す。聞光力のゆえに、心断えずしてみな往生を得しむ、かるがゆえに頂礼したてまつる。その光、仏を除きてはよく測ることなけん。かるがゆえに仏をまた難思光と号す。十方諸仏、往生を嘆じ、その功徳を称せしむ、かるがゆえに稽首したてまつる。神光は相を離れたること、名づくべからず。かるがゆえに仏をまた無称光と号す。光に因りて成仏したまう。光赫然たり。諸仏の嘆じたまうところなり。かるがゆえに頂礼したてまつる。光明照曜して日月に過ぎたり。かるがゆえに仏を超日月光と号す。釈迦仏嘆じたまうこと、なお尽きず。かるがゆえに我無等等を稽首したてまつる、と。乃至

これらの仏名の中から、無碍光如来への讃歎を取り上げ、その意味を確認することにする。何故かといえば、阿弥陀如来の内実である寿命無量については、そのまま「帰命無量寿如来」とされている。それに対して、光明無量については「南無不可思議光」如来とされているが、その内実からすれば「無碍光如来」と称するのが最適といえるからである。その「無碍光」如来について、ここでは、

光触を蒙る者、有無を離る。このゆえに平等覚を稽首したてまつる。光雲のごとくにして、無碍

なること虚空のごとし。（光の雲は礙りなく虚空のごとく）かるがゆえに仏をまた無碍光と号す。

この「無碍光」の特徴について「有無を離る」と説明されているが、この点については、龍樹によって、釈尊の直説として、次のように、

およそ、自性と他性、存在と非存在を見るかれらは、仏陀の教説における真実を見ない。『カートヤーヤナへの教え』において、存在と非存在とについて、思慮深い世尊によって、「有る」と言うことと「無い」ということの両方ともに否定されている。（『根本中論偈』第十五章第六～第七偈）

と讃歎されている。ここに「有無を離る」というその有無とは、言うまでもなく、『正信念仏偈』や『高僧和讃』（龍樹讃）に、

龍樹大士出於世　悉能摧破有無見
宣説大乗無上法　証歓喜地生安楽　（聖典二〇五頁）

南天竺に比丘あらん　龍樹菩薩となづくべし
有無の邪見を破すべしと　世尊はかねて説きたまう
本師龍樹菩薩は　大乗無上の法をとき
歓喜地を証してぞ　ひとえに念仏すすめける

と示されている有無の見のことである。これは、『入楞伽経』の中で（以下はサンスクリット原典からの訳）、

南方の国ヴェータリーに、比丘にして福徳をそなえ、
名声大なる人がでる。
かれの名は「龍」と呼ばれ、
有と無との両方［の邪見］を摧破し、
私の乗を世間における無上なる大乗と顕示し、
歓喜地に到達して、安楽国に赴くであろう。

と説かれている「楞伽懸記」に基づいたものである。龍樹において否定されている有と無の二見とは、

縁起所生にして本来的には空・ゼロである「私」が、死後も存続するという常住見が有見であり、死後に虚無となるという断滅見が無見である。ここに説かれている有無の邪見については、すでに指摘したように、龍樹は、

自性として空であるとき、その方について、「仏陀は入滅後に存在する」とか、「存在しない」とかと考えることは、道理に合わない。

(『根本中論偈』第二十二章第十四偈)

と、「私」の存在が死後に存続することを願うのも、死後を虚無と考えるのも、ともに邪見であると明示している。私たちは、「私」に執着して自らの存続や断滅を分別するけれども、本来的に空である仮的存在がそれ自体として存続したり断滅したりする道理はないのである。しかしそれでも、私たちは自己存在に執着し、その執着をもって自己存在を是認しようとするが、無碍光はそのような私たちの執着によって作り出されている実体なき「私」が、その光の妨げとなり得ず、私たちの執着を突き破っていくから無碍なのである。私たちが執着によって作り上げている自己存在は、本来的に空・ゼロであるから、無碍光の前にたちはだかっても障碍とはなり得ない。我執によって固執されている「私」という存在は確実であるかのように分別されているが、無碍光の光にとっては虚空のような存在であり、何の障碍ともなり得ない。それ故にこそ、不可思議光如来を無碍光如来と表現しているの

である。何故ならば、私たちの自己存在に対する我執は絶ち難く、それが空・ゼロであると覚醒することは、自らの存在に対する確執に基づいている私たちの思議では成し難いからである。従って、我執に基づいている思議にとっては不可思議な光（智慧）である。不可思議光と拝受する他はない。あたかも、虚空は光を障碍しないが、虚空における雲は光の障碍となる。しかし、無碍光の前では雲は障碍とならないこと、虚空の如くである、と。

親鸞は、この無碍光如来の「無碍光」について、和讃の中で数多く言及している。

解脱の光輪きわもなし　光触かぶるものはみな
有無をはなるとのべたまう　平等覚に帰命せよ

光雲無碍如虚空　一切の有碍にさわりなし
光沢かぶらぬものぞなき　難思議を帰命せよ

無碍光仏のひかりには　清浄歓喜智慧光
その徳不可思議にして　十方諸有を利益せり

以上「浄土和讃」

尽十方無碍光の　大悲大願の海水に
煩悩の衆流帰しぬれば　智慧のうしおに一味なり

無碍光の利益より　威徳広大の信をえて
かならず煩悩のこおりとけ　すなわち菩提のみずとなる

無碍光如来の名号と　かの光明智相とは
無明長夜の闇を破し　衆生の志願をみてたまう

以上「高僧和讃」

(31)
無碍光仏のみことには　未来の有情利せんとて
大勢至菩薩に　智慧の念仏さずけしむ

「正像末和讃」

無碍光仏のひかりには　無数の阿弥陀ましまして
化仏おのおのことごとく　真実信心をまもるなり

「現世利益和讃」

と詠まれている。ちなみに、『歎異抄』第七条において、「念仏者は、無碍の一道なり」（聖典六二九頁）とあるが、同様の意味で了解されるべきであろう。我執による「私」が、天神地祇や魔界や外道となってそれを障碍しようとしても障害とならず、また「私」の罪悪も業報も邪魔にはならない。なぜならば「一切は空である」と喝破して、その前に立ちはだかる「私」を貫き通す光が仏智なる「無碍光」であるからである。

〔本　文〕

『讃阿彌陀佛偈』曰《ク》曇鸞和尚造南无阿彌陀佛 釋《テ》名《ク》二无量壽傍經一《ト》 奉《ホメタテマツリテ》レ贊 亦曰二安養一 成佛《ヨリ》已來《タ》・歴《ヘタマヘリ》二十劫《ヲ》一壽命方將《マサニ》无《ケム(シ)》三
有《コト》二量一法身《ノ》光輪徧《シテ》二法界《ニ》一照《ス》二世《ノ》盲冥《ヲ》一故《ニ》頂礼《シタテマツル》 智慧《ノ》光明不三可《ス》二量一故《ニ》佛《ヲ》・又・号《ス》二无量光《ト》一有量《ノ》諸相
蒙《ル》二光曉《ヲ》一是故《ニ》稽二首《シタテマツル》眞實明《ヲ》一解脱《ノ》光輪无《シ》二限齊《カキルヒトシ》一故《ニ》佛《ヲ》・又・号《ス》二无邊光《ト》一蒙《ル》二光觸《ヲ》《フル》一者《ノ》離《ル》二有無《ヲ》一是《ノ》故《ニ》
稽二首《マツル》平等覺《ヲ》一光雲《ノコトクニシテ》 无导《ナルコト(ニシテ)》・ 如《シ》二虚空《ノ》一故《ニ》・佛《ヲ》・又・号《ス》二无导光《ト》一一切《ノ》有礙蒙《ケル》二光澤《ヲ》一是《ノ》故《ニ》頂二禮《マツル》 難思
議《ヲ》一清淨《ノ》光明无《シ》三有《コト》二對《ニ》一故《ニ》佛《ヲ》・又・号《ス》二无對光《ト》一遇《マウアフ》二斯光《ノ》一者《ノハ》 業繫《ナリワイツナクナリ》除《コル》 是《ノ》故《ニ》・稽二首《マツル》 畢竟依《ヲ》一佛光照
耀《シテスクル》・最《モトモ》 第一《ナリ》・故《ニ》・佛《ヲ》・又・号《ス》二光炎王《ト》一三塗《ノ》黑闇・蒙《ル》二光啓《ケイヲ》《ヒラク》一是故《ニ》・頂二禮《マツル》 大應供《ヲ》一道光明朗《ニシテ》《ホカラカナリ》色超絶《シタマヘリ》
故《ニ》佛《ヲ》・又号二清淨光《ト》一一《タヒ》 蒙《フルニ》二光照《ヲ》一罪垢《アカ》除《ミチコル》・皆得《エシム》二解脱《ヲ》一故《ニ》頂・礼《シタテマツル》・ 慈光・遐《ハルカニカフラシメ》・被 施《ス》二安樂《ヲ》一故《ニ》・佛《ヲ》又
号二歡喜光《ト》一光《ノ》所《ノ》至《ル》一處《ニ》得《エシム》二法喜《ヲ》一稽二首《シ》頂三禮《マツル》 大安慰《ヲ》一佛光能破《クス》二无明《ノ》闇《ヲ》一故《ニ》佛《ヲ》又号二智慧光《ト》一一切諸佛
三乘衆咸《ク》共《ニ》嘆《ス》譽《ニ》《ホム》故稽首《マツル》 光明一切時《ノ》普照《クスニ》故《ヲ》佛・又号二夫斷光《ト》一聞光力《ノ》故《ニ》心不《スシテ》二斷《ヘ》一皆得《エシム》二往生《ヲ》一故・頂《ニ》
禮《マツル》 其《ノ》 光除《テハ》二佛《ヲ》一莫《ケム》二能惻《クハカルコト》一 故《ニ》・佛《ヲ》・又号《ス》二難思光《ト》一十方諸佛嘆《シ》二往生《ヲ》一稱《セシム》二其《ノ》功德《ヲ》一故《ニ》稽首《マツル》・神光《ハ》離《タルコト》二

相《ヲ》一不三可二名《ナツク》一故《ニ》佛《ヲ》又号《ス》二无稱光《ト》一因《テ》三光《ニ》一成佛《シタマフリ》　光赫《カク》《カヽヤク》然《タリ》　諸佛《ノ》所《ナリ》二嘆《シタマフ》一　故《ニ》・頂礼《マツル》　光明照曜《シテ》・過《キタリ》二日
月《ニ》一故・佛《ヲ》・号《ス》二超日月光《ト》一釋迦佛嘆《シタマフコト》　尚《ヲ》・不《ス》二盡《キ》一故《ニ》我稽二首《シタテマツルト》　无等等《ヲ》一及至《ホム》　本師龍樹摩訶薩誕《タムス》《ウム》二形
像《ヲ》一始《ハシメテ》理《ル》《コトワル》二頽《タイ反》綱《ツナ》一關二閉《カウヲクワンヘイシテ》　邪扇《センヲ》《アフキ》一開《ク》二正轍《テチヲ》一是《レ》閻浮提《ノ》一切《ノ》眼《コナリ》　伏《シタカイ》二　承《シヨウシテ》《ウケタマハル》　尊語《ヲ》一歡喜地《ニシテ》　歸《シテ》二阿彌陀《ニ》一
生《セシム》二安樂《ニ》一我從二无始一循《シウ》二三界《ニ》一爲《ニ》二虛妄《ミタル》輪《ノ》一所《ラル》三回轉《セ》二一念一時《ニ》所《ノ》二造《ル》一業足繫《ツナカレ》二六道《ニ》一滯《ト、マル》二三塗《ニ》一唯願《ヤ、ハ》慈
光護《シテ》二念《ヲ》　我《シタマヘ》一令《ヲシテ》四　我《ラ》　不《セ》三失《ウシナフ》二菩提心《ヲ》一我讃《ス》二佛惠功德音《ノヲ》一願聞《ハキカシメテ》二十方《ノ》諸《ノ》有縁《ニ》一欲《オモハム》四　得《ムト》三往《ヲ》二生安樂《ニ》一者《ノ》普《ク》
皆如《クシテ》二　意《ノ》一无二鄣㝵《ラシメム》一所三有一功德若《ハ》大小回二施《シテ》　一切《ニ》一共《ニ》往生《セシメム》　南二无不可思議光《ニ》一一心歸《ニ》命《シ》　稽首《シ》　禮《マツル》
十方三世《ノ》无量慧・同《シク》　乘《シテ》二一如《ニ》一号《ス》二正覺《ト》一二智圓滿《シテ》　道平等《ナリ》　攝化《スルコト》　隨《フ》三縁《ニ》一故《マコトニ》《コトサラニ》　若于《ソコハクナラム》《ヨルオホセイタスカウヘ》　我歸《スルハ》二阿彌陀《ノ》
淨土《ニ》一即是歸二命《スルナリ》　諸佛《ノ》國《ヲ》一我以《テ》二一心《ヲ》一贊《ス》二一佛《ヲ》一願《ハセム》偏《ニ》二十方无㝵人《ニ》一如《キ》三是《ノ》一十方无量佛咸《ク》各《ノ》至《シテ》二心《ヲ》一頭面《ニ》
禮《マツルナリト》　已上抄出

第四節　善導大師の釈文

一『観経疏』

先ず、玄義分から引文によって、「阿弥浄国は当《はた》これ報なりや、これ化なりとやせん。答えて曰わく、これ報にして化にあらず」と、真仏土における身と土、すなわち、真の仏身と仏土について、そ

の報と化が論じられている。言うまでもなく、真実が報われた真仏土は報身・報土である。このことについては、すでに言及したように、智慧から慈悲への動向の上で、智慧そのものである法性法身が、衆生救済への止むに止まれぬ慈悲として展開され、その慈悲が本願となって私たちに回向される、それが法性法身が報われている方便法身としての真仏土である。それは智慧から慈悲への必然的な展開である。智慧そのものである法性法身は、無上仏・無上涅槃であり、その無上仏・無上涅槃からの慈悲として必然的に展開され、その真実が報われたのが不可思議光如来としての報身であり、無量光明土としての報土である。報とははたらきである。そのはたらきが光明となって生き生きと輝き、そこにさとりとすくいが実現されている世界、それが本願が実現されている世界であり、それこそが真仏土である。この「真仏土」巻の最初に「大悲の誓願に酬報するがゆえに、真の報仏土と曰うなり」と述べられているのは、まさにこのことである。断わるまでもないが、この光の世界としての真仏土は、死後の他界として位置づけられるべき世界ではない。他界に実体的に存在する世界ではない。本願を信じるただ今の信心において光り輝いている世界である。

そして、その智慧から慈悲への動向を説示しようとしている一切の法（世間的存在）、すなわち、釈尊である仏宝と釈尊の教法である法宝と、その教法に生きる人たちである僧宝との三宝に包摂される「一切の法、みなこれ化なり」である。化であるものは諸行無常であり、変化する存在である。そのことを釈文によって示すと、次のようである。

仏、須菩提に告げたまわく、「一切の法、みなこれ化なり。この法の中において、声聞の法の変化あり。辟支仏の法の変化あり。菩薩の法の変化あり。諸仏の法の変化あり。煩悩の法の変化あり。業因縁の法の変化あり。この因縁をもってのゆえに、須菩提、一切の法、みなこれ化なり」とのたまえり。須菩提、仏に白して言さく、「世尊、このもろもろの煩悩断は、いわゆる須陀洹果・斯陀含果・阿那含果・阿羅漢果・辟支仏道はもろもろの煩悩の習を断ず、みなこれ変化なりやいなや」と。仏、須菩提に告げたまわく、「もし法の生滅の相あるは、みなこれ変化なり」とのたまえり。須菩提言さく、「世尊、何等の法か変化にあらざる」と。仏の言わく、「もし法の無生・無滅なる、これ変化にあらず」と。須菩提言さく、「何等かこれ不生・不滅にして変化にあらざる」と。仏の言わく、「誑相なき涅槃、この法変化にあらず」と。「世尊、仏自ら説きたまうがごとき、諸法平等にして声聞の作にあらず、辟支仏の作にあらず、もろもろの菩薩摩訶薩の作にあらず、諸仏の作にあらず。有仏・無仏、諸法の性、常に空なり。性空なる、すなわちこれ涅槃なり。いかんぞ涅槃の一法、化のごとくにあらざる」と。仏、須菩提に告げたまわく、「かくのごとし、かくのごとし。諸法は平等にして、声聞の所作にあらず、乃至性空なればすなわちこれ涅槃なり。もし新発意の菩薩、この一切の法みな畢竟じて性空なり、乃至涅槃もまたみな化のごとしと聞かば、心すなわち驚怖しなん。これ新発意の菩薩のために、ことさらに、生滅のものは化のごとし、不生不滅のものは化のごときにあらざるをと分別するをや。」いま既にこの聖教をもって験かに知りぬ、弥陀は定んでこれ報なり。たとい後に涅槃に入らん、その義妨なけん。もろもろの有智の者、知るべし、と。

これに対して、さらになお、「かの仏および土、既に報と言わば、報法高妙にして小聖階《かな》いがたし。垢障の凡夫いかんが入ることを得んや。」と問うのに対して、「もし衆生の垢障を論ぜば、実に欣趣しがたし。正しく仏願に託するによって、もって強縁と作りて、五乗斉しく入らしむることを致す」と応答し、一切の衆生を救済しようとする本願によりて阿弥陀如来は報仏となり、その阿弥陀如来の名を称えようという本願に乗託して一切衆生は報土に生まれることを明らかにしている。従って、一切衆生が報土に生まれることも、阿弥陀如来が報身であることも本願によって成立しているのである。

続いての「序分義」からの引文では、上述の智慧から慈悲への展開は決して別々ではなく不二一体の双運であることを確かめ、次の「定善義」では、有と無の邪見として展開する輪廻の世界を離れているが、無上仏・無上涅槃を成就する真仏土であることを確認している。

〔本　文〕

光明寺和尚《ノ》云問日**彌陀淨國《ハ》爲《セム》二當《ハタ》・是報《ナリヤ》是化也《ナリトヤ》一答日是報《ニシテ》　非《ス》二化《ニ》一**云何得《ル》二知《コトヲ》一　如《シ》二『大乘同性經《ニ》』說《カ》二西方安樂阿彌陀佛《ハ》是報佛報土《ナリト》　又『无量壽經』云法藏比丘在《テ》二世饒王佛所《ノミモトニ》一　行《シタマフシ》二　菩薩《ノ》

道《ヲ》一時發《シテ》二四十八願《ヲ》一一一《ノ》願《ニ》言《ハク》若《シ》我得《ムニ》佛《ヲ》一十方《ノ》衆生稱《シテ》二我名号《ヲ》一願《（シテ）セム》三生《ト》二我國《ニ》一下至《マテ》二十念《ニ》一若不《シ》二生《ス》一者《ハ》
不《シト》三取《ラ》二正覺《ヲ》一今《マキ》既《テニ》成佛《シタマヘリ》　即是酬《シュ》因之身也、又『觀經《ノ》』中《ニ》上輩三人臨《テ》二命終時《ニ》一皆言《ヘリ》下阿彌陀佛
及與《ト》二化佛《ト》一來中迎《スト》此《ノ》人《ヲ》上然《ニ》報身兼《カネテ》二化《ヲ》一共《ニ》來《テ》授《ツクト》二手《ミテヲ》一故《ニ》・名《テ》爲《ス》二與《ト》一以《ノ》二此《ノ》文證《ヲ》一故《ニ》・知《ス》是報《レナリト》　然《ニ》報應二
身者《トハ》眼目之異名《ナリ》　前《ニハ》翻《ホンシテ》《ヒルカヘス》二報《ヲ》一作《ナル（ス）》二應《ト》一後《ニハ》翻《シテ》二應《ヲ》一作《ナル（ス）》二報《ト》一凡言《ソ》二報《ト》一者《ハ》因行不《ス》二虛《ラ》一定招《テセウ》《マネク》二來果《ヲ》一以《テ》二果《ヲ》一
應《スニ》三因《ニ》一故名《テ》爲《ス》三報《ト》二又三大僧祇所《ノ》修《ノ》萬行必定《シテ》・應《シ》三得《ウ》二菩提《ヲ》一今既《ステニ》道成《セリ》　即是應身《ナリ》　斯《レ》乃《チ》過現諸佛《ノ》辨二立《ス》
三身《ヲ》一除二斯《ヲ》一已外《ハ》更《ラニ》无《マシマサス》二別體《ノ》一縱使《タトヒ》无窮《ノ》《キワマリ》　八相名号塵沙《ナリコクシテ》剋《エテトキトモ》二體《ニ》一而《シテ》論《セハ》衆《スヘテ》歸《シテ》二化《ニ》一攝《ス》・今彼《ノ》彌陀
現《ニ》是報也《ト》、問曰既《ニ》言二報《ト》一者《ハ》報身常住《ニシテ》　永《ク》无《シ》二生滅一何故《カヘソ》『觀音授記經《ニ》』說《トカク》　阿彌陀佛亦有《ト》二入涅槃《ノ》
時一此之一義若爲《イカンカ》通釋《セムヤ》　答曰入不入《ノ》義者《ハ》唯是諸佛《ノ》境界《サカイサカイ》《ナリ》尚《ナホ》非《ス》三二乘淺智《ノ》所《ニ》二闚《ウカヽフ》一　豈況《ニイワンヤ》小凡輒《タヤスク》・能《ク》
知《ラム》也《ヤ》雖二然《ト》一必欲《オモハト》二知一者《ハ》敢《アヘテ》引《テ》二佛經《ヲ》一以《テ》爲《セム》二明證《ト》一何《ントナラハ》　者如《シ》二『大品經《ノ》』涅槃非化品中《ニ》說《テ》云《フカ》一佛告《タマハク》二
須《モチキル》　菩提《ニ》一於《テ》二汝《カ》意《ニ》一云何《イカン》若有《シテ》二化人一作《ナス》二化人《ヲ》一是化《ノ》頗《スコフル》《ハ》有《リヤ》二實事一不《イナヤ》　空《シキ》者《ノナリヤ》　不《ヤ》須菩提《ノ》言《サク》不《イナヤ》也世尊佛
告《ハク》二須菩提《ニ》一色即是化《ナリ》　受想行識即是化《ナリ》　乃至一切種智即是化《ナリ》・須菩提白《シテ》二佛《ニ》一言《ク》世尊若《シ》世間《ノ》法是化《ナリヤ》
出世間《ノ》法亦是・化《ナリヤト》　所《イハユル》二謂一四念處・四正勤《ツトム》・四如意足《タル》・五根五力《（ユワ）》・七覺分・八聖道分・三解脫門・佛十
力・四无所畏《ヰ》《オソル》・四无导智・十八不共法・并《ニ》諸法果《ノ》・及賢《カシコシ》　聖人所《イハユル》二謂一須陀洹斯陀含阿那含阿羅漢辟支
佛菩薩摩訶薩諸佛世尊《ノ》是法亦是化《ナリヤイナヤト》　不　**佛告《ハク》二須菩提《ニ》一一切《ノ》法皆是化《ナリ》　於《テ》二是《ノ》法《ノ》中《ニ》一有《リ》二聲聞《ノ》法《ノ》變化一**
有《リ》二辟支佛《ノ》法《ノ》變化一有《リ》二菩薩《ノ》法《ノ》變化一有《リ》二諸佛《ノ》法《ノ》變化一有《リ》二煩惱《ノ》法《ノ》變化一有《リ》二業因緣《ノ》法《ノ》變化一以《テ》二是因緣《ヲ》一故《ニ》
須菩提一切《ノ》法皆是化《ナリトノタマヘリ》　須菩提白《シテ》二佛《ニ》一言《サク》　世尊是《ノ》諸《ノ》煩惱斷《ハ》所《イハ》二謂《ユル》一須陀洹《オン》果斯陀含果阿那含果阿

羅漢果辟支佛道《ハ》斷《ス》二諸《ノ》煩惱習《ノシウヲ（ナラウ）》一皆是變化《ナリヤ》　不《ヤト》　佛告《ハク》二須菩提《ニ》一若有《ル》二法《ノ》生滅相《ノ》一者《ハ》皆是・變化《ナリトノタマヘリ》　須菩提言《サク》・世尊何等法《ノ》非《カラサルト（ルヤト）》二變化《ニ》一佛《ノ》言《ハク》　若《シ》法《ノ》无先无滅《ナル》　是非《スト》二變化《ニ》一須菩提言《サク》　何等《ラカ》是・不生不滅《ニシテ》　非《サルト（ルヤ）》二變化《ニ》一佛《ノ》言《ハク》　无《キ》二諍　相一涅槃《ノ》是法非《スト》二變化《ニ》一世尊如《キ》二佛　自《ミツカラ》說《タマフカ》一諸法平等《ニシテ》　非《ス》二聲聞《ノ》作《ニ》一非《ス》二辟支佛《ノ》作《ニ》一非《ス》二諸菩薩摩訶薩《ノ》作《ニ》一非《ス（クルウ）》二諸佛《ノ》作《ニ》一有佛无佛諸法《ノ》性《ニ》。常空《ナリ》。性空《ナル》　卽是涅槃《ナリ》・云何涅槃《ノ》一法非《サルト（ルヤ）》三如《クニ》二化《ノ》一佛告《ハク》二須菩提《ニ》一如《シ》三是《ノ》一如《シ》二是《ノ》一諸法《ハ》平等《ニシテ》　非《ス》二聲聞《ノ》所作《ニ》一乃至性空《ナレハ》　卽是涅槃《ナリ》　若《シ》　新《（二）アタラシ》　發意菩薩《ノ》聞《カ》下是一切《ノ》法《ノ》皆畢竟《シテ》　性空《ナリ》　乃至涅槃《モ》亦皆如中化《シトノ》上者《ハ》心則驚《チキヤウ》怖《フシナム（オトロキオソル）》・爲《ニ》二是《レ》新發意菩薩《ノ》一　故《コトサラニ》　分四下別《スルヲ》　生滅《ノ》者《ノハ》　如《シ》二化《ノ》一不生不滅《ノ》者《ノハ》不《アラサルヲト》三上　如《キニ》二化《ノ》一邪《ヤ》今既《ニ》以《テ》二斯《ノ》聖教《ヲ》一　驗《アキラカニ》　知《ヌ》・彌陀《ハ》定《テ》是報也縱‐使《タトヒ》後《ニ》入《ラム》二涅槃《ニ》一其《ノ》義无《ケム》二妨《ハウ（サマタケ）》一諸《ノ》有智者《ノ》應《シト》二知《ル》一問曰彼佛《ノ》及土既言《ニ》二報《ト》一者《ハ》報法高妙《ニシテ》　小聖難《シ》二階《カナヒ》一垢鄙《ノ》凡夫云何《カ》得《ムヤ》二入《コトヲ》一　答曰若論《シセハ》二衆生《ノ》垢鄙《ヲ》一實《ニ》難《シ》二忻《ネカヒオモムキ》　趣一正《シク》　由《テ》三託《タクスルニ（ツク）》二　佛願《ニ》一以《テ》作《リテ》二强緣《ト》一致《タスト》三　使《ムルコトヲ》二　五乘齊《ヒトシク》　入《ラ》一

又二云從二我今樂生彌陀一已下《ハ》正《シク（ン）》　明《ス》三夫人別《シテ》　選《フコトヲ》二　所求《ヲ》一此《ハ》明《ス》二彌陀《ノ》本國四十八願《ナルコトヲ》一　願願皆發《セリ》二增上《ノ》勝因《ヲ》一依《テ》三因《ニ》起《セリ》三於二勝行《ヲ》一依《テ》三行《ニ》一感《カムス（マ丶）》二於二勝果《ヲ》一依《テ》三果《ニ》一感二成《セリ》　勝報《ヲ》一依《テ》三報《ニ》一感二成《セリ》　極樂《ヲ》一依《テ》三樂《ニ》一顯二通《ス》悲化《ヲ》一依《テ》三於二悲化一顯二開《セリ》　智慧之門《ヲ》一然《ニ》悲心无盡《ニシテ》・智亦无窮《ナリ》　悲智雙《ナラヘ》　行《シテ》　卽廣《ク》開《ケリ》二甘露《ヲ》一因《ヨコ》三茲《コレニ》一法　潤《ニン（ウルオウ）》　普《ク》攝《シタマフ》二群生《ヲ》一也、　諸《ノ》餘經典《ニ》勸《ムル》　處彌《ヒロク》　多《シ》衆聖齊《ヒトシクシテ》二　心《ヲ》一皆同《シク》　指《（オシフ）》讚《シタマフ》　有《テ》二此《ノ》因緣一致《ス》下使《シメタマフコトヲ》中　如來蜜《ヒソカニ》　遺《ハシテ（ツカ）》二夫人《ヲ》一別《シテ》　選《ハ》上也、

又二云西方寂靜无爲樂《ノミヤコハ（二八）》　畢竟逍遙《シテ》　離《タリ（セリ）》二有无《ヲ》一大悲薰《シテ》二心《ニ》一遊《フ》二法界《ニ》一分身《シテ》　利《ルコトヲ》二　物《ヲ》一等《シクシテ》　无《シ》二殊《コトナルコト》一　歸《イサ》去來《イナム》魔鄕《ニハ》・不《ス》三可二停《トヽマル》一曠却《ヨリ》　來《タ》流二轉《シテ》　六道《ニ》一盡《コト〱ク》　皆逕《ヘタリ》　到《ル》處无《ニシ》二餘樂《ノ》一唯聞《ク》二愁歎聲《ノヲ》一畢《ヘテ》二此《ノ》生平《ヲ》一後人《ラムト》二

彼《ノ》涅槃《ノ》城《ニ》一

二　『法事讃』

最後に、『法事讃』によって、その真仏土に到ることは「仏に従いて逍遙して自然に帰す。自然はすなわちこれ弥陀の国なり」と確認している。親鸞は、このことを『高僧和讃』「善導讃」の中で、次のように詠んでいる、

信は願より生ずれば　念仏成仏自然なり
自然はすなわち報土なり　証大涅槃うたがわず

五濁悪世のわれらこそ　金剛の信心ばかりにて
ながく生死をすてはてて　自然に浄土にいたるなれ

（聖典四九六頁）

〔本　文〕

又云極樂《ハ》无爲涅槃《ノ》界《ナリ》　隨緣《ノ》雜善恐《オソラクハ》　難《シ》二生一故使《ニシメタマヘリ》下　如來選《テ》二要法《ヲ》一教《ヘテ》　念《セシ》二彌陀《メテヲ》一專《ニシテ》　復專《ラナラ》上

又云從《シタカヒテ》二　**佛**《ニ》一**逍遙**《シテ》　**歸**《ス》二**自然**《ニ》一**自然**《ハ》**卽是・彌陀國**《ナリ》　无漏无生還《テ》卽眞《ナリ》　行來進止《ニ》常《ニ》隨《テ》二佛《ニ》一證二得《スト》　无爲法性身《ヲ》一

又云彌陀《ノ》妙果號《オハカウシテ》曰二《フト》无上涅槃《ト》一 已上抄出

第五節　憬興師『述文賛』

ここでは、先の『讃阿弥陀仏偈』に説かれている無量光仏などの十二光の仏名についての注釈がなされているが、その中で、先に特に取り上げて、少しく説明を加えた「無碍光」について、次のように注釈されているので、それのみをここに示しておく。

人法としてよく障うることあることなきがゆえに

この注釈についての説明は不要であろう。すでに説明したように、人として執着され、法として執着されている世間的存在は、それ自身として空・ゼロであり、阿弥陀如来の智慧の光の障りとはなりえないということである。

〔本　文〕

憬《ケイ》《キャウ》興師云无量光佛非二筭數一故无邊光佛无三縁《トシテ》不二《コト》照故《ニ》**无导光佛无三《カ》有二《コト》人法《ト》而《シテ》能《ク》鄣《フル》一故《コトニ》**无對光佛非三諸《ルカ》菩薩之所二及一故《ニ》光炎王佛

光明自在《ニシテ》更《サラニ》无《カ》二爲《スコト》上故《ニ》

清淨光佛　從二无貪《ノ》善根一而《テ》現《スルカ》故《ニ》亦除二衆生貪濁《チヨク》之心《ヲ》一也无《カ》二貪濁之心一故《ニ》云二清淨《ト》一

歡喜光佛　從《リ》二无瞋《シンノ》善根一而《シテ》生《カ》故《ニ》能《ク》除《ク》二衆生《ノ》瞋恚《オモフイカル》盛《サカリ》心《ヲ》一故《ニ》

智慧光佛　從《リ》二无癡《ノ》善根《ノ》心一起《コル》復《タ》除《カ》二衆生《ノ》无明品心《ヲヲ》一故

不斷光佛　佛之常光恒《ツネニ》爲《スカ》㆓照益《ヲ》一故《ニ》

難思光佛　非《カ》三諸《ノ》二乘《ノ》所《ハカラフ》二惻度《タクスル》《トシ》一故

无稱光佛　亦非《イカリ》四餘《ルカ》乘等所《ニ》三堪《タフル》二說《コト》一故《ニ》

超日月光佛　日《ハ》應《テ》恒《ツネニ》○照《コト》○不《ルコトアマネカラ》二周一婆婆一耀《カヽヤク》之光《ナルカ》故《ニ》

皆是蒙《カホル》二光觸《ソクヲ》《フル、》身《ニ》一者《ハ》身心柔濡願《ノ》之所二致《ス》一也（已上抄要）

第三章　結成文

第一節　信心仏性

かくして、安養浄刹である真仏土が真の報土であることを顕かにした「真仏土」巻を終えるに当たって、先ず無上仏・無上涅槃としての真仏土についての真実義は明らかに知らされたが、惑染の凡夫はそれを確証することはできない。他力本願による他はないという「信心としての仏性」が、『涅槃経』に依って示されている。次のようである。

しかれば、如来の真説、宗師の釈義、明らかに知りぬ、安養浄刹は真の報土なることを顕す。惑染の衆生、ここにして性を見ることあたわず、煩悩に覆わるるがゆえに。『経』（『涅槃経』）には「我、十住の菩薩、少分仏性を見ると説く」と言えり。かるがゆえに知りぬ、安楽仏国に到れば、すなわち必ず仏性を顕す、本願力の回向に由るがゆえに。また『経』（『涅槃経』）には「衆生、未来に清浄の身を具足荘厳して、仏性を見ることを得」と言えり。

この点については、すでに『涅槃経』文証の箇処において言及したように、「一切衆生悉有仏性」と説かれているのは、「随自意説」であって、「随他意説（聞く人に応じて説かれた教え）」ではないのであるから、煩悩に覆われた私たちにとって、それを現前に眼見することはできないが、本願を信ずる心を廻向されたとき、それを聞見することはできるのである。

さらに、『起信論』の「もし説くといえども、能説のありて説くべきもなく、また能念の念ずべきもなしと知るを、名づけて随順とす。もし念を離るるを名づけて得入とす」という一文を『念仏三昧宝王論』に依って示し、「説より無説に入り、念より無念に入る」という関係が示されている。ここに、無上仏・無上涅槃という無義なる真実義は、説より無説に入り、念より無念に入り、説くべきもなく、念ずべきもないと、無義と義の関係が提示されている。すなわち、「無義の義」については、無義より義へ、真より報へという動向である本願によって知らしめられるが、義より無義への悟入は義を離れてこそあり得るのであり、親鸞聖人は、その悟入は本願によって回向された他力の信心においてしか実現できないと、それを「信心としての仏性」として頂いている。このような本願に対する信心が仏性であるという、このことは、大悲無倦常照我という宗教的事実の真っ直中に身を置いていることを指して悉有仏性と説いている『宝性論』の仏性思想に他ならない。

〔本　文〕

尓者如來ノ眞說宗師ノ釋義明ニ知ヌ・顯二安養淨刹ハ眞報土一ナルコトヲ　惑染ノ衆生於シテ二此コヽニ一不ス四能三見ルコトヲ二性ヲ一所ルヽカ三覆ホハ二煩惱ニ一故ニ

『經』《ニハ》言《ヘリ》四我説《レト》三十住《ノ》菩薩少分見《ト》二佛性《ヲ》一故知《ニ》到《ヌレハ》二安樂佛國《ニ》一即必顯《ス》二佛性《ヲ》一由《カ》二本願力《ノ》回向《ニ》一故亦『經』《ニハ》言《ヘリ》下衆生未來具《ニ》二足莊《シテ》（マヽ）三嚴清淨之身《ヲ》一而得《シテウト》下見中佛性《ヲ》上『起信論』《ニ》曰若知《クシヲ》下雖《モ》二説《ト》一無《ク》五有《テ》二能説《ノ》一可《キモ》四中説《ト》三亦無中中能念可《キモ》中念《ス》上名爲《テス》二隨順《ト》一若離《シハナル、》三於《ヲ》二念一名爲《テス》二得入《ト》一得入者眞如三昧也、況乎《イカニイハンヤ》无念之位在《ハリ》三於《ニ》二妙覺一蓋《ケタシ》以《テ》了心初《ハ》生之相也、而言《カモ》三知《フト》二初相《ヲ》一者所《ハ》二謂《ハ》一无念非《ハス》三菩薩十地所《ノ》二知《ニ》一而今之人尚《ナホ》未《タ》《ス》三階《カナハ》二十信《ニ》一即不《ラムヤ》三依《ラ》二馬鳴《メミヤウ》《ホユ》大士《ニ》一從《ヨリ》二説一入《リ》二无説《ニ》一從《ヨリ》三念一入《ルトノタマヘリ》三於二无念一 抄略

第二節　真報と仮報

以上で「真仏土」巻は終わるのであるが、「証の中より開く」とされる「真仏土」巻において、真仏と真土が明らかにされたことを確認すると共に、巻末において、方便としての化身・化土を明らかにする次巻「方便化身土」も、「至心発願の願」（第十九願）と「至心回向の願」（第二十願）という如来大悲の願海に酬報したものであることに言及し、如来広大の恩徳を讃えて巻を結んである。それは次のようである。

それ報を案ずれば、如来の願海に由って果成の土を酬報せり。かるがゆえに報と曰うなり。

しかるに願海について、真あり仮あり。ここをもってまた仏土について、真あり、仮あり。選択本願の正因に由って、真仏土を成就せり。真仏と言うは、『大経』には「無辺光仏・無碍光仏」と言えり。また「諸仏中の王なり、光明中の極尊なり」（『大阿弥陀経』）と言えり。已上『論』（『浄土論』）には「帰命尽十方無碍光如来」と曰えるなり。真土と言うは、『大経』には「無量光明土」（『平等覚経』）と言えり。あるいは「諸智土」（如来会）と言えり。已上『論』には「究竟して虚空のごとし、広大にして辺際なし」と曰うなり。往生と言うは、『大経』には「皆受自然虚無之身無極之体」と言えり。已上『論』には「如来浄華衆正覚華化生」と曰えり。または「同一念仏して無別の道故」（論註）と云えり。已上　また「難思議往生」（法事讃）と云える、これなり。仮の仏土とは、下にありて知るべし。すでにもって真仮みなこれ大悲の願海に酬報せり。かるがゆえに知りぬ、報仏土なりということを。良に仮の仏土の業因千差なれば、土もまた千差なるべし。これを「方便化身・化土」と名づく。真仮を知らざるに由って、如来広大の恩徳を迷失す。これに因って、いま真仏・真土を顕す。これすなわち真宗の正意なり。経家・論家の正説、浄土宗師の解義、仰いで敬信すべし、特に奉持すべきなり。知るべしとなり。

次巻の「方便化身・化土」については、ここで言及することは差し控え、金子大榮著『教行信證講読』（真化の巻）の中から一文を引いてそれに代えることとする。

されば方便化土こそは、特に惑染の凡夫の要求に応ずるものであり、方便の願こそは、特に自力執心の離れ難きわれらがために現はれたるものである。われらは種々なる人生の経験を機縁として浄土を願生する。併し斯かる願生心は純粋なものではないから、したがってその帰向するところの浄土も、真実の仏土といふを得ぬであらう。それ故に斯かる願生心の帰向する仏土は、畢竟これ凡夫の迷情に依る影像に過ぎぬものならば、われらの願生心は全く無意味なるものといわねばならぬ。されど斯かる願生心も如来の願海にあり、したがってその帰向する仏土も、願海酬報の方便化土なりとせば、いかなる願生心も無意味なるものはない。われらは願生心に導かれて仏土へと帰入するのである。即ちわれらの往生の縁は方便の願に依りて結ばれ、真実報土への帰入は、方便化土に依りて果遂さるゝのである。若し方便の願土なければ、われらの救はるべき手がかりがないであらう。この意味に於て方便の願土あることは、誠に如来広大の恩徳である。

併しそれは唯だ如実に方便化土と知らるゝことに於てである。而して方便化土と知らしむるものは真実報土である。即ち真仮の分判である。若し真仮の分判が無いならば、われらは自力の願生心とその帰向する仏土とを以て、真実なるものとする固執に陥るであらう。しかもそれが固執であるがために、自己崩壊を生じて、その結果は一切の願生心を自力の迷情として抛棄せんとする心ともなるのである。それは不純なる願生心を否定することに依りて、純粋なる願生心をも無視することとなるのである。この動揺不定の心を救ふものは、実に願生心の真仮分判である。われらは種々の事象を機縁として浄土を願生する。されどわれらはその願生心をそのまゝ肯定して、これに依りて往生を得と自識する事はできぬ。唯だその願生心に内感せらるゝ如来回向の願心に於て、得生の想が与へらるゝのである。われらの願生心は無意味なのではない。若しこれなくばわれらは如来清浄の願心を信楽する機縁がないであらう。併しわれらの願生心はそのまゝ肯定さるべきものではない。それを否定する清浄願心を内感してこそ、われらの往生は成就するのである。誠に求めずば与へられず、されど与へらるゝものは求めたるものではない。そこに如来広大の恩徳がある。

（『金子大榮著作集』第八巻一二八～一二九頁）

〔本　文〕

夫《レ》按《スレ》二報《ヲ》一者《ハ》由《テ》二如來《ノ》願海《ニ》一酬《コタウ》二報《セリ》果成《ノ》土《ヲ》一故《ニ》曰二報《ト》一也、然《ルニ》就《ツイテ》二願海《ニ》一有《リ》二眞一有《リ》二假《カリナリ》一是《ヲ》以《テ》復就《テ》二佛土《ニ》一有《リ》二眞一有《リ》二假一由《テ》二選擇本願之正因《ニ》一成二就《セリ》眞佛土《ヲ》一

言二眞佛《ト》一者《ハ》『大經《ニハ》』言《ヘリ》二无邊光佛无㝵光佛《ト》一又言《ヘリ》二諸佛中之王也光明中之極尊也《ト》一已上

『論《ニハ》』曰《ヘル》二歸命盡十方无㝵光如來《ト》一也、

言二眞土《ト》一者《ハ》『大經《ニハ》』言《ヘリ》二无量光明土《ト》一或《ハ》・言《ヘリ》二諸智土《ト》一已上

『論《ニハ》』曰《フ》二下究竟《シテ》如《シ》二虚空《ノ》一・廣大《シテ》无《シ》二邊際《キワ》《ト》一上也、

言二往生《ト》一者《ハ》『大經《ニハ》』言《ヘリ》二皆受自然虚无之身无極之體《ト》一已上

『論《ニハ》』曰《ヘリ》二如來淨華衆正覺華化生《ト》一又《ハ》云《ヘリ》二同一念佛《シテ》无別道《ノ》故《ト》一已上又云《ヘル》二難思議《ハカリ》往生《ト》一是也、假《ケノ》之佛土者《トハ》在《テ》三下《ニ》一應《シ》三知《ル》一卽《テニ》以《テ》眞假皆是酬《レ》二報《セリ》大悲《ノ》願海《ニ》一故《ニ》知《ヌ》報佛土也《ナリトイフコトヲ》良《マコトニ》假《ノ》佛土《ノ》業因・千差《ナレハ》土《モ》復應《シ》二千差《ナル》一是《ヲ》名《ク》二方便化身化土《ト》一由《テ》四不《ルニ》三知《ラ》二眞假《ヲ》一迷《メイ》《マトヒ》三失《ス》如來廣大《ノ》恩德《ヲ》一因《テ》三茲《レニ》一今・顯《ス》二眞佛眞土《ヲ》一斯《シナワイ》《レチ》乃眞宗乃正意也、經家論家乃正說・淨土宗師之解義・仰《イテ》・可《シ》二敬信《ス》一特《コトニ》可《キ》二奉《ウケタマハリ》持《ス》一也、可《シトナリ》三知《ル》一

顯淨土眞佛土文類五

結章　さとりとすくい

真仏土は、無量光なるひかりと無量寿なるいのちの二願に酬報した世界である。ひかりとはさとりであり、いのちとはすくいである。しかも、ひかりといのちは別ではない。ひかりが即ちいのちであり、いのちが即ちひかりである。ひかり無くしていのちは輝かない。いのちなくしてひかりは輝きとはならない。従って、さとりとすくいは不二一体である。ひかりに出遇ったとき即座にすくいが実現している。すくいが実現されたときさとりがそこにある。何れにしても、真仏土は輝く光明の世界である。その表現を『浄土和讃』に求めるならば、十二光仏の名は別としても、あまりにも多数である。「法身の光輪」「智慧の光明」「解脱の光輪」「清浄光明」「遇斯光」「仏光」「慈光」「道光明」「聞光」「神光」などである。

ところで、真仏土とは、すでに第一部において言及したように、死とか死後とかいう極めて現実的で生物的な無常なる世間の事柄と無関係ではない。「死すべき身」を現に生きている者にとって真仏土とは何かが明らかにされていなければならないのである。もし無常世間の延長線上に浄土を願生する、そのような死後の世界として真仏土を願生するのであれば、それは人間の我執によって作り出された理想の世界となる。しかし、すでに顕かにされた真仏土は、一度その光明に出遇えば、人間の我執による世界などは何の意味も持ち得ないのである。願生浄土という事柄における、その願生の中に人間の我執を持ち込む余地はなく、たとえ人間の我執を持ち込んでも、それを光明の中に融解してしまうのが真仏土である。従って、人間の我執による死後への期待や要求や幻想などをそこに持ち込むことに謙虚になるとき、その浄土はより明確な真仏土となる。真仏土とは、人間の側からの如何なる介入も無効である「自然の浄土」である。このことが確認されたとき、死とは何か、死後とは何かが自ずと明らかになる。そうなったとき、無常世間に生きる者にとっての死とか死後という生物的な苦悩を軽視するのではなく、そのことに堂々と対峙しつつ無上涅槃が明らかになる。

しかし、人間は我執そのものである。願生浄土という、我執が無化された事柄にも我執を持ち込むのである。そのことについて、極めて現実的な生々しい事柄を取り上げつつ、「最期の我執」という小論を公にしたことがあるので、それをここに掲示して、本書の結文とする。

人間の最期は死である。人生の終わりとなるその最期にあたって、最後に残された我執とは何であろうかと考えてみたくなるこの頃である。特に、現代社会が齎している脳死とか尊厳死という問題に出会うとき、その底辺に、一つの決定的な暗部が明らかにされないで、見落とされたまからである。

まになっている、それも故意に見落とされたままになっているのではないかと考えざるを得ない

簡単にいうと、生まれた以上は必ず死ななければならないという、極めて明瞭な事柄が少しも論議されていないということである。さらに言えば、その論議が意識的に回避されているといってもよいであろう。そのために、「死すべき身」を生きるということはどういうことかという論議がなされないままで、「死は敗北」という医療の論理に振り回されて、脳死とか尊厳死ということが問題となってきているということである。

生まれた者にとって死は当然であり、生きることと死ぬこととが別ではなく、その全体が命の営みであるというそのことが確認されているならば、死は決して敗北ではなく、タブー視されなければならないものでもないことは自明である。しかしながら、「死すべき身」であることを忘れさせ、ひたすら延命を計ることのみに専念する医療に振り回されて、あたかも死なない身であるかのように錯覚させられて、生きることだけに腐心しているのが現代である。

しかし、このような錯覚によって、「生きること」だけが全てであるかのように思わせて、「死すべき身」という自明の事柄をそこに介在させないようにして、死をタブー視するようにしているのは、単に医療だけの責任とはいえないのも事実である。仏教を含めて宗教といわれているものそれ自体の責任の方が、より大きいといわなければならない。節分の「福は内、鬼は外」しか

り、二月堂の「お水取り」しかり、除災招福を願う人々の心を利用して、そのような様々な行事によって、死（災い）を除いたり遠ざけたりすることが出来るかのような錯覚を与えているのが、宗教行事といわれているものの大方の現実であるからである。

＊

さて、「死すべき身」という事実に目を瞑り、ひたすら生きることのみを求め延命を願う人にとっての「最期の我執」とは「死にたくない」という我執であろう。「死にたくない」という我執は誰にでもあるが、それは、権力、金力、霊力などのあらゆる力にすがり、時として、他人の命を奪ってまでも、自分の命の延命を計るという自我愛まるだしの我執ともなるのである。この「死にたくない」という我執が脳死問題を作り出している根源であるといってよいであろう。それに合理主義の価値観が加わって、死につつある人の命よりも生きる可能性のある人の命の方が価値があるという発想で、脳死ということが現代医療の緊急な課題となっているのである。

臓器移植医が「脳死による臓器移植を行えば命の助かる患者がいるのに、それができないのは残念である」というお題目をとなえると、何となくそれに抵抗できなくなってしまい、脳死する側の悲しみや苦悩などは全く視野に入れないままで、どうせ死ぬのであるから、助かる方を助ければよいと考えてしまう日本人の奇妙な人情がある一方、他方には、自我愛まるだしの患者に同情して、移植費用をカンパで集め、外国に押しかけ、その国の患者を金の力で押しのけて臓器移植を受けて帰ってくる、そのエゴイズムを美談として報道する日本人の無神経な傲慢がある。確かに「死にたくない」という我執は誰にでもあるが、であるからと言って、自分の自我愛に対する恥じらいとか、後ろめたさを感じさせる雰囲気が少しも見えてこないようになっているというのは、何ともやり切れないことである。

＊

次に「死すべき身」という命の事実を引き受けながらも、出来ることなら「楽に死にたい」という「最期の我執」がある。最近では、医療の現場でスパゲティ人間（集中治療室において、たくさんのチューブに繋がれている状態）となり、楽に死ねなくなっている状態が人工的に作り出されているため、そこに「尊厳死」とか、「安楽死」という問題が持ち上がっている。確かに、医療の現場におけるこのような状態は異常事態といえる。あらゆる手段を尽くして延命を計るために必死の努力をする医療現場の医師と、「楽に死にたい」という権利を人間は持っていると尊厳死を主張する患者と、そのどちらもが、それは「命の尊厳性」のためであるという。どちらかが正しくて、どちらかが間違っているのであろうか。

どちらもが正しいと言うのであれば、それは容易に決着はつかないままで、医療の現場ではどちらかが妥協せざるをえないことになるであろう。また、どちらもが間違っていると言うことであれば、お互いの「命の尊厳性」という大前提の内容が少し変化して、「命の尊厳性」ということに、医師は必要以上に神経質になる必要はなく、患者も尊厳死を主張する必要はなくなる。そこに自ずと「自然死」が実現されることになろう。要は「命の尊厳性」というと聞こえがいいが、医師も患者もお互いに、与えられた命を自分の都合にあわせて管理しようとしているだけの、命の私物化であるという、そのことに気付かなければならないということである。

*

「最期の我執」は、以上の二つしかないと思うかもしれないが、実は、さらに二つがある。その一つは、「死後に極楽に往生したい」という、「最期の我執」である。最近、『岩波仏教辞典』における「教行信証」と「親鸞」の項目の記述内容をめぐって論議がなされたことがあるが、そこでは「往生」ということの意味について意見が分かれ、その相違が問題とされたのである。

その論議の内容について、『東方』(第六号、一九九〇年、東方学院)に一括して紹介されているのでいまは省略するが、それを読んでいて、そこに「死後に極楽に往生したい」という「最期の我執」を見たのである。死後にまで自分の存在に対する我執を引きずっていく人間の執着の凄さを見たのである。それは現在世において満たされなかった現世利益を未来世に求める我執であるともいえる。極楽とか浄土を何のためらいもなく「理想の世界」と説く人がいるが、未来世にパラダイスを求めている自らの我執が見えてこないであろうか。

ともかくも、死後が現在世の次の他界としての未来世と考えるとき、それがパラダイスとしての極楽であろうが、反対の地獄であろうが、そこには死後でなければ往生できないのは当然である。しかし、親鸞の語る「自然の浄土」という言葉の響きからは、親鸞がそのような他界としての極楽を浄土と了解していたとは、到底考えられないが、そのことについての言及は、目下の話題ではないので今は差し控えておくことにする。

ただ言えることは、そのような死後の他界としての未来世という発想は、釈尊の「縁起」や大乗仏教の「空」という仏教の基本思想からは、絶対に可能ではないということである。仏教の基本的立場にたって、自己存在の命の原点が明らかになれば、ただ今の現在の一瞬に、無始以来の無明の過去を自覚し、ただ今の現在の一瞬に、当来としての当然の未来が、必至滅度の浄土として感得されるとしか了解せざるを得ないというのが、現生の身の事実であろう。

＊

最期に、もっと凄い「最期の我執」がある。それは、「死後に浄土に行って、人々を救済するために、再びこの世に還ってくる」という「最期の我執」である。これは親鸞の仏教でいわれる、還相回向ということについての一つの了解である。所謂、還相回向についてのユーターン論である。どのようにして還ってくるかというと、たとえば、南無阿弥陀仏という念仏となって還ってくるというのである。たとえ念仏に姿を変えたとしても、ここまでくると「最期の我執」も見事と言わざるを得ない。還ってくる方は、一切衆生の救済という偉大な目的のために還ってくるのであるから、崇高な自らの行為に心弾むであろうが、還ってこられる方としては些か迷惑といおうか、戸惑ってしまうのである。

還相回向については、もとより、親鸞の仏教にとって極めて重要な問題であるが、凡夫の自覚に徹した親鸞がこのようなユーターン論としての還相回向を説いたとは、とても考えられない。親鸞がどのような意味において還相回向を説いているかはさておき、大乗仏教の菩薩道においては、仏と成るべく仏道を歩む菩薩の往相道が、無上涅槃を実現した如来の還相回向に導かれて実現されていくというのが基本である。菩薩たちが死後に如来となって再びこの世に還ってくるという、菩薩自らが還相するというような意味がそこに含まれていないことだけは確かである。ましてや、われわれ凡夫においておや、である。

＊

ここまでくると、さすがに「最期の我執」も、それ以上のものはもうないであろう。仏教は人間の苦悩の原因を我執に見いだし、その我執の深さを追求し続けてきた教えであるといえる。我執とは、いうまでもなく、自らの存在を確かなものとし執着することである。その自らの存在を、どのような在り方であれ、死後にまで持ち込もうとする我執の凄さは、「死にたくない」という程度のわれわれの我執の比ではないといえよう。

（『人生と宗教』西村恵信教授還暦記念論文集）

〔付〕

夏安居「開講の辞」

このたび、夏安居本講において、宗祖親鸞聖人によって真実の仏道が開顕されている『顕浄土真実教行証文類』(『教行信証』)の「真仏土文類」(真仏土巻)を解釈する機会を頂いた。この夏安居において、近くは一九六三年(昭和三八年)に、安井廣度講師によって、「真仏土」は講じられているが、すでに四十年の歳月を経ている。従って、いまあらためて、「真仏土」を解釈することはいたずらな煩とはならず、かえって新鮮な学風を吹き込める時機ではなかろうかと、誠に僭越ながら、浅学非才をも省みず思量する次第である。

さて、「真仏土」は、「証の中より開く」と演説され、直前の「証文類」(証巻)に連続していることは言うまでもないが、「真仮みなこれ大悲の願海に報酬する」が故に、更に最後の巻「方便化身土文類」(化身土巻)へと連帯していくのである。

先ず、「証文類」と「真仏土文類」との関係については、『浄土三経往生文類』の中で、

大経往生というのは、如来選択の本願、不可思議の願海、これを他力ともうすなり。これすなわち念仏往生の願因によりて、必至滅度の願果をうるなり。現生に正定聚のくらいに住して、かな

らず真実報土にいたる。これは阿弥陀如来の往相回向の真因なるがゆえに、無上涅槃のさとりをひらく。これを『大経』の宗致とす。このゆえに大経往生ともうす。また難思議往生ともうすなり。

と明示されているように、すなわち、「念仏往生の願因によりて、必至滅度の願果をうるなり」と顕かに示されているように、「信文類」においては「至心信楽の願」として標挙されている第十八願「念仏往生」が因となって、第十一願「必至滅度（証大涅槃）」の願が果として得られるという関係である。そしてその必至滅度の願によって、「かならず真実報土にいたる」と顕かにされている。ここに、「念仏往生（至心信楽）」の第十八願によって成り立っている「信文類」から、「必至滅度」という往相回向を説く第十一願いによって成り立っている「証文類」へという因果関係が示されている。そして、この「必至滅度」という往相回向の願果としての「無上涅槃のさとり」が、還相回向となって次巻の「真仏土」が開顕されるのである。このことについては、「証文類」劈頭に、

謹んで真実証を顕さば、すなわちこれ利他円満の妙位、無上涅槃の極果なり。

すなわちこれ必至滅度の願より出でたり。

と顕わされ、その無上涅槃から展開される「真仏土」を指して、

しかれば阿弥陀如来は如より来生して、報・応化種種の身を示し現わしたまうなり。

と、その関係を顕かにしている。ここに「証文類」では、「必至滅度」という往相回向が示された後に、「必至補処（一生補処）」という還相回向を説いている第二十二願が示されている。すなわち「証

文類」は、「必至滅度」なる往相回向の願と「必至補処」なる還相回向の願という「如来二種の回向」によって成り立っている。

このような次第を経て、「真仏土」が展開されるのであるが、その「真仏土」は「光明無量」の第十二願と「寿命無量」の第十三願によって成り立っている。「光明無量」と「寿命無量」は、まさしく阿弥陀如来そのものであり、その内実は如来の大悲に他ならない。従って、「真仏土」は還相回向に含まれる具体的な課題を内容としているということができる。しかも、「真仏土」においては、大乗仏教における「さとり」と「すくい」にとって欠くことのできない重要な課題について、その課題に関わる文類が的確に提示されていることに、すなわち、聖人によって大乗仏教の真髄が深く学び取られていることに、あらためて驚嘆の思いを禁じざるを得ない。

周知のように、『教行信証』は、『無量寿経』に説かれる四十八願の中で、真仮八願によって成り立っている。その内訳は、真の六願と仮の二願であるが、仮の二願は、言うまでもなく、最後の「方便化身土文類」において所依の願とされている。すでに見てきたように真の六願のうちに五願が、「信文類」に一願、「証文類」に二願、「真仏土」に二願配当されている。このことについて、特別な注意を喚起しようとすることは余計な計らいかも知れないが、そこに『教行信証』の特徴を看取することもできるではなかろうか。それを簡潔に言い切れば、阿弥陀如来の大悲の展開である本願は、単に「すくい」のみを願っているのではなく、一切衆生の「さとり」をも願っているのである。その「さとり」と「すくい」の実現こそが本願の目的であることを、この五願の関係から看取できるからである。すなわち、「証文類」における「必至滅度」と「必至補処」は「さとり」と「すくい」の関係にあり、「真仏土文類」における「光明無量」と「寿命無量」との関係も「さとり」と「すくい」を内実とするものであることは周知されているところであり、そこに成就される他力信心としての信の一念こそが「念仏往生」に他ならないからである。

そもそも、大乗仏教は「さとり」と「すくい」の教えである。「さとり」なくして「すくい」なく、「すくい」なくして「さとり」はない。何故ならば、「さとり」なき「すくい」は独善的な迷信の域に止まるものであり、逆に「すくい」なき「さとり」は観念的な知的議戯論の域に止まる他ないからである。すでに管身した如き『教行信証』における「信」から「証」へ、「証」から「真仏土」へという展開は、同時に、「真仏土」から「証」へ、「証」から「信」へという展開を包摂していなければならない。何故ならば、「真仏土」なき「証」はなく、「証」なき「信」はないからである。

今回「真仏土」を解釈するにあたり、聖人が深く鋭く学ばれた大乗仏教の真髄について、講者も聴衆の方々とともにそれを学びつつ、講究を進めていきたいと念願している次第である。

一九九四年七月十五日

小川一乗

夏安居「満講の辞」

この度の夏安居の本講を終えるに当たり、一言、自省と感謝の言葉を申し述べたいと思います。今回は、宗祖親鸞聖人の『顕浄土真仏土文類』を解釈する機会を頂き、聖人によって大乗仏教の仏道体系に基づいた「真仏土」が開顕されていることを、改めて確認させていただきました。

「真仏土」の解釈に先立って「証」巻の「御自釈」を管見して、釈尊の「涅槃寂静」という往生論が、往相回向である「必至滅度」の第十一願であることを確認し、その上で、釈尊の「現法涅槃」（現在世における涅槃）が大乗仏教における「生死即涅槃」「不断煩悩得涅槃」であり、そのことが聖人によって「現生住正定聚位」と頂かれていることであると思慮させていただきました。この思慮は極めて粗雑な思索によるものであることは言うまでもありません。それを自省しつつ、今後さらに思索を深めていきたいと改めて思う次第であります。何故ならば、このことが明確になることによってのみ、「かならず真実報土にいたる」仏道、すなわち、「無上涅槃のさとりをひらく」仏道を歩ませて頂けるからであります。

このように「証」巻を拝読させていただいた上で、聖人が「真仏土」において、不可思議光如来と無量光明土をもって、真仏と真土と定められ、それが「光明無量」と「寿命無量」という、大乗仏教の仏道体系における「さとり」と「すくい」を意味している二つの誓願に酬報された「真の報仏土」であることを、「すでにして願います」と押さえられておられます。ここに、聖人が大乗仏教の仏道体系に対する鋭い了解と深い感動をお持ちになっておられることに驚嘆せざるを得ません。

「真仏土」は光明の世界であります。「縁起なるが故に、一切は空である」と、私たちの我執我所執のあり方が問われていくとき、私たちを束縛してやまない煩悩はその存在根拠を持ちえていない事実が明らかとなり、煩悩は煩悩のままに煩悩という意味を喪失します。まさにそのとき、光明の世界の中に身を置いている事実、すなわち、「煩悩障眼雖不見　大悲無倦常照我」の事実という、「すくい」が私たちに獲得されるのであります。「真仏土」は当来すべき世界であり、「かならず真実報土にいたる」べき世界でありますが、すでにして、ただ今の「不断煩悩得涅槃」のままで「無上涅槃のさとりをひらく」身と確定されているという、「さとり」が私たちの上に回向されているのであります。

この度、「真仏土」巻を解釈しつつ、このような「すくい」と「さとり」の不二一体性への了解を聴衆の方々と共有しえた上で、この満講の日を迎えることができているのでありましょうか。この「すくい」と「さとり」の不二一体性を明確にする為には、「縁起なるがゆえに、一切は空である」という大乗仏教の根本思想に対する積極的な了解が不可欠でありますが、そのような能動的な了解が聴衆の方々の上に充分になされるように努めたであろうかと、自らを振り返ってみますと、講者としての力量不足を思い知らされざるをえません。にも拘らず、今日のこの日まで私の拙い講義を熱心に受講して下さいました聴衆の方々の姿勢を想い起しますとき、身の幸せを感じつつ慚愧にたえません。自らに対する自省の念と、聴衆の方々をはじめ、この夏安居のためにお世話くださいました方々への感謝の思いを申し上げて満講の辞といたします。

小川一乗

あとがき

本巻『浄土思想論』は、真宗大谷派の夏安居において本講を二度務めた、そのときの講本を補訂して収録したものである。

夏安居では、最初は次講として平成元年に龍樹の五如理論（pañca-yukti-kāya・五つの哲学的論述書）によって、親鸞が教主世尊（釈尊）の仏教を受け継ぐ者として七祖の鼻祖としている龍樹の基本思想を講義した。このときの講題は「五如理論――中論の要諦――」であった。この構本の第二部として「ツォンカパ著『正理の海』――『根本中論偈』に対する細注――」の序説部分を解読（和訳研究）したが、それを少し補訂をして本論集第三巻『中観思想論』に収録した。

この『浄土思想論』に収録されているのは、平成六年の夏安居における本講の講本『十住毘婆沙論』試探――親鸞が学んだ龍樹の仏道――』と、平成十五年の夏安居における本講の講本『顕浄土真仏土文類』解釈』とである。平成六年度の講本は、安居終了後に講本を公刊することになっていたので、原稿を補訂しながら講義をした後に、平成八年に刊行した。そのため、一応ながら整った内容とすることができたので、ここには、若干補訂をしただけで、そのまま収録した。

平成十五年度の夏安居のときは、事情が変わり、安居までに事前に講本を刊行することになっていた。そのためとりあえず、講本を作成したが、実際の講義においてかなり補足を加えざるを得なかった。ここには、その時の講義において補訂を加えたものを収録した。

この『浄土思想論』では、親鸞が浄土思想を大乗仏教の仏道体系において明快に了解されている点を確認できたと思っている。なぜ親鸞は「選択本願は浄土真宗なり、浄土真宗は大乗のなかの至極なり」と宣言したのか、その課題を究明したつもりである。

二〇〇四年三月

小川一乗

漢語・邦語索引

え

お

か

き

さ

し

す

せ

そ

た

ち

て

と

な

に

ね

へ

ほ

ま

み

む

め

も

や

ゆ

り

れ

ろ

わ

梵（巴）・藏語索引

著者略歴

小川一乗（おがわ いちじょう）
1936年6月　北海道に生まれる。
1959年3月　大谷大学文学部卒業（仏教学）。
1965年3月　同大学院博士課程満期退学（同）。
1982年4月　大谷大学文学部教授。
1986年3月　大谷大学文学博士（学位取得）。
2000年4月～2004年3月　大谷大学学長。
著書　『インド大乗仏教における如来蔵・仏性の研究』『仏性思想』『空性思想の研究』（Ⅰ・Ⅱ）『大乗仏教の原点』『大乗仏教の根本思想』『十住毘婆沙論試探―親鸞が学んだ龍樹の仏道』『仏教からみた往生思想』『小川一乗講話選集』（三巻）『さとりとすくい―涅槃経を読む』ほか。

小川一乗仏教思想論集　第四巻
浄土思想論

2004年5月15日　初版第一刷発行

著　者　小川一乗
発行者　西村七兵衛
発行所　株式会社法藏館
京都市下京区正面通烏丸東入
郵便番号　600-8153
電話　075(343)5656
振替　01070-3-2743
http://www.hozokan.co.jp
印刷・製本　亜細亜印刷株式会社

ISBN4-8318-3377-0　C3315